債権法入門

生田敏康 著
IKUTA Toshiyasu

法律文化社

はしがき

　本書は、債権法の入門書です。民法入門や民法総則を学んだ法学部等の学生や社会人を主な読者対象としています。

　債権法のテキストは数多く刊行されていますが、「債権総論」「債権各論」または「契約法」「不法行為法」というように分野ごとに編集されているものがほとんどです。債権法を学習するために2冊ないし3冊もテキストを購入しなければならないのは大変です。また、平均的な学部学生からすればこれらはレベルが高すぎたり、分量が多すぎたりして消化しきれていないという印象を持っています。

　本書は、本文240頁あまりのコンパクトな内容にもかかわらず、債権法全般を扱い、債権法のエッセンスを簡潔かつわかりやすく解説するテキストです。

　債権法の全般を扱うことは、それ以上に積極的な意義を有しています。周知のとおり、民法（債権法）改正が実現しましたが（2017年成立・公布、2020年施行）、改正法の基本思想である「契約（中心）主義」は、これまで以上に債権総論と債権各論の結びつきを緊密なものとしました。序章でも述べたように、たとえば、売買における契約不適合責任（担保責任）は、改正法では債務不履行責任と位置づけられているので、債権各論（売買）の知識だけでは理解できません。今後は、債権総論と債権各論の相互参照が不可欠となるでしょう。こうした観点から債権法全般の内容を含むテキストの必要性あるいは需要はますます大きくなると考えられます。

　本書は入門書としての性格から、改正法の忠実な紹介に加え、できるだけ判例・通説に立脚して叙述するよう心がけています。その意味で安心して利用できるテキストです。

　このように内容はオーソドックスですが、形式には若干の工夫を凝らしました。本書は「契約」「債権」「不法行為ほか」という3部構成に基づき、比較的理解しやすい契約を先に取り上げ、その後に難解な債権総論の内容を扱っているのが特徴です。とはいえ、民法典が採用するパンデクテン体系を大きく崩すも

のではないので、伝統的なスタイルに慣れている人にも違和感を与えることなく読んでいただけると思います。

　本書は入門書でありながら、最高裁判例を中心とする重要判例を多く取り上げています（後遺障害による逸失利益について最高裁として初めて定期金賠償を認めた最判令和2年7月9日のような最新の判決も紹介しています）。また、巻末には読書案内として多くの債権法テキスト（改正法に対応しているものに限定していますが）や判例解説書のリストを掲げています。判例索引にはキーワードを付して、索引としてのインデックス機能を高めました。これらの点からも本書は、民法学習を発展・深化させたい人にとって「開かれたテキスト」であるといえるでしょう。

　法学部に限らず経済学部や商学部などの授業のテキストとして、公務員試験・資格試験の参考書として、契約や不法行為についての法律知識を得るための入門書として、本書が幅広く読まれることを切に希望します。

　なお、法律文化社からは、筆者等による共著として『民法入門』と『民法総則』が刊行されています（本書ではそれぞれ「入門」「総則」として引用）。本書と併せて利用することにより民法（債権法）の理解がより進むので、ぜひご参照ください。

　2020年は、猖獗を極めた感染症の大流行によって図らずも記憶される年になってしまいました。多くの学生の皆さんはオンラインによる遠隔授業の履修を余儀なくされるなど大変厳しい学習環境に置かれたと推察します。大学教育に携わる者の1人として大変申し訳なく思うとともに、いかなる環境にあっても学習を継続し、民法の基礎知識を身につけ、法的思考力を涵養していただくことを願っています。

　最後になりましたが、上記『民法入門』『民法総則』のときと同様、本書の刊行に当たっては、法律文化社編集部の小西英央さんに大変お世話になりました。末尾ながらこの場をお借りしてお礼を申し上げます。

　　2020年10月

　　　　　　　　　　　　　　　　　　　生 田 敏 康

　＊増刷（第2刷）にあたって若干の訂正を行いました。

第3部　不法行為ほか

〔凡　例〕

1．法令の表記

　本書に出てくる民法の条文は特に断りのない限り、2020年4月1日現在において施行されている民法の条文である。2017年の（債権法）改正前の民法に言及するときは、旧法と表記する（旧法との対比で改正後の民法に言及するときは、改正法と表記）。

　民法の条文を引用する場合は、単に「○○条」というように法律名を挙げないで記載し（旧法の条文を引用するときは「旧○○条」と表記）、民法以外の法律の条文を引用する場合は、略語を用いる一部の法律を除き（後記）、「消費者契約法○○条」というように法律の名称を挙げて記載している。

2．裁判所、判例集などの略語一覧

　本書で判例等を引用する場合、裁判所名、出典等につき、以下の略語を用いる。

（裁判所の判決等）

最判	最高裁判所判決	**大決**	大審院決定
最大判	最高裁判所大法廷判決	**高判**	高等裁判所判決
最決	最高裁判所決定	**控判**	控訴院判決
大判	大審院判決	**地判**	地方裁判所判決
大連判	大審院連合部判決	**支判**	支部判決

（判例集）

民集	最高裁判所民事判例集	**刑録**	大審院刑事判決録
	大審院民事判例集	**判時**	判例時報
民録	大審院民事判決録	**新聞**	法律新聞

　＊民集に掲載されている最高裁判決は、裁判所ウェブサイトのデータベースからも閲覧できる。

（法　令）

借	借地借家法	**民執**	民事執行法

（教科書）

入門	生田敏康ほか『民法入門』法律文化社　2017年
総則	生田敏康ほか『民法総則』法律文化社　2018年

債権法の世界

1　債権法の世界

(1) 民法と債権法

　民法は人の日常生活に密接に関連する基本法である。その中でも**債権法**は人々の経済活動を規律する法であるとともに、事故その他のリスクに対処する法でもある。

　本書は、民法典第3編「債権」に規定される債権法を対象とするが、キーワードは、**契約、不法行為**および**債権**である。

(2) 人々の世界を切り開く契約とそれを規律・支援する契約法

　なぜ人は契約をするのであろうか。日常生活において契約はいかなる役割を果たしているのであろうか。この問いに対しては、契約はまず、財貨・サービスを取得する手段であると答えることができる。たとえば、物を購入するには売買契約、居住のためには賃貸借契約、収入を得るためには雇用契約、住宅を建築するためには請負契約によってその目的を達成できるのである。

　また、企業が活動する場合も契約は不可欠の存在である。たとえば、工場用地の取得、事務所の賃借、従業員の雇用、銀行からの融資、原材料の購入、製品の販売等に至るまで、契約がなければこれらを実現することは不可能である。

　人は、様々なリスクに遭遇することを予期し、それを回避するために準備し、行動しなければならないが、契約は、その実現を保障する法システムの整備を前提に、人々の予測可能性を高め、リスク回避のコストを軽減する。その結果、人は自己の有限な資源を効率的に投資することができ、取引その他の経済活動が促進され、富をもたらすことになる。

　日本国憲法13条を引用するまでもなく、人は誰でも幸福を追求する権利を

もっている。契約はそれを達成するための1つの手段である。人々がよりよい生活を送るため、契約は世界を切り開き、将来の展望を確実にする役割を果たす。

　これらの契約を規律し、支援するのが**契約法**である（「取引法」とも呼ぶ）。契約法は、当事者が約束した合意を可能な限り実現することが要請され、そのために契約には法的な効力が与えられているのである。もっともわが国には「契約法」という名称の法律はない。民法典において契約は債権の発生原因として規定されているほか、民法典の各所に散在している規定の総体を契約法と呼んでいるのである。

(3) 人々の権利・利益を保護する不法行為法

　一方、人は生活において事故や事件に遭遇することが避けられない。交通事故、労働災害、医療過誤、学校事故、名誉侵害などの様々な災難・不幸が降りかかってくる。これらの災難・不幸を甘受して自分自身のリスクとして処理するのも1つの解決方法である。しかし、第三者の行為によって自分の権利や利益が侵害され、損害が発生したのならば（このような行為を不法行為という）、その損害が賠償され、侵害された権利や利益が回復されなければならない。

　そして、不法行為によって被害者が受けた損害を加害者に賠償させ、被害者の権利・利益を保護するのが**不法行為法**である。不法行為法は、損害賠償請求権を与えて被害者を保護するとともに、加害者に損害賠償責任を負わせることにより、将来の不法行為すなわち事故または損害の発生を抑止し、社会秩序を維持する機能を果たしているのである。

2　債権と債権法

(1) 債権とは何か

　この契約と不法行為を結びつける概念が**債権**である。では、債権とは何であろうか。たとえば、Aの自動車をBが買う約束、つまりA・B間で売買契約を締結したとする。このとき、売主Aには買主Bに対して自動車の代金を請求する権利が発生する一方、BにはAに対して自動車の引渡しを請求する権利が発

生する。

　このAおよびBが相手方に対して有する権利が債権である。より正確にいえば、債権は、ある特定の者（債権者）が他の特定の者（債務者）に対して特定の行為を求める権利であり、民法が財産権として保護するものである。債権は単なる利益取得の期待可能性にとどまらず、権利として保護されるものである。したがって、請求権にすぎないにもかかわらず財産的価値を有するのである。

　なお、債権に対応するのが**債務**であり、上記の例では、AはBに自動車を引き渡す債務を負い、BはAに代金を支払う債務を負う（本書では、場面に応じて「債権」といったり「債務」といったりするが、単に観点の違いにすぎないので気にする必要はない）。

(2) 債権の発生原因

　こうした債権はどのような原因から発生するのであろうか。最も重要なのは、売買、賃貸借、雇用などの**契約**である。上記の例でいえば、自動車の売買契約から自動車の引渡し請求権と売買代金請求権という債権が発生する。

　また、歩行者AがBの運転する自転車と衝突して重傷を負ったとする。Bが前方をよく見ていなかったなどの過失があれば、AはBに対して損害賠償を請求することができる（709条）。このBの行為のように、故意または過失により他人の権利や利益を侵害して損害を与える行為が**不法行為**であり、ここから損害賠償請求権という債権が発生する。

　このほか、義務を負っていないのに他人（本人）のためにある行為をする**事務管理**（697条）があり、事務管理者は事務を継続する義務を負い、それに要した費用を本人に請求する権利を有し、本人と事務管理者の間に債権・債務の関係が発生する。また、法律上の原因なくして他人の損失において利益を受ける**不当利得**（703条）があり、損失者は利益を受けた者（受益者）に対して不当利得返還請求権という債権を取得する。このように、事務管理と不当利得も債権の発生原因である。

(3) 物権と債権

① 物権と債権

民法は、財産権を物権と債権に大別する。物権とは所有権に代表される権利で、物に対して直接的かつ排他的に支配する権利である。物権には所有権のほかに、地上権、抵当権などがある。これに対して債権は、人に対して特定の行為を求める請求権である。

② 債権の特徴

債権の特徴を物権と比較してみると、物権は誰に対しても主張できる絶対性と、両立しない権利を排除できる排他性という性質をもっているのに対し、債権は、原則的に特定の者（債務者）に対してしか主張できないという点で相対性という性質を有し、同時にいくつもの権利が成立しうる点で排他性がないといえる。

また、物権は自由に創設することができない（物権法定主義＝175条）のに対し、契約から生ずる債権は、契約自由の原則に基づき、その内容を自由に定めることができるという点でも相違する（521条参照）。

債権も物権と同様に原則として他人に譲渡することができ（466条参照）、また、第三者によって侵害された場合には法的な保護が与えられる（709条参照）など、財産権としての共通性を有する。

(4) 債権法の構造

債権法とは形式的にいえば、債権にかかわる民法の規律であり、民法典の第3編に規定されているものである。このうち債権の発生原因は、民法典の第3編の第2章（契約）から第5章（不法行為）に規定されており、これらを扱う分野を債権各論という。これに対して第3編のうち、第1章（総則）の内容を扱う分野を債権総論という。

また、債権法は上記1で見たように、契約法と不法行為法というように構成することも可能である。前者は取引に関する法で、後者は事故に関する法である。契約法は、個人や企業が円滑に経済活動をすることを支援する法であるとともに、それに伴うトラブルを処理する法である。不法行為法は、個人や企業の活動に伴って生ずる事故その他のトラブルに対処する法である。民法典にお

ける条文数はきわめて少ないが、契約法と並ぶ債権法の柱である（条文が少ない
だけ、判例等による補完が必要になる）。

(5) 債権法の改正

　わが国の民法典は、19世紀末にできたものである（第1・2・3編は1896年、第4・
5編は1898年に成立・公布、いずれも1898年施行）。これまでも時代の進展に伴い多
くの改正がなされてきたが、債権法に関しては基本的な部分は大きな変更を受
けることなく今日まで維持されてきた。しかし、情報化・国際化の進んだ現代
社会に適合しない規定が残存し、また、民法典成立後、多くの判例が集積さ
れ、このような書かれざるルールの存在により必ずしもわかりやすい民法とは
なっていなかった。そこで、民法典のうち日常生活や企業活動に関連の深い
「契約」にかかわる部分について改正がなされることになり、2017年（平成29年）
に第1編「総則」および第3編「債権」を対象とした民法（債権法）改正が実現
し、2020年（令和2年）4月から施行された（この2017年に改正された民法の規定を
本書では「改正法」と呼ぶことにする。民法典の歴史およびこれまでの民法改正の概要
は入門・1章2参照）。

　この民法（債権法）改正の特徴は、第1に判例のルールの明文化、第2に制度
の位置づけの明確化、第3に新しい制度の導入または既存の制度の大幅な変更
を挙げることができる。第1の点は言うまでもない。第2の点は、売主の担保
責任（改正法では契約不適合責任）について契約責任説に立つことを明確にしたこ
と（**4章4(1)**参照）、債務不履行による損害賠償における帰責事由の理解につき
過失責任主義から決別したこと（**2章3(4)**参照）などが挙げられる。第3の点
は、債権の消滅時効を中心とする時効制度の改正、法定利率の引下げと変動制
の導入、保証人の保護の拡充、定型約款の制度化など社会の変化に対応するた
めの法制度面におけるインフラ整備としての意味を有する。

　本書は、この改正法の紹介も主な任務とし、必要に応じて旧法との違いにつ
いても説明する。債権法の改正は、第3編「債権」だけでなく、第1編「総則」
にも及ぶものであるが、後者は本書では扱わない。

3　本書の構成

⑴ 本書の構成

① 3部構成

　本書は、債権法を契約法と不法行為法という観点からとらえ、3部構成を
もって叙述する。

　第1部「契約」では取引に関する法をテーマとして、契約の意義・成立、契
約の不履行（債務不履行）、双務契約など契約に関する総論的問題を取り上げた
後、各種の契約について検討する。狭い意味での契約法が対象である。

　第2部「債権」では債権回収に関する法をテーマとして、契約から生ずる債
権の問題につき、債権の目的、債権の保全、多数当事者の債権債務関係、債権
の譲渡、債権の消滅について検討する。債権総論の内容に相当する部分が対象
である。

　第3部「不法行為ほか」では事故に関する法をテーマとして、不法行為の意
義・要件、不法行為の効果、特殊な不法行為について検討した後、これ以外の
債権発生原因である事務管理と不当利得を取り上げる。いわゆる法定債権が対
象である。

② 本書の特徴

　本書の叙述の順序は、民法典の編別と少し異なっている。民法典の債権編
（第3編）は、第1章「総則」、第2章「契約」、第3章「事務管理」、第4章「不
当利得」、第5章「不法行為」から構成されているが、本書では第1部として第
2章「契約」を先に扱い、第1章「総則」（債権総論）を第2部としてその後に配
置している。債権総論で扱う「債権」は基本的に契約（売買や消費貸借など）から
生ずる債権であること、債権総論は実質的には契約に基づく金銭債権の回収法
であるからである。また、比較的わかりやすい契約を最初に取り上げることに
よって債権法の具体的なイメージをつかんでもらい、その後に抽象的で難解な
債権総論を学んでもらうという教育的配慮もある。債権総論の一分野である債
務不履行を「契約の不履行」として第1部「契約」に入れ、契約の解除を双務契
約の問題として扱っていることも本書の特徴である。

　もちろん目次の順番どおりに本書を読む必要はない。大学のカリキュラムにおいて債権法は、「債権総論」および「債権各論」という形で授業科目が置かれているところが多いと思われる。債権総論は本書では**第2部**のほか**第1部2章**（契約の不履行）が対応し、債権各論は**第1部**と**第3部**が対応しているので、適宜、講義または自学自習において本書の必要な部分を活用していただきたい。

　本書は、この債権総論と債権各論の両方を扱っている点に最大の特徴がある。大学の授業やテキストでは別々に扱われるケースが多いが、両者は緊密かつ有機的な関係に立ち、双方の知識がないと理解できない問題が多い。たとえば、商品に欠陥がある場合に売主が負う契約不適合責任（562条以下。債権各論で扱われる）は、債務不履行責任（415条。債権総論で扱われる）の1つであるので、前者を理解するためには後者の知識が不可欠である。本書では、これらの事項が分断されることなく共に掲載されており、複数のテキストを参照する煩雑さが回避されている。

③ 本書では扱わなかった事項など

　本書は債権法（民法典第3編）の全分野をほぼ網羅しているが、第1章第7節「有価証券」（520条の2～520条の20）は割愛している。この部分は2017年改正において新設されたが、伝統的に商法で扱われてきた分野であるので、商法の教科書・基本書の記述にゆだねることにする。

　また、本書は原則として民法典の規定のみを対象とし、民法の特別法は必要に応じて言及するにとどめる。特に消費者契約法や特定商取引法（「特定商取引に関する法律」）などの消費者契約に関する特別法は、法理論上または日常生活上、重要な役割を果たしているが、詳しい説明は省略せざるを得ない。ただし、借地借家法は、これが民法の規定と不可分であり、同法により民法の規定が実質的に修正され、借地借家法に言及することなく賃貸借を語ることは不可能なので、本書において詳述する。

　なお、2018年（平成30年）の民法（相続法）改正に伴って新設された配偶者居住権（1028条）および配偶者短期居住権（1037条）は、契約に基づく債権ではなく特殊な法定の権利であるが、不動産利用権として重要な意義を有するので、本書で取り上げることにする。

⑵ 本書を読むに当たって

　本書は、最初から最後まで読むことによって債権法の概要を知ることができるが、本書のみに頼らず、必ず民法その他の条文を併せて読んでいただきたい。民法に限らず法律学（実定法学）の学習は条文の理解が出発点となる。本書をざっと読み、そこで引用されている民法の条文を確認し、そして再度、本書を読めば理解が深まるであろう。

　民法学習にとって判例を学ぶことも重要である。判例とは裁判所の判決のうち先例となったルールのことであるが、民法典を補完するものとして重要な働きをしている。本書では頻繁に判例を引用するので、興味のある判例について判例集（凡例を参照）または判例解説（読書案内を参照）で、事実関係や判決理由などを調べてみることをお勧めする。

　また、債権法を学習するに先立ってあるいは並行して、民法総則（民法典第1編）と物権法（同第2編）を勉強しておくことが望ましい。民法総則において学ぶ基本概念は債権法の理解に不可欠であり、物権法の知識は債権法の学習に役立つからである。

第 1 部

契　約

1章 契約の意義・成立

1 契約の意義・種類

⑴ 契約とは何か

① 契約の意義

契約とは何であろうか。様々な定義がなされているが、そのうちの1つが「相対立する2個以上の意思表示の合致によって成立する法律行為」とするものであり、他の1つが「ある法的な権利義務関係を発生させる合意(約束)」とするものである(法律行為は**総則・4章**参照)。前者は契約が意思表示を要素とする法律行為であることを強調する定義であり、後者は契約の拘束力に着目した定義である。

契約が単なる約束と異なるところは、契約から権利・義務(債権・債務)が発生し、法的な拘束力を有することである。すなわち、国家権力(裁判所)を用いて合意の内容が実現できる力を有する点に契約の特徴がある(契約が守られない場合、強制執行や損害賠償請求が可能となる。もちろん国家権力による強制という面を強調することは一面的であり、慣習その他の社会規範の影響や人々の契約を遵守する意識も重要である)。

② 民法の体系と契約法

わが国の民法典の特徴はパンデクテン方式(体系)を採用していることである。これは、財産権を物権と債権に峻別し、共通する規定を総則(通則)として冒頭に置く法典の形式である(**入門・1章**も参照)。

契約は、民法典においては債権の発生原因として規定されており、売買や賃貸借など個々の契約の内容は、第3編第2章「契約」の個別条項に規定されているが、契約の成立、双務契約の効力、契約の解除は、すべての契約に共通する規定である契約総則(521条以下)で規定される。契約が履行されない場合の

救済方法としての履行の強制および損害賠償は、第1章の債権総則（414条および415条以下）に規定されている。さらに契約の有効・無効および取消し可能性は、法律行為あるいは意思表示の効力として総則編（第1編）に規定されている（90条～96条）。

　こうした契約に関する規律の全体を契約法と呼ぶが、その構成部分は上記のとおり民法典の各所に散在しているので全貌を把握するのは困難である。契約および契約法を理解するには、有機的にこれらの規定を結びつけて学習することが必要である。

③ 契約自由の原則とその限界

　近代民法の基本原理として、私的自治の原則と契約自由の原則がある。**私的自治の原則**は、人は国家の介入を受けることなく私的な生活関係を自分で決定することができるという原則である。ここから導かれるのが**契約自由の原則**である。改正法においてこの原則が明文化された。その内容は次のとおりである。

　第1は、契約を締結するかどうかを自由に決定できるとする**契約締結の自由**である（521条1項）。これには相手方を選択する自由も含まれる。第2が、法令の制限内において契約内容を自由に決定できるとする**契約内容決定の自由**である（同条2項）。第3が、契約成立には書面その他の方式を具備することを要しないとする**契約方式の自由**である（522条2項）。

　契約の自由は無制約なものではない。契約締結の自由に関する521条1項が述べるように「法令に特別の定めがある場合」は締結の自由が制限される。たとえば、電気・ガス・水道等の供給契約においてはその供給者は、相手方からの契約の申込みを拒むことはできない。これらは人が生存・生活する上で必要なものであるので、契約の締結が強制されるのである（このほか最大判平成29年12月6日民集71巻10号1817頁（NHK受信料訴訟）は、テレビ受信設備設置者にNHKとの受信契約を義務づける放送法64条1項を、受信契約の締結を強制する旨を定めた規定であるとする）。契約内容決定の自由についても、強行規定に反する契約はもちろん、公序良俗に反する契約（90条）を締結する自由はなく、そのような内容の合意をしても無効である。また、労働者の保護や市場秩序の維持等を目的として、労働法や経済法の分野で契約自由の原則が修正されていることは周知のとおりである。さらに方式の自由に関しても、特定の契約においては書面の作成

等が要求されるケースがある（保証契約に関する446条2項参照）。

(2) 契約の分類・種類

① 契約の分類

契約にはいくつかの分類方法がある。その代表的な分類を挙げてみよう。

（a）典型契約（有名契約）・非典型契約（無名契約）

民法典に定められている契約か、民法典に定めのない契約かによる分類である。民法典に規定されている贈与から和解までの13種類の契約が**典型契約**（有名契約）であり、それ以外の契約が**非典型契約**（無名契約）である。非典型契約も強行規定や公序良俗に反するものでない限り、有効である。契約の内容は自由に決められるという契約自由（契約内容決定の自由）の原則に基づく（521条2項）。社会や経済の発展に伴い、典型契約では対応できない需要に応ずることができる契約類型が必要となり、そうした契約の有効性を認める必要が出てきたからである。非典型契約の例として、ファイナンス・リース契約、在学契約、旅行契約などを挙げることができる。

（b）有償契約・無償契約

当事者の双方が対価的意味を持つ出捐（経済的支出）をなすかどうか（物の入手やサービスの提供に対して対価を払うかどうか）による分類である。たとえば、同じ財産権を移転する契約であっても、贈与はただで物をもらえるから**無償契約**、売買は代金を払わなければならないから**有償契約**である。有償契約には売買に関する規定（契約不適合責任など）が準用される点に意義がある。

（c）双務契約・片務契約

当事者の双方が互いに対価的な債務を負担するかどうかによる分類である（これに該当するのが**双務契約**、それ以外の契約が**片務契約**である）。双方の債務の関連（牽連性）が問題となり、双務契約については同時履行の抗弁（533条）および危険負担（536条）の規定が適用される。双務契約と有償契約の関係については、有償契約の方が広い概念である。すなわち、双務契約は常に有償契約であるが、利息付消費貸借のように有償契約であっても片務契約のケースがある。

（d）諾成契約・要物契約

合意のみで成立するか、合意のほかに物の交付が必要かによる分類である

（前者が諾成契約、後者が要物契約である）。改正法において要物契約は消費貸借
（587条）のみであり、その他の典型契約はすべて諾成契約である。

② 内容に着目した契約の種類（契約のグループ）

民法典は、契約の内容に即して類似する契約を並べて規定している。以下
は、契約の内容に着目した分類であるが、その名称はあくまで暫定的なもので
あり、様々な呼称があることに留意されたい。

（a）財産権移転契約

物その他の財産権自体を移転する契約のことである。典型契約では、贈与、
売買、交換がこれに分類される。

（b）貸借型契約（物利用型契約）

他人の物または金銭のもつ効用を利用する契約である。財産権移転契約との
違いは、契約が終了したときに物または金銭を返還する必要性があることであ
る。典型契約では、消費貸借、使用貸借、賃貸借がこれに分類される。

（c）役務提供契約

行為、役務、サービスを目的とする契約である。労務提供契約ともいう。人
の行為という無形のものを対象にしているので、財産権移転契約や貸借型契約
とは異なる扱いが必要である。典型契約では、雇用、請負、委任、寄託がこれ
に分類される。役務・サービスの多様性から、旅行契約や在学契約など多くの
非典型契約が存在するのも特徴である。

（d）その他の契約

上記のいずれの類型にも属しない契約である。典型契約では、組合、終身定
期金、和解がこれに当たる。

2　契約の成立とは

⑴ 契約が成立することの意味

契約が成立することによって債権・債務の発生という法的効果が生ずるので
あるから、契約が成立するかどうかは当事者にとってきわめて重要な問題であ
る。たとえば、売主が買主に代金を請求し、買主が売主に目的物の引渡しを請
求する、または相手方の債務不履行に基づく損害賠償を請求するためには、契

約の成立を主張・立証しなければならない。

　契約成立の要件として、契約当事者の間で契約の内容について合意（意思表示の一致）が必要である（522条1項参照）。たとえば、AがBとの間で甲地を代金1000万円で売却する契約（売買契約）をする場合、A・B間で「甲地の所有権を移転すること」と「代金1000万円を支払うこと」について双方の意思表示が一致することが必要である。この合意がなく、あるいは合意の形成過程に問題があれば契約の効力に影響を与える。また、契約内容が強行規定に違反したり、社会的な妥当性を欠いたりする場合も同様であるが、これらは法律行為または意思表示の効力（有効・無効・取消し可能性）の問題として民法の総則編（第1編）で扱われる（**総則・4章〜6章**参照）。

(2) 契約の当事者

　契約の当事者は通常は2人であり（共有物の売買のように当事者の一方が複数の場合を含む。法人も当事者となりうる）、その間に締結された契約の効力は契約当事者に生ずるのが原則である。しかし、契約の効力が契約当事者以外の第三者に及ぶことを民法は認めており、「第三者のためにする契約」として規定されている（537条。本章5参照）。この場合は、契約当事者と契約の効果が帰属する者は一致しないことになる。

　例外的に契約当事者が3人またはそれ以上の場合もある。前者（三面契約）の例として、債務の引受け（470条以下参照）において債権者、債務者および引受人の間で引受契約をする場合が挙げられる（明文の規定はないが当然に認められる）。また、組合契約は団体（組合）を結成することを目的とする契約であるから（667条）、組合員となろうとする者が多数になれば当事者もそれだけ増える。

　このほか、契約当事者たる資格（自然人・法人の権利能力）、契約締結能力（意思能力・行為能力）は総則編（第1編）に規定されている（**総則・2章**参照）。

(3) 契約の成立の態様

　民法は、申込みと承諾によって契約が成立することを原則的なタイプとして規定している（522条1項）。しかし、契約成立の態様はこれに尽きるわけではなく、不動産売買契約やシステム開発契約に見られるように、何回も交渉を重

ねて契約が成立するケースがある。このような契約類型においては、契約交渉
段階における法律関係、とりわけ契約交渉が中途で破棄された場合の交渉当事
者の責任が問題となるが（契約交渉段階の注意義務違反）、これについては**2章3**
(3)④において検討する。

　申込みと承諾以外の契約成立の態様として民法典では、意思実現による契約
成立（527条）と懸賞広告（529条）が規定されており、後述する。

3　申込みと承諾による契約の成立

(1) 申込み

① 申込みと申込みの誘引

　申込みとは、契約内容を示して契約の締結を申し入れる行為のことであり、
これに承諾すれば契約は成立する（522条1項）。申込みといえるためには、相
手方がイエスと返答できる程度に契約内容が確定していることと、申込者が契
約に拘束される意思を有していることが必要である。

　申込みと区別すべき行為が**申込みの誘引**であり、誰かに申込みをさせる行為
をいう。申込みとの違いは、申込みの誘引に応じても契約は成立しないことで
ある。申込みの誘引の例としては、従業員の募集広告、不動産売買の広告が挙
げられる（前者は雇用主に採否を決定する自由があり、募集広告を見て応募する行為が
申込みとなる。後者は購入希望者との間で交渉・協議を予定しているので、広告は申込
みとはいえない）。

② 隔地者と対話者

　当事者間の関係につき、意思表示の到達に時間的な間隔が存在するか否か
で、**隔地者**間の関係と**対話者**間の関係に分類することができる（距離的な間隔で
はない）。

　隔地者間の当事者における問題は、意思表示の不到達または遅延のリスクが
あることであり、その場合、そのリスクをどちらの当事者が負担するかが問題
となる。

③ 申込みの効力の発生時期

　民法は、意思表示の効力が発生する時期について**到達主義**の原則をとってい

る（97条1項）。意思表示は相手方に到達しなければ効力を生ずることはなく、申込みも相手方に到達しなければ効力は生じない。したがって、申込みが相手方に到達する前であればいつでも撤回することができる。

これに対して意思表示を発した時に効力が発生する原則を**発信主義**という。下記のクーリング・オフの意思表示は発信主義の一例である（特定商取引法9条2項）。

④ 申込みの拘束力

申込みの拘束力とは、申込みが相手方に到達した後に申込者が一定期間、申込みを撤回できないことをいう（形式的効力ともいう）。申込みは一方的意思表示にすぎず、法律行為ではないので、拘束力を有しないはずであるが、いったんされた申込みが安易に撤回されてしまうと、承諾しようとした相手方の信頼を損なうことになるので、申込みに拘束力を認めたものである。なお、消費者保護の観点から、訪問販売などにおいては一定期間内に自由に申込みの撤回を認めるクーリング・オフが定められているが（特定商取引法9条、宅地建物取引業法37条の2など）、これは申込みの拘束力の例外である。

承諾期間を定めた申込みは、申込者が撤回する権利を留保した場合を除き、撤回することができない（523条1項）。すなわち、承諾期間が申込みの拘束力の存続期間（撤回できない期間）である。これに対して承諾期間を定めない申込みにおいては、申込者が撤回する権利を留保した場合を除き、申込者が承諾の通知を受けるのに相当期間を経過するまでは撤回することができない（525条1項）。承諾期間を定めない対話者間の申込みにおいては、対話の継続中はいつでも撤回することができる（同条2項）。

⑤ 承諾適格

契約は申込みに対して承諾がなされることによって成立するのであるから（522条1項）、申込みには承諾を条件として契約を成立させる効力がある。これを申込みの**承諾適格**（実質的効力）という。

承諾期間の定めのある申込みにおいては、承諾期間が承諾適格の存続する期間であるので、承諾期間内に承諾の通知を受けなかったときは、申込みは効力を失う（523条2項）。

承諾期間の定めのない申込みの承諾適格期間についての明文の規定はない

が、申込みの撤回がなされれば申込みは失効する。したがって、申込みの撤回の通知が到達するまでは承諾適格は存続し、それ以前に承諾の通知が申込者に到達すれば契約は成立すると考えてよい。では、申込みの撤回がなされない限り、承諾適格が永遠に存続するかといえばそれは不当であろう。信義則上相当な期間が経過すれば申込みは失効すると考えるべきである（商法508条１項も参照）。なお、この場合の「相当な期間」は525条１項の相当期間（撤回できない期間）よりは長い期間である。

　承諾期間の定めのない対話者間の申込みにおいては、対話の継続中のみ申込みの効力が存続する（525条３項）。したがって、対話の終了により承諾適格は失われるが、申込者が対話の終了後も効力を失わない旨を表示したときは、承諾適格は存続する（同項ただし書）。

⑥ 申込者の死亡等

　申込者の死亡、意思能力の喪失、行為能力の制限があった場合、申込者がその事実が生じたとすれば申込みは効力を有しない旨の意思を表示していたとき、または相手方が承諾の通知を発するまでにその事実が生じたことを知ったときは、申込みは効力を失う（526条）。意思表示は表意者の死亡等によっても効力を失わないとする97条３項の例外である。

(2) 承　　諾

① 意　義

　承諾とは、申込みと相まって契約を成立させる意思表示である。承諾は申込みの内容に合致するものでなければならない。よって、申込みに対して変更を加えた承諾は、申込みの拒絶とともに新たな申込みをしたものとみなされる（528条）。

② 承諾の効力の発生（契約成立）時期

　隔地者間の契約における承諾の効力の発生（契約成立）時期について、旧法は発信主義を採用していた（旧526条１項）。その結果、承諾が申込者に到達しなくても契約は成立することになる。これは早期に契約を成立させる趣旨に基づくものであるとされる。

　しかし、今日では交通手段・通信手段の発達によって承諾は迅速かつ確実に

申込者に到達するようになり、また、承諾の不到達のリスクを申込者に負わせるのは公平といえないので、改正法は旧526条1項を削除し、承諾の効力の発生（契約成立）時期についても到達主義を採用した（97条1項が適用される）。したがって、承諾が申込者に到達しなければ契約は成立しない。

　前述したとおり、承諾期間を定めた申込みにおいては承諾期間内に承諾の通知が到達しなければ申込みが失効し（523条2項）、契約が成立しない。なお、承諾期間経過後に承諾の通知が到達した場合、申込者は、遅延した承諾を新たな申込みとみなすことができるので（524条）、これに承諾すれば契約は成立する。

(3) その他の契約成立

① 意思実現による契約成立

　申込みに対して承諾の意思表示がなくても、申込者の意思表示または取引上の慣習により承諾の意思表示を必要としない場合、承諾の意思表示と認められるべき事実があった時に契約が成立したものとみなされる（527条）。これを**意思実現による契約成立**という。たとえば、顧客の注文に応じて第三者に商品を発送したり、ホテルの予約申込みに対して部屋を用意したりすることである。

　なお、販売業者が一方的に商品を送り付け、代金を請求する「ネガティブ・オプション（送付け商法）」については、承諾または意思実現行為がなければ契約は成立しないので、商品の送付を受けた者が代金を支払う義務はない。しかし、商品を勝手に処分できず、保管コストもかかる。そこで特定商取引法59条は、販売業者が売買契約に基づかないで契約の申込みをし、その申込みに係る商品を送付した場合、その商品の返還を請求することができないとして（直ちに商品の処分・廃棄等が可能になる）、消費者の保護を図っている。

② 懸賞広告

　一定の行為をした者に対して報酬を与える旨を広告する行為を**懸賞広告**という（529条）。広告を知らないで指定行為を完了した場合でも報酬支払義務は発生する。その意味で懸賞広告が契約かどうかについては争いがある（指定行為の完了を条件として報酬支払義務を発生させる単独行為であるという考え方もある）。

　期間の定めのある懸賞広告は、撤回権を留保した場合を除き、撤回すること

ができず、期間内に指定行為を完了する者がないときは広告の効力が失効する（529条の2）。これに対して期間の定めのない懸賞広告は、広告中に撤回しない旨を表示した場合を除き、指定行為を完了する者がいない間は撤回することができる（529条の3）。

　指定行為をした者が数人いる場合は、最初に指定行為をした者が報酬請求権を取得する（531条1項）。指定行為をした者のうちから優等者にのみ報酬を与える優等懸賞広告は、応募期間の定めのある場合に限り効力を有する（532条1項）。

4　定型約款

(1) 定型約款の意義

　企業等が不特定多数の相手方と取引をする場合（銀行取引、電気・ガス・水道の供給、公共交通機関の運営など）、あらかじめ企業等が準備した定型的な契約条項を内容とする契約を締結することが一般に行われている。相手方ごとにその都度、契約書を作成することは煩雑でコストがかかり、非現実的であるからである。この契約当事者の一方（一般に企業側）が作成・準備した定型的な契約条項の総体を約款という。

　相手方は約款の個別の条項に関しては認識または了解していないのが普通であり、なぜそのような契約条項に拘束されるのかの説明が必要である。また、約款は企業側の都合で作成されるものであるから、相手方に不利な内容である場合も多く、約款の内容の適正さをいかに確保するかも重要となる。

　民法は、「定型取引において、契約の内容とすることを目的としてその特定の者により準備された契約条項の総体」を定型約款と呼び（548条の2第1項）、次のとおり定型約款の効力および変更等について規定をおく。

(2) 定型約款の有効要件

　定型取引（ある特定の者が不特定多数の者を相手方として行う取引であって、その内容の全部又は一部が画一的であることがその双方にとって合理的なもの）を行うことを合意した者は、定型約款を契約の内容とする旨の合意をしたとき、または定

型約款準備者があらかじめ定型約款を契約の内容とする旨を相手方に表示していたとき、定型約款の個別の条項についても合意をしたものとみなされる（548条の2第1項）。

ただし、契約条項のうち、相手方の権利を制限し、または義務を加重する条項で、信義則に反して相手方の利益を一方的に害すると認められるものについては合意しなかったものとみなされる（同条2項）。そして、相手方から請求があれば、定型約款準備者は定型約款の内容について表示しなければならない（548条の3）。

このように民法は、定型約款を利用して定型取引を行う者が定型約款の個別の条項に拘束される根拠を、定型約款を契約内容とする旨の合意があること、または定型約款準備者によってその旨が表示されていたことに求めている。そして約款の適正性を確保するために、定型約款の利用者に不利な条項については合意しなかったものとしている。

(3) 定型約款の変更

定型約款準備者は、定型約款の変更が相手方の一般の利益に適合するとき、および変更が契約目的に反せず、合理的なものであるとき、個別に相手方と合意をすることなく契約内容を変更することができる（548条の4第1項）。契約内容を変更する場合、相手方との合意が必要なはずであるが、定型約款の変更についてはそれを不要としている。そして定型約款の変更をするためには、効力発生時期を定め、変更する旨、変更後の定型約款の内容、効力発生時期をインターネット等で周知しなければならない（同条2項）。

5 第三者のためにする契約

(1) 第三者のためにする契約とは

契約によって発生する権利を第三者に直接取得させる契約を**第三者のためにする契約**という（537条1項参照）。これは独立の契約類型ではなく、ある既存の契約に付された特約である。AとB保険会社の生命保険契約においてCを保険金受取人とする場合やA・B間の売買契約において、売買代金を第三者Cが受

け取るような場合である。

　第三者に対して給付の義務を負う者（債務者）を**諾約者**、諾約者の契約の相手
方を**要約者**、直接権利を取得する第三者のことを**受益者**という。諾約者と第三
者（受益者）の関係を給付関係、要約者と第三者（受益者）の関係を対価関係、要
約者と諾約者の関係を補償関係という。まったく無関係の者が受益者になると
いうことはなく、通常、当事者の一方（要約者）と第三者との間に何らかの原因
関係（対価関係）があるのが普通である。たとえば、第三者に債務を負っている
要約者がその債務の弁済として諾約者に対する売買代金請求権を第三者に取得
させる場合がそうである。

(2) 第三者のためにする契約の成立要件

　第三者のためにする契約が成立するためには、要約者・諾約者間で第三者に
直接権利を取得させる旨の契約を締結することが必要である。契約成立時に第
三者が現存していなくても、特定していなくてもよい（537条2項）。たとえば，
胎児や設立中の法人を受益者とするものであってもよい。

　判例は、銀行による電信送金契約（「電信送金」とは電報を利用した送金手段であ
るが、現在では使用されていない）は第三者のためにする契約ではないとする（最
判昭和43年12月5日民集22巻13号2876頁）。

(3) 要約者・諾約者・第三者間の法律関係

① 第三者の権利

　第三者が権利を取得するためには受益の意思表示が必要である（537条3項）。
受益の意思表示後は、当事者（要約者・諾約者）は第三者の権利を変更し、消滅
させることはできない（538条1項）。

　第三者は諾約者に履行を請求し、債務不履行を理由として損害賠償請求がで
きる（537条1項）。ただし、第三者は契約当事者ではないので、要約者の意思
表示の無効主張・取消しや契約の解除はできない。

② 諾約者の権利・義務

　諾約者は第三者に給付をする義務を負う。諾約者は契約に基づく抗弁つまり
要約者に対して主張できる抗弁をもって第三者に対抗することができる（539

条）。よって、同時履行の抗弁、無効・取消し原因、解除原因などがある場合、諾約者は第三者に対して履行を拒絶することができる。

③ 要約者の権利・義務

要約者は、諾約者に対して第三者への給付を請求することができる。また、契約当事者としての地位は要約者に残るので、取消権、解除権は要約者に帰属する。よって、要約者は、諾約者が債務を履行しなければ契約を解除することができるが、第三者の権利が発生した後に債務不履行による契約の解除をするには、第三者の承諾が必要である（538条2項）。

2章 契約の不履行

1 契約の不履行と救済

(1) 契約の不履行（債務不履行）

契約は守らなければならない。契約の当事者は契約で約束したことを実現（履行）する義務を負う。では、契約が履行されない場合、どうしたらよいか。契約の不履行とは、契約から生ずる債務が履行されないこと、つまり**債務不履行**のことである。債務不履行があるときに債権者は債務者に対していかなる法的手段を行使しうるか、債権者はいかなる法的救済を受けられるかということがここでの問題である。

(2) 契約の不履行に対する救済手段

債務者が債務を履行しない場合、債権者の取りうる手段としては、次の3つの方法が考えられる。第1に債務の履行を強制して債権を強制的に実現すること（**履行の強制**）、第2に債務の不履行によって債権者に損害が発生したとき、債権者が債務者に損害賠償を請求すること（**債務不履行による損害賠償**）、第3に債権者が契約を解除し、契約の拘束から免れること（**契約の解除**）、である。履行の強制および債務不履行による損害賠償は本章で述べるが、契約の解除は**3章4**で扱う。

(3) 債権の効力

① 債権の4つの効力

契約の成立によって債権が発生するが、債権は一般に次のような効力を有する。

第1に**請求力**である。債務者が債務を履行しない場合に債権者が債務者に履

行を請求することができる効力である（412条の 2 第 1 項参照）。この債権者が有する権利を**履行請求権**という。

第 2 に**給付保持力**である。これは債権者が債務者から給付を受けた場合（給付は**9章 2 (1)**参照）、それを正当に保持することができる効力で、受け取った給付を債務者に返還する必要がないということである。請求力とともに債権が有する最低限の効力である。

第 3 に**訴求力**である。これは債権者が履行を求めて裁判に訴えることができる効力（請求の認容判決を取得できること）である。

第 4 に**強制力**である。これは債権の内容を強制的に実現することができる効力である。つまり、強制執行ができる効力である（執行力ともいう）。詳細は本章 2 で説明する。

② 不完全な債権および債務なき責任

通常の債権であれば、以上の 4 つの効力を有しているが、債権のなかにはこれらのうちの 1 つまたは 2 つを有していない不完全な債権が存在する。

まず、訴求力と強制力を有していない債権があり、それに対応する債務を**自然債務**ということがある。消滅時効が完成し、援用がなされた債務や訴訟をしない合意のある債務などである（後者については大判昭和10年 4 月25日新聞3835号 5 頁・カフェー丸玉事件参照）。自然債務に対して債権者が裁判上請求しても認められないが、債務者が任意に履行すれば債権者はこれを有効に保持することができ、不当利得として返還する必要はない。つまり、請求力と給付保持力だけは認められるような債権である。

つぎに請求力、給付保持力、訴求力はあるが、強制力がない債権がある。強制執行をしない合意のある債権や債務の性質上強制執行に適さない債権がそれに当たる（後者の例として夫婦間の同居請求権など。本章 2 (3) ①参照）。

これとは反対に、自分は債務を負っていないのに他人の債務について責任を負わなければならない場合がある。これを**債務なき責任**と呼んでいる。たとえば、A に対する B の債務を担保するために自己の不動産に抵当権（369条）を設定した C（物上保証人という）は、B が A に債務を弁済しなければ、A から抵当権の実行として自己の不動産を競売され、所有権を失ってしまう。C 自身は何も債務を負っていないのに、B の債務不履行に対して自分の財産から A に弁済

する責任を負う。

　債務と責任の区別は難しいが（同じ意味で使用される場合も多い）、債務とは一定の行為をしなければならないことであり、責任とは（自己または第三者の）債務が履行されない場合に自己の財産で弁済しなければならないことであるといえよう。

2　履行の強制

(1) 債権の効力としての履行の強制

　履行の請求をしても履行がなければ債権は実現できないので、債権者は、債務者が債務を任意に履行しないとき、**履行の強制**を裁判所に請求することができる（414条1項）。債権はその効力として強制力（執行力）を有するからである。ただし、強制力のない債権のように債務の性質上履行の強制が許されない場合（同項ただし書）や債務の履行が不能の場合（412条の2）に履行の強制ができないことは当然である。

　414条が「裁判所に請求することができる」と規定しているように、債権者が裁判所その他の公的機関によらないで自力で強制的な方法をもって債権を実現することは原則として禁止されている（**自力救済[自力執行]禁止の原則**と呼ばれる）。これを無制約に認めると、債権者が暴行・強迫などによって債務者から債権を強引に取り立てるなど、債務者の人格を著しく傷つけるような弊害が生ずるからである。

　民法は、履行の強制の方法として直接強制、代替執行、間接強制の3種類があることを規定するにとどめ、具体的な手続の詳細は**民事執行法**にゆだねている。民法は債権の効力の観点から「履行の強制」という言葉を使っているが、民事執行法では手続的な観点から「強制執行」という用語が使用されている。

　強制執行をするためには**債務名義**が必要であり、これは民事執行法22条に列挙されている文書のことである（その代表的なものは確定判決である）。強制執行をするためには、債権の存在が確定し、公に証明されていなければならず、確定判決のような債務名義が要求されるのである（債権者の一方的な言い分だけで強制執行はできない）。

履行の強制がなされても債権者に損害があれば、損害賠償請求ができることは言うまでもない（414条2項）。

(2) 履行の強制の方法

強制執行の第1の方法である**直接強制**とは、金銭の支払や物の引渡しを目的とする債務において債権を直接的に実現する方法である。金銭の支払を強制する場合は、裁判所または執行官が債務者の財産を競売その他の方法で金銭に換価して債権者に配当する方法をもって行われる。執行の対象に応じて不動産執行（民執43条）、動産執行（民執122条）、債権執行（民執143条）がある。物の引渡しを強制する場合は、不動産の引渡しについては執行官が債務者の不動産に対する占有を解いて債権者に占有を取得させる方法（民執168条）によって、動産の引渡しについては執行官が債務者から目的物を取り上げて債権者に引き渡す方法（民執169条）によって行う。

2番目の**代替執行**とは、作為（人の行為）または不作為を目的とする債務で、債務者以外の者でも履行が可能な債務（代替的債務）について、債務者の費用をもって第三者に債務の内容を実現させる方法である（民執171条）。たとえば、互いに隣接するAとBの所有地の境界線付近に存在するB所有の建物が老朽化して危険なため、AとBの合意によりBが建物を取り壊す義務を負っていたとする。Bのこの義務の履行を強制するには、裁判所がBの費用で第三者にこの建物を取り壊させることを命ずる方法をもって行う。

3番目の**間接強制**とは、債務を履行しない場合、履行しない期間に応じて一定の金銭の支払義務を負わせることによって、間接的に債権を実現する方法である（民執172条）。主に債務者本人でないと実現できない作為または不作為を目的とする債務（不代替的債務）の履行を強制する方法である。たとえば、債務者が経営する工場の夜間操業を禁ずる確定判決が出たにもかかわらず債務者が夜間操業を続けている場合、債権者（夜間操業の禁止を求めて訴えを提起し勝訴判決を得た者）は、この判決を債務名義として間接強制の申立てをすることができ、裁判所は操業を停止しない期間に応じて債務者に金銭の支払を命ずることができる。

直接強制（金銭債務の強制を除く）や代替執行が可能である場合でも、当事者

の申立てにより間接強制によって履行を強制することができる（民執173条）。間接強制による方が効果的な場合もあるからである。

これ以外にも、「意思表示の擬制」または「判決代用」と呼ばれる意思表示の強制執行がある。すなわち、債務者が意思表示（承諾など）をする義務を負っている場合で、債務者が意思表示をしないとき、意思表示をすべきことを債務者に命ずる判決が確定することによって意思表示をしたものとみなす方法である（民執177条）。

(3) 履行の強制をめぐる問題

① 強制執行と債務者の自由意思

強制執行に当たっては、債務者の自由意思との関係が問題となる。名誉の侵害に対する判決として謝罪広告を命じられた場合（723条参照）、その強制が良心の自由の保障（憲法19条）に反しないか問題となる。判例は、間接強制によるのが相当な場合や強制執行に適さない場合もあるが、単に事態の真相を告白し、陳謝の意を表するにとどまる程度のものについては謝罪広告の掲載の代替執行が認められるとする（最大判昭和31年7月4日民集10巻7号785頁）。また、夫婦間には同居義務（752条）があるが、間接強制の方法によっても同居を強制できないとされる（大決昭和5年9月30日民集9巻926頁）。

② 子の引渡し等の強制方法

子の引渡しをめぐってその父と母が争うことがある（特に夫婦が離婚した場合）。この場合、物の引渡しの強制のように、直接強制によって親権に基づき子の引渡しを実現することができるであろうか（間接強制は認められてきた）。これに関し、子供は物ではなく一個の人格をもった存在であるゆえ物と同じように扱うべきではなく、また子の心身・発達に与える影響が大きいことをもって反対する考え方と、間接強制は実効性が乏しく、子の引渡しを実現するためには直接強制によることもやむを得ないとする考え方が対立してきた。

この問題に対処するため、近年、民事執行法が改正され（2019年改正）、間接強制のほかに、執行官に子の引渡しを実施させる方法を認めた（民執174条1項）。すなわち、間接強制の決定が確定してから2週間経過したとき、または間接強制を行っても子を解放する見込みがないときなどに限り、上記の方法が

認められる（同条 2 項）。この場合、執行裁判所・執行官は、強制執行による子の心身に有害な影響を及ぼさないよう配慮する責務を負うものとされている（民執176条）。

なお、離婚後（または別居中）の非監護親による子に対する面会交流（766条 1 項参照）の実施を強制する場合、最高裁は間接強制を肯定している（最決平成25年 3 月28日民集67巻 3 号864頁）。

3　債務不履行による損害賠償（要件）

(1) 損害賠償の意義・機能

　債務不履行とは、債務者が債務の本旨に従った履行をしないこと、または債務の履行が不能であることであり、債務不履行によって損害が生じたとき、債権者は債務者に対して損害賠償を請求することができる（415条 1 項）。損害賠償は、履行の強制をしても債権者が完全な満足を得られない場合や履行の強制ができない場合に、債権者に生じた損害を主に金銭で補償させることにより債権者を満足させる機能を有する。たとえば、ある商品の引渡しが遅れた場合、履行を強制することは可能であるが、遅れたことによる損失は金銭で賠償してもらう必要がある。また、履行が不能であったり、契約が解除されたりした場合は、本来の履行の請求ができないので、これに代わる損害賠償を請求するしかない。

　本節では損害賠償請求権が発生する要件としての債務不履行について、次節では債務不履行の効果としての損害賠償について検討する。

(2) 債務不履行による損害賠償の要件

　債権者が債務者に対して損害賠償を請求するためには、債務者が債務の本旨に従った履行をしないこと（「本旨不履行」という）または履行が不能であること、損害の発生、債務不履行と損害発生との間の因果関係が必要である（415条 1 項本文）。これに対し、債務不履行が債務者の責めに帰することができない事由によって生じたとき（免責事由があるとき）、債務者は損害賠償責任を免れることができる（同項ただし書）。以下、損害賠償請求権が生ずるための要件とし

ての債務不履行および債務者の免責事由を順に説明する。

⑶ 債務不履行の類型

　415条は、債務不履行として本旨不履行と履行不能を挙げているが（「債務の本旨」とは契約等で定められた債務の内容という程度の意味であり、履行不能以外の債務不履行はすべて本旨不履行であるといってよい。「債務の本旨」とは何かについてこだわる必要はない）、伝統的には「履行遅滞」「履行不能」「不完全履行」の3類型に分類するのが一般的であった。しかし、債務不履行はこれらに尽きるものではないので、本節では「履行遅滞」「履行不能」および（不完全履行を含めた）「その他の債務不履行」に分けて説明する。

① 履行遅滞

　履行遅滞とは、履行期（履行すべき時期のこと。弁済期ともいう）に履行が可能であるのに履行をしないことである。履行期すなわち履行遅滞になる時期は412条が規定する。たとえば、3月31日までに借りた金銭を返さなければならないという確定期限のある債務は、確定期限の到来した時が履行期である（412条1項）。したがって、3月31日中に返さなければ履行遅滞となる。また、不確定期限のある債務は、債務者が期限の到来後に履行請求を受けた時または期限の到来を知った時が履行期になる（同条2項）。不確定期限とは、将来、確実に到来するが、いつ到来するかが不確定である事実をいう。たとえば、「○○が死亡した時」などがその例である（条件との違いに注意せよ）。さらに期限の定めのない債務は、債務者が履行請求を受けた時が履行期になる（同条3項）。

　履行遅滞の効果として債権者は、履行が遅れたことによる損害賠償（遅延賠償）を請求することができるほか、履行の強制（414条）や契約の解除（541条）をすることができる。

② 履行不能

　履行不能とは、契約その他の債務の発生原因および取引上の社会通念に照らして履行が不可能なことをいう（412条の2第1項）。

　履行不能は、物理的に履行が不可能な場合だけでなく、法律上または取引上において履行が不可能な場合（法律上・取引上の不能）も含む。たとえば、AがBに自己の土地を売却した後に同じ土地をCに売却し、登記も移転した場合、原

則として登記のないBはCに対抗することができず、Cが確定的に所有権を取得することになる（177条参照）。この場合、AのBに対する所有権移転義務は（法律上・取引上）履行不能となる（最判昭和35年4月21日民集14巻6号930頁）。また、物理的・法律的に履行は可能であるが、過分の費用がかかるときは不能とされることがある（経済的不能という）。

　履行不能は、建物が契約の締結後に滅失した場合のように契約成立後に履行不能になる**後発的不能**と、契約締結時に契約目的物である建物が滅失していた場合のように契約成立時に履行不能である**原始的不能**に分類される。

　原始的不能は従来、契約の無効をきたし、何ら債権を発生させないと理解されていたが、改正法は、原始的不能であっても契約は有効に成立することを前提に、契約時に履行不能であったことは履行不能を理由とする損害賠償請求を妨げないとした（412条の2第2項）。

　履行不能の効果として履行に代わる損害賠償（填補賠償）を請求することができるとともに（415条2項1号）、契約の解除原因ともなる（542条1項1号）。また、双務契約において債権者は反対給付の履行を拒むことができる（536条1項。**3章3**参照）。

　履行不能の重要かつ当然の効果が履行請求権の排除であることは言うまでもない。改正法ではこのことが明文化された（412条の2第1項）。履行不能であれば債権者は債務者に履行請求することができない。たとえば、請負の目的物に欠陥があるが修補に巨額の費用を要するために追完不能（一種の履行不能）とみなされる場合、注文者は修補の請求ができないので、報酬減額や損害賠償の請求または契約の解除をするしかない（563条、564条）。

　なお、債務者が履行遅滞の責任を負っている間に当事者双方の責めに帰することができない事由によって履行不能になったとき、その履行不能は債務者の責めに帰すべき事由による履行不能とみなされる（413条の2第1項）。債務者に帰責事由がなければ債務者は免責されるはずであるが（415条1項ただし書）、履行遅滞がなければ履行不能も生じなかった以上、債務者は履行不能に帰責事由がなくても賠償責任を負わなければならない。

③ その他の債務不履行──不完全履行

履行遅滞および履行不能にも当たらない債務不履行が存在する。債務不履行

とは、契約等で定められる内容の債務の不履行であるから、債務の内容ごとに不履行の形態も様々であるのは当然である（不履行かどうかはまず契約の趣旨等に照らして判断されなければならない）。このうち従来から債務不履行の一類型として認められてきたのが不完全履行である。**不完全履行**とは、履行は一応なされたが、給付が不完全で債務の本旨に従った履行といえないことである。たとえば、購入した食材が腐っていた、パソコンが不具合のため作動しない、診療ミスで病状が悪化したなど、契約の内容に適合しない場合である。この場合、債権者は修理費用、代替品の調達費用などはもとより、不完全履行により債権者が被ったその他の拡大損害（腐った食材を飲食したために食中毒になった場合の治療費、手術ミスで患者が死亡した場合の逸失利益など）について賠償請求をすることができる（拡大損害については、後述の信義則上の義務（保護義務）違反の効果であるとする考え方もある）。

　また、有償契約に基づく債務の不完全履行においては、債務者の履行が可能である限り、完全履行請求権（追完請求権）があり、たとえば、購入したパソコンに不具合がある場合、修理や交換の請求ができる（売買に関して562条が買主の追完請求権を認めており、他の有償契約に準用される（559条）。**4**章 4 参照）。追完が可能である場合は催告（追完請求）をした上で契約を解除することができ（541条）、追完の見込みがなく契約目的を達成できない場合は催告なしで解除することができると解される（542条 1 項 5 号）。

④ その他の債務不履行──信義則上の義務違反

　今日では、上記の不完全履行にも当てはまらない新しいタイプの債務不履行が登場してきている。これらに共通する特徴は、債務不履行の前提として負う義務の根拠を信義則（1 条 2 項）に求めていることであり、**信義則上の義務違反**と言い表すことも可能である。

　債務には、引渡し義務や代金支払義務のような契約上債務者の義務として合意された義務（**給付義務**あるいは**主たる義務**という）以外にも、信義則に基づいて付随的に負う義務（**付随義務**）が存在することが指摘され、判例も認めている。代表的なケースを検討してみよう。

（a）安全配慮義務・保護義務

　使用者（会社）は労働者の安全を配慮すべき義務（**安全配慮義務**）を負っている

ので、労働者が勤務中に大ケガをしたような場合、労働者は安全配慮義務の違反（債務不履行）を理由に使用者に対して損害賠償を請求することができる（最判昭和50年 2 月25日民集29巻 2 号143頁など）。安全配慮義務は、契約のような特別の関係にある当事者間において、当事者の一方が他方に対してその生命・身体を危険から防止するよう配慮すべき信義則上の付随義務であると定義することができる。使用者は労働者に対して賃金支払義務だけでなく、雇用契約上の付随義務として安全配慮義務を負うのである（労働契約法 5 条および**7 章 2 (2)②**も参照）。この義務は、雇用（労働契約）において特に問題となるが、請負や在学関係においても問題となる（児童・生徒間のいじめなどについても学校側はこれを防止する安全配慮義務を負う）。安全配慮義務以外にも、債務者は債務の履行の際に債権者の生命・身体・財産を侵害しないよう配慮すべき**保護義務**があるといわれる（たとえば、家具を購入者の自宅に搬入する際に壁や床を傷つけないよう十分注意することなど。もっとも保護義務と安全配慮義務の区別はあいまいである）。

（ b ）契約交渉段階の注意義務

　ある契約を締結するために交渉をしたものの、結局、契約成立に至らなかった場合、原則として交渉の当事者間には債権・債務は生じないはずである。しかし、契約成立以前であっても、契約交渉に入った者は誠実に交渉すべきであり、相手方に損害を与えてはならない信義則上の注意義務を負うというべきである。したがって、交渉が進み、契約成立への期待を相手方に抱かせたにもかかわらず、契約締結の直前になって交渉を破棄した場合は、この義務の違反（**契約交渉段階の注意義務の違反または契約締結上の過失という**）により賠償責任を負うことがある（最判昭和59年 9 月18日判時1137号51頁など）。もっとも、これが債務不履行かどうかは議論がある。契約未成立の段階においては、契約上の義務というものを観念することができず、債務不履行ということもあり得ず、むしろ契約交渉の不当破棄は不法行為（709条）であるという考え方もある。債務不履行か不法行為かはともかく、交渉当事者が信義則上の注意義務を負い、その違反に対しては賠償責任を負うべきであるという点では判例・学説は一致しているといえよう。

（ c ）説明義務・情報提供義務

　契約の締結に当たって当事者の一方が他方に対して商品・サービスの内容や

リスクについて**説明義務**ないし**情報提供義務**を負うことがある。特に事業者（企業）と消費者間の契約の場合、当事者間に情報量や交渉力の格差があるのが普通であり、消費者は事業者から十分な説明を受けなかったり、誤った情報を提供されたりすることにより、望まない契約を結び、損害を受ける危険がある。消費者が契約を締結するかどうかを適切に判断し、消費者が損害を受けないようにするため、信義則に基づき事業者などにこのような義務が課されるのである。事業者がこの義務に違反して消費者に説明しなかったり、誤った情報を提供したりして消費者が損害を受けた場合は、消費者は事業者に損害賠償を請求することができる（なお、消費者契約法は、事業者の行為により誤認または困惑して消費者が契約を締結した場合の取消権や消費者に不利益を課す契約条項の無効を認めて、消費者の保護・救済を図っている）。契約締結に先立つ説明義務が、契約上の義務か否かの議論があるが、判例は、説明義務違反に基づく損害賠償は、不法行為に基づく損害賠償であると解している（最判平成23年4月22日民集65巻3号1405頁）。

⑷ 債務者の免責事由

① 免責事由の位置づけ

「債務の不履行が契約その他の債務の発生原因及び取引上の社会通念に照らして債務者の責めに帰することができない事由によるものであるときは」賠償請求権は発生しない（415条1項ただし書）。**免責事由**の存在（＝帰責事由の不存在）が損害賠償請求権の成立を妨げる「消極的要件」である。

② 免責事由 (帰責事由) の意義

帰責事由は伝統的に「故意・過失または信義則上これと同視すべき事由」と理解され、不法行為と同様、債務不履行による損害賠償責任を問うためには債務者の過失が必要とされてきた（過失責任主義）。しかし、少なくとも契約上の債務に関しては「契約は守られなければならない」のであり（契約の拘束力という）、契約で引き受けていたことを履行しなければ（つまり債務を履行しなければ）賠償責任を免れることはできず、不履行が契約で引き受けていなかった事由による場合にのみ責任を免れることができるといえる。不法行為における過失が、通常人を基準とした客観的な行為義務違反であるのに対し（**15章2**参照）、

債務不履行における免責事由（帰責事由）の有無は、契約において債務者がどこまで不履行のリスクを引き受けていたかということから判断すべきことになる。

改正法はこの考え方の影響を受けて、免責事由（帰責事由）は、契約および取引上の社会通念より判断されるとし、過失責任主義を採用しなかった。

③ 免責事由の有無の判断

債務者の免責が問題となる場合として、自然災害（大地震、大規模風水害など）、戦争、社会的動乱、感染症の大流行、または債権者や第三者の行為によって不履行が生ずる場合が挙げられる。

たとえば、自然災害に起因して債務不履行が生じた場合（ある地域に大地震が起こり、履行期に目的物の引渡しをしなかったような場合）であっても、債務者が免責されるかどうかは契約の趣旨から判断しなければならない。自然災害が生じたからといって当然に債務者が免責されるのではなく、このような場合に債務者が損害の発生を回避する措置をとっていたかどうか（たとえば、緊急用に商品の在庫を備蓄していたかどうか）、当該契約において債務者がそのような措置をとるべきことを要請されていたかどうか等について、具体的な契約に即して判断しなければならないのであって、抽象的に過失があるかどうかの判断に尽きるものではないのである。

④ 免責事由の立証責任

損害賠償責任を免れることを主張する債務者が、免責事由の存在を証明する責任（立証責任）を負う（債権者は、「債務不履行の事実」「損害の発生」「債務不履行と損害の間の因果関係」のみを証明すれば足り、債務者に帰責事由があることを証明する必要はない）。旧415条からは必ずしも明らかではなかったが（判例・通説は従来から立証責任は債務者にあるとしていた）、改正415条1項は、条文上も立証責任の所在を明確にしている。

その他、金銭債務の不履行は不可抗力によるものであっても債務者が免責されないことに注意すべきであるが（419条3項）、後述する。

4　債務不履行による損害賠償 (効果)

(1) 損害の意義および賠償の方法

　損害とは、簡単にいえば債務不履行によって債権者が受ける不利益である（損害の意義および算定方法は**16章**も参照）。損害は債権者が経済的な不利益を受ける財産的損害とそれ以外の非財産的損害（精神的損害がその中心である）に大別されるが、債務不履行で問題となるのは、もっぱら財産的損害である。

　財産的損害には、履行が遅れたことによって債権者が受ける損害と履行がなされないことによって債権者が受ける損害がある。前者に対する賠償を**遅延賠償**、後者に対する賠償すなわち**履行に代わる賠償**を**塡補賠償**という。塡補賠償（履行に代わる賠償）を請求することができるのは、履行が不能なとき、債務者が履行拒絶の意思を明確に表示したとき、契約が解除され、または債務不履行による解除権が発生したときである（415条2項）。

　遅延賠償の例としては、借金の返済が遅れたことによる遅延損害金（419条1項参照）、家屋の引渡しが遅れたために借りたアパートの家賃相当額の賠償が、塡補賠償の例としては、売主の過失によって建物が滅失した場合の建物価格相当額の賠償が挙げられる。

　損害賠償は、金銭で賠償するのが原則である（417条）。この金銭賠償主義に対するものは原状回復主義であるが、この方法によるには当事者間の特約が必要である。

(2) 損害賠償の範囲と損害賠償額の算定

① 損害賠償の範囲の決定基準——通常損害・特別損害

　債務不履行によって生じた損害のうち、あらゆる損害について賠償責任を負わされるのは債務者にとって酷であり、また、債務不履行とあまりに遠い損害まで賠償責任があるとするのは妥当ではない。そこで民法は、債務不履行から通常生ずべき損害（通常損害）について賠償責任を負い（416条1項）、特別の事情によって生ずる損害（特別損害）は、当事者が特別事情を予見すべきときに限り、賠償責任を負うとする（同条2項）。

通常損害とは、債務不履行があれば社会通念上、定型的・類型的に生ずるとされる損害と一応は定義することができる。何が通常損害に当たるかは、当事者の職業、目的物の性質などからケースバイケースで判断するしかない。売主の債務不履行によって買主が転売利益を得られなかったことは、商人間の売買であれば通常損害といえようが、一般人どうしの売買であれば特別損害と解される場合が多いだろう。ある損害が通常損害と認定されれば、当事者の予見可能性があるかどうかを問わず、当然に賠償の対象となる。

　特別損害とは、換言すれば、債務不履行と因果関係はあるが通常損害には該当しない損害である。特別損害について賠償請求するためには、当事者が特別事情を予見すべき場合であったこと、すなわち**予見可能性**が必要である。この予見すべき当事者とは、判例によれば債務者である。また、予見の対象となる事情は、債務不履行時までに予見することができた事情である（大判大正7年8月27日民録24輯1658頁）。

　たとえば、買主が第三者との間で通常より高い価格での転売契約を結んでいたところ、売主の債務不履行を理由に買主が損害賠償として転売利益相当分を請求するためには、この転売利益は特別損害であると考えられるから、債務者である売主が債務不履行時までに特別事情である転売契約の存在を予見すべきであった場合でなければならない。

② 損害賠償額算定の基準時——履行不能の場合

　金銭賠償主義の下では損害は金銭で評価される。履行不能および解除の場合に履行に代わる損害賠償すなわち塡補賠償（415条2項）を請求するとき、目的物の価格（時価・相場）を基準に損害額（賠償額）を算定する。では、目的物の価格が変動したとき、いつの時点を基準に損害額を算定すべきであろうか。これに関して判例は、目的物価格の変動を損害賠償の範囲の変化ととらえ、416条の原則に従って賠償額を決めている。

　まず、履行不能、とりわけ特定物（土地・建物など。**9章3(1)参照**）の引渡しが不能になった場合を考えてみる。甲地が二重譲渡（二重売買）され、後から甲地を買い受けた第2買主が登記を取得したような場合、登記のない第1買主は第2買主に対抗することができなくなるので（177条）、売主の第1買主に対する所有権移転義務（引渡し義務）は社会通念上履行不能になり、第1買主は売主に

対して履行に代わる損害賠償を請求することができる。この場合の損害賠償につき判例は、履行不能になった時の目的物の価格を基準として算定する（最判昭和37年11月16日民集16巻11号2280頁。なお、大連判大正15年5月22日民集5巻386頁・富喜丸事件も参照）。よって、第1買主は履行不能時の目的物価格（上記例では第2買主への移転登記時の土地の時価）に相当する賠償額を請求することができる（代金未払のときは代金債務と相殺されるので代金との差額を請求する）。

　履行不能になった後も目的物の価格が騰貴している場合、騰貴した価格の賠償を請求することはできないだろうか。判例は騰貴価格を特別損害ととらえており、債務者が価格の騰貴（特別事情に当たる）を履行不能時に予見することができたのであれば、騰貴価格による損害賠償を請求することができるとする（前掲最判昭和37年11月16日）。なお、買主が転売目的でなく自己保有目的で購入する場合であってもよい（最判昭和47年4月20日民集26巻3号520頁）。

　これに対し、**中間最高価格**による賠償（一度騰貴した後に下落した場合にその間の最高価格を基準とする賠償）を請求することができるか否かについては、騰貴時に転売その他の方法で騰貴価格による利益を確実に取得したと予想されることが必要としている（前掲大連判大正15年5月22日・富喜丸事件）。

③ 損害賠償額算定の基準時──解除された場合

　契約が解除された場合も損害賠償の請求は可能であるが（545条4項）、この損害賠償も塡補賠償であるので（415条2項3号）、いつの時点を基準に損害額を算定するか問題となる。判例（最判昭和28年12月18日民集7巻12号1446頁）は、解除時の価格を基準として損害賠償を請求することができるとする（解除によって自らの代金債務を免れるので代金相当額を控除して請求する）。解除によって給付請求権（目的物の引渡などの給付を請求する権利）が履行に代わる損害賠償請求権に転化するという理由による（なお、改正415条2項は解除しなくても債務不履行による解除権の発生のみで塡補賠償を認めているので、改正法の下では判決理由は根拠を失うことになる）。

　ただ、解除権は当事者の意思表示によって行使されるので、解除する時期によって賠償額に多寡が生じることが避けられない（多額の賠償額の請求を目論んで解除する時期を恣意的に遅らせることが起こりかねない）。そこで、債権者は損害の拡大を回避・軽減する義務（損害軽減義務）を負っており、債務不履行が生じ

た場合、債権者は速やかに解除するなどして損害の拡大を回避・軽減すべきで
あり、それを怠ったときは賠償額を減額すべきであるという考え方も提唱され
ている。これに関して、賃貸人の修繕義務の不履行を理由に賃借人が営業利益
の喪失について損害賠償を求めた事案について、賃借人が損害を回避または減
少させる措置をとらなかったために損害が拡大したとき、この措置をとること
ができた時期以降に生じた損害についての賠償を認めなかった判決がある（最
判平成21年1月19日民集63巻1号97頁）。損害軽減義務は、次項の過失相殺の問題
として扱うこともできる。

(3) 損害賠償の減額事由

① 過失相殺

　債務の不履行または損害の発生・拡大に関して債権者に過失があるときは、
裁判所はこれを考慮して賠償責任および賠償額を定める（418条）。これを**過失
相殺**といい、賠償額の減額事由である。患者が医師の診療ミス（不完全履行）を
理由に病院に損害賠償を請求する場合において、患者の側が医師の指示を守ら
ず、飲酒をしたり、その他不養生な行為を行ったりしたことも相まって病状が
悪化した（損害が拡大した）ときや、ある金融商品の購入者が販売業者の説明義
務（情報提供義務）違反を理由に損害賠償請求する場合において、購入者も金融
商品のリスク等につき情報を収集することを怠ったとき、過失相殺により賠償
額が減額される。不法行為にも過失相殺に関する規定があるが（722条2項）、
債権者の過失を認定すれば必ず過失相殺する必要があること、賠償額の減額だ
けでなく責任の免除もありうることが418条の特徴である。

② 損益相殺

　債務不履行によって損害が発生するのと同時に債権者に利益も生じた場合、
賠償額から債権者が受けた利益を控除することを**損益相殺**という（民法上の条文
はない）。たとえば、使用者の安全配慮義務違反により労働者が死亡して遺族
が損害賠償請求する場合、主に労働者の逸失利益（労働者が死亡しなければ得ら
れたであろう収入）が損害となるが、死亡により労働者の生活費が不要となるの
で、逸失利益から生活費相当額を控除しなければならない（過失相殺および損益
相殺は不法行為に関する**16章** 4 (3)においても検討する）。

⑷ 損害賠償に関するその他の問題

① 金銭債務の特則

金銭債務の不履行による損害賠償については特別の規定が設けられている。

まず賠償の範囲は416条によるのではなく、**法定利率**（年3％（404条））で計算された金額が賠償額になり、**約定利率**（当事者が契約上の合意で定める利率）が法定利率より高い場合は約定利率で計算される（419条1項。法定利率と約定利率については**9章3**⑷参照）。たとえば、2020年4月1日に1000万円を無利息で1年後（2021年3月31日）に返済する約束で借りたが、期日の1年後の2022年3月31日に返済する場合、元本1000万円の返済に加えて1000万円×3％＝30万円を損害賠償（遅延損害金）として払わなければならない（利率が年5％と約定されている場合は、元本（1000万円）と利息（50万円）のほかに1000万円×5％＝50万円の損害賠償を払う必要がある）。金銭債務の不履行では損害賠償の範囲が制限される反面、これについての損害の証明は不要である（419条2項）。

また、金銭債務の不履行が不可抗力（大規模自然災害、戦災、社会的動乱など当事者では制御できないような力）によって生じたとしても、法定（約定）利率で計算された損害額の賠償責任を免れることはできない（419条3項）。

② 賠償額の予定

債務不履行による損害賠償請求をするには、債権者は損害の発生および損害額を証明しなければならないが、実際には困難な場合が多い。そこで民法は、あらかじめ契約で債務不履行について**賠償額の予定**をすることができるとし（420条1項）、この場合、債権者は債務不履行の事実さえ証明できれば、損害を証明しなくても予定賠償額を請求することができる。実際の損害額が予定賠償額を下回っても予定賠償額を請求できるし、反対に実損額が予定賠償額を上回っても予定賠償額しか請求できない。なお、賠償額の予定がされていても履行請求や契約の解除は可能である（同条2項）。

金銭消費貸借における賠償額の予定として次のような例を挙げることができよう。銀行から1000万円を年5％の利息を付して1年後に返済する約束で借りたとする。この場合、借主は返済期日に元本1000万円と1年分の利息50万円を支払わなければならないが、返済を遅滞した場合、遅滞した期間に応じて損害賠償（遅延損害金）を払わなければならないことは前述したとおりである。特約

がなければ、遅延損害金は約定利息の年5％で計算されるが（419条1項ただし書）、「返済を遅滞した場合は遅滞の期間に応じて年10％の割合で計算された遅延損害金を支払う」旨の賠償額の予定をしておけば、借主が返済期日より1年遅れて返済する場合、貸主である銀行は、元本1000万円、利息50万円に加えて遅延損害金（損害賠償）として100万円を請求することができる。

賠償額の予定に類似する概念として違約金があるが、民法はこれを賠償額の予定と推定している（420条3項）。実損害の賠償のほかに制裁金としての違約金（違約罰という）を請求しようとする場合は、債権者はこれが違約罰であることを証明しなければならない。

しばしば過大な賠償額の予定がなされることがあるが、民法90条（公序良俗違反の法律行為）の適用によって無効とされる場合があるほか、特別法によって賠償額の予定または違約金の額が制限されることがある（利息制限法4条、消費者契約法9条など）。

③ 損害賠償による代位

BがAから借りていた自転車がBの不注意で盗まれてしまったので、BはAに自転車の価格相当額を弁償した。その後、Bが自転車を発見した場合、AはBに自転車の返還を求めることができるであろうか。この場合、AはBから賠償金を得ているにもかかわらず、発見された自転車も返還されると二重取りになり、過剰な救済になってしまうので、Aは自転車の返還を求めることはできない（Bが自転車の所有権を取得する）。

債権者が損害賠償として目的物または権利の価額の支払を受けたときは、その物または権利が債務者に移転する（422条）。これを**損害賠償による代位**という。公平の観点から認められた制度である。債務者は債権者に当然に代位（債務者が債権者の地位に代わって入ること）するのであって、意思表示をすることなく目的物の所有権が債権者から債務者に移転する。ただし、債権者が賠償金を債務者に返還すれば、債権者による目的物の返還請求を認めてもよいだろう。債権者による二重取りにならないからである。

④ 代償請求権

AはBに建物を売却したが、引き渡す前にAの失火で全焼した。Aの債務は履行不能になるので、BはAに対して履行に代わる損害賠償（415条2項）を求め

ることができるが、Aが火災保険契約に基づき保険会社に対し、保険金を請求できるときはどうなるであろうか。この事例のように、債務者が履行不能と同一の原因によって債務の目的物（上記の事例では建物）の代償である権利または利益（上記の事例では火災保険金請求権）を取得したときは、債権者は受けた損害の限度において権利の移転または利益の償還を請求することができる（422条の2）。この権利を**代償請求権**という。債権者を保護するため公平の観点から認められた制度で、上記の事例ではBはAに対して火災保険金請求権の移転を求めることができ、結局、Bは火災保険金から損害の塡補を受けることができる（422条の2は、最判昭和41年12月23日民集20巻10号2211頁の判旨を明文化したものである）。

5　受領遅滞

(1) 受領遅滞とは

　債務者が履行しようとしても、債権者が受領その他の協力をしなければ、債務は消滅しない。そこで民法は、債務者が履行（弁済）の提供をすれば債務者は不履行の責任を免れるとするとともに（492条）、債務者が履行の提供をしたにもかかわらず債権者が履行を受けることを拒絶し、または受けることができない場合（これを**受領遅滞**という）、債権者は次のような不利益を負うとしている（受領遅滞と履行の提供の関係は**13章2(1)**参照）。

(2) 受領遅滞の効果

　第1に、特定物債権の債務者は善管注意保存義務を負うが（400条。**9章3(1)**参照）、債権者の受領遅滞がある場合は、自己の財産に対するのと同一の注意義務に軽減される（413条1項）。債務者が特定物を損傷しても、重過失がない限り、賠償責任を負わないことになる。第2に、受領遅滞により保管費用などの履行のための費用が増加した場合は債権者が増加額を負担するので、債務者は債権者に対して増加費用を請求することができる（同条2項）。第3に、受領遅滞中に目的物が滅失するなど履行不能になった場合は、当事者双方に帰責事由がなくても債権者の責めに帰すべき事由による履行不能とみなされるので（413条の2第2項）、債権者は反対給付の履行（代金・報酬の支払）を拒むことができ

なくなる（536条2項）。受領遅滞によって危険が債務者から債権者に移転するからである（567条2項および**4章**4(2)④も参照）。

(3) 受領遅滞による損害賠償請求・解除の可否

　上記の効果以外に債権者の受領遅滞を理由に債務者は損害賠償請求あるいは契約の解除ができるかが議論されている。債権者が受領義務を負うかにつき、これを否定し、413条の責任を負うにすぎないとする法定責任説と、債権者も受領義務を負い、受領義務違反の効果として債務不履行による損害賠償や解除を認める債務不履行説が対立している。

　判例は一般に債権者の受領義務を認めていないが（最判昭和40年12月3日民集19巻9号2090頁）、硫黄鉱石の継続的売買において信義則に基づく買主の引取義務を肯定し、その違反を理由とする損害賠償責任を認めた事例がある（最判昭和46年12月16日民集25巻9号1472頁）。この場合は買主に硫黄鉱石を引き取ってもらわないと売主が多額の損失を受けるからである。

3章 双務契約

1 双務契約の意義

双務契約とは、契約当事者の双方が対価的な債務を負う契約のことである。たとえば、売買契約において売主は財産権移転義務を、買主は代金支払義務を負い (555条)、雇用契約において労働者は労働従事義務を、使用者は報酬 (賃金) 支払義務を負う (623条)。

この双方の債務は、一方の債務に生じたことが他方の債務に影響を及ぼすことにより互いに密接な関係に立っており、これを双務契約の牽連関係という。具体的には、一方の当事者が債務の履行をしないとき、あるいは履行が不能になったとき、他方は履行を拒絶することができるという関係である。民法はこれらを同時履行の抗弁 (533条) および危険負担 (536条) の問題として「契約の効力」というタイトルで規定している。

なお、契約の解除は、双務契約以外の場合にも認められるが、実質的には双務契約において意義を有するので、本章で扱うことにする (特に債務不履行による解除 (541条、542条) は、当事者の一方の債務不履行に対して他方が解除することにより自らの債務を免れることがその目的であること、改正法では危険負担と解除の適用場面が競合することから、双務契約の問題として扱うのがふさわしい)。

2 同時履行の抗弁

(1) 同時履行の抗弁の意義・機能

同時履行の抗弁 (権) とは、双務契約の当事者の一方が、相手方が履行の提供をするまで自己の債務の履行を拒絶することができる権利である (533条)。たとえば、買主は、売主が目的物を引き渡すまで代金の支払を拒絶することがで

き、売主は、買主が代金を支払うまで目的物の引渡しを拒絶することができる。

　同時履行の抗弁の存在理由は、第1に当事者間の公平を図ることにある。同時履行の抗弁が認められないと、契約締結後に買主の財産状態が悪化したとき、売主は代金を回収できる見込みがないにもかかわらず目的物を引き渡さざるを得ないことになり、不公平な結果をもたらす。同時履行の抗弁権があれば売主は買主から代金を受け取るまで目的物の引渡しを拒絶することができ、上記のリスクを回避することができる。

　また、同時履行の抗弁を行使される側としては、自らが履行しなければ相手方から履行を受けられないので、互いに履行を促すことになり、その意味で同時履行の抗弁は債権を確実に実現する担保的な機能を有している。なお、留置権（295条）は、占有する他人の物に関して生じた債権を担保するため弁済を受けるまでその物を留置することができる（引渡しを拒絶できる）権利であり、同時履行の抗弁と同様の機能を果たしているが、契約当事者間の抗弁権である同時履行の抗弁とは異なり、担保物権である点で区別される（留置権は契約当事者以外の者にも行使することができる）。

(2) 同時履行の抗弁の要件

① 双務契約から生ずる対価的債務の存在

　同時履行の抗弁が認められるのは、双務契約から生ずる互いに対価的関係に立っている債務どうしの間である。売主の目的物引渡義務と買主の代金支払義務が典型的な例である。売買契約においては目的物の引渡し（給付）と代金支払（反対給付）が互いに「対価」の関係に立っているので、この双方の義務は「同時」すなわち「交換的に」履行されることがふさわしいからである。不動産売買においては登記の重要性から登記移転義務と代金支払義務の間にも同時履行の関係を認めてよい。

　厳密にいえば双務契約から生じた債務ではないが、公平の観点などから同時履行の関係が認められるものがある。たとえば、解除により契約当事者は互いに原状回復義務を負い（545条1項）、この双方の原状回復義務は同時履行の関係に立つ（546条）。原状回復義務は双務契約上の債務ではなく、法律の規定によって生ずる債務であるが、互いに対価的関係にあり、同時に履行させるのが

公平だからである。無効な行為に基づいて給付を受けた者が互いに原状回復を
する義務（121条の2）もまた、同様の理由により同時履行の関係を認めてよい
（最判昭和47年9月7日民集26巻7号1327頁参照）。

　また、対価的な債務とはいえないが、政策的な理由から同時履行の抗弁が認
められる場合がある。債務の弁済をする者（債務者など）は弁済を受領する者（債
権者など）に対し、弁済と「引換え」に受取証書（領収書）の交付を請求すること
ができ（486条）、弁済と受取証書の交付が同時履行の関係にあることは明らか
である。受取証書は弁済の対価でなく、また、論理的には弁済の証拠である受
取証書は弁済した後でないと交付を請求することができないはずであるが、弁
済をする者に確実に弁済の証拠を得させるために特別に同時履行の関係に立た
せて弁済をする者を保護しているのである（**13**章5⑴も参照）。

　これとは反対に、同時履行の関係にないとされた例として、賃貸借が終了し
た場合の賃借物返還義務と敷金返還義務がある（敷金については622条の2および
6章1⑵②参照）。同時履行の抗弁が認められれば、敷金が返還される可能性が
高くなり、賃借人の保護に資することになる。しかし判例は、両者の義務が対
価的な関係に立たないことなどを理由に賃借人の同時履行の抗弁を否定した
（最判昭和49年9月2日民集28巻6号1152頁。**6**章2⑴④も参照）。

② 相手方の債務が弁済期にあること

　533条ただし書は「相手方の債務が弁済期にないときは、この限りでない」と
しており、相手方の債務が弁済期に達していることが履行を拒絶できる要件と
なる。「相手方の債務が弁済期にないとき」とは代金後払の特約があるような
ケースで、このとき売主は目的物の引渡しを先にしなければならず（先履行と
いう）、同時履行の抗弁をもって履行を拒めないのは当然である。

　当事者の一方（売主）が先履行義務を負う場合であっても、契約締結後、相
手方（買主）の資産状態が悪化し、客観的にも代金支払の見込みのない状況に
至ったとき、相手方の信用不安を理由として先履行義務者に履行拒絶権を認め
る**不安の抗弁権**という考え方がある。しかし、先履行義務を負うことは相手方
に信用を与えていることを意味し、換言すれば、相手方の未履行のリスク（売
買でいえば代金未回収のリスク）を引き受けているともいえるので、履行拒絶を
認めるかどうかは慎重に判断すべきであろう。

③ 相手方が履行の提供をしないで履行の請求をしてきたこと

同時履行の抗弁は、相手方が履行の提供をしないで履行の請求をしてきたときに自己の債務の履行を拒絶できる権利であるから、相手方が履行または履行の提供をすれば、同時履行の抗弁権は消滅する。このことは、債務不履行を理由として履行請求または契約の解除をする場合に意味をもつ。すなわち、契約の相手方が債務を履行しなくても、同時履行の抗弁権を有している限り、履行しないことが債務不履行（履行遅滞）とはならないので、履行請求または契約を解除することはできない。しかし、履行を提供すれば相手方は同時履行の抗弁権を失い、履行遅滞になるので、履行請求または契約を解除することができる。なお、解除するには催告が必要であるが（541条）、判例は履行の提供は催告と同時でもよいとしている（大判大正10年6月30日民録27輯1287頁）。

(3) 同時履行の抗弁の効果

① 履行を拒絶できること

同時履行の抗弁権を有する者は、相手方の履行請求に対して履行を拒絶できる。なお、裁判において原告の請求に対して被告が同時履行の抗弁を提起した場合、裁判所は請求棄却（原告敗訴）の判決ではなく、**引換給付判決**をすべきというのが判例である（大判明治44年12月11日民録17輯772頁）。

② 履行しないことが履行遅滞にならないこと

同時履行の抗弁権が存在している限り、債務を履行しなくても履行遅滞にならない。したがって、損害賠償責任は負わず（遅延損害金を払う必要はない）、相手方の解除権も発生しないことになる。この効果は当事者が同時履行の抗弁権を有していれば生じ、積極的にこれを行使する必要はない（存在効果説という）。

3　危険負担

(1) 危険負担の意義

双務契約において当事者の一方の債務が履行不能になったとき、他方の債務はどうなるであろうか。たとえば、建物の売買において引渡し前に建物が焼失して引き渡すことができなくなったとき、買主は代金を支払わなければならな

いのか、支払う必要はないのか。

　この場合、代金を支払う必要がないというのが一般の常識にかなう。買主は目的物を取得できないのに代金だけ支払わなければならないのは不公平だからである（給付と交換にする行為、または給付と交換に受け取る対価を**反対給付**という。**9**章2(1)参照）。民法も、債務が履行不能になったとき、債権者は反対給付の履行を拒むことができるとし、このことを明らかにしている（536条1項）。ここでいう「債務」とは履行不能となる債務のことであり、売主の財産権移転義務、労働者の労働従事義務、請負人の仕事完成義務などである（売主、労働者、請負人は「債務者」である）。反対給付を履行する「債権者」とは、代金、賃金、報酬を支払う買主、使用者、注文者のことである。

　ちなみに**危険負担**というのは、何らかの理由で履行不能になった場合のリスク（危険）を債務者と債権者のどちらが負担するかという意味である。債権者が反対給付の履行を拒める、すなわち債務者が反対給付を取得できない場合は債務者がリスク（危険）を負担し、反対に債権者が反対給付の履行を拒めない場合は債権者がリスク（危険）を負担することになる。

(2) 危険負担の要件

　当事者双方の責めに帰することができない事由によって債務の履行が不能になったことである（536条1項）。履行不能が自然災害や第三者の行為などによって生じた場合であり、債権者に帰責事由がある場合は、536条2項が適用される。では、履行不能に債務者の帰責事由があるとき（売主の過失で建物が焼失した場合など）、債権者は反対給付の履行を拒むことができないのであろうか。債権者は債務者に帰責事由がない場合ですら反対給付の履行を拒めるわけであるから、この場合も当然に履行を拒絶できると解すべきである。

(3) 危険負担の効果

　債権者は反対給付の履行を拒むことができる（536条1項。売買に関する567条1項が「引渡し後に」目的物が滅失・損傷したとき買主は代金支払を拒めないとしていることに注意。**4**章4(2)④参照）。

　旧536条1項は「債務者は反対給付を受ける権利を有しない」として債権者の

反対給付義務が消滅すると規定していたが、改正法は債権者の反対給付の履行拒絶権を認めるにとどめた。債権者は代金や報酬を支払わなくてもよいが、支払義務そのものは残ることになる。よって、債権者が反対給付義務を免れるためには契約を解除する必要がある。旧法は履行不能につき債務者に帰責事由がないとき解除権は発生しないとしていたが（旧543条ただし書）、改正法は債務不履行（履行不能を含む）を理由とする解除において債務者の帰責事由は不要としたので、債権者は債務者の帰責事由がなくても契約を解除することができるのである。

　旧法においては債務者の帰責事由の有無に応じて危険負担と解除の適用領域が棲み分けされていたのに対し、改正法においては両者が競合することになる。債権者は解除をしなくても反対給付の履行を拒むことができるが、他方で解除をすることにより反対給付義務を消滅させ、反対給付の履行を免れることもできるのである。

(4) 債権者に帰責事由がある場合

　債権者の責めに帰すべき事由により履行が不能になったとき、債権者は反対給付の履行を拒むことはできない（536条2項前段）。買主の過失で建物が滅失して引渡しが不可能になった場合や主催者側の都合で講演が中止になった場合がこれに当たり、債権者（買主または主催者）は債務者（売主または講演者）に代金や報酬を支払わなければならない。

　これは債権者の都合で履行を不可能にしておきながら代金や報酬の支払を拒むことが信義に反すること、履行不能によって生じた債務者の損害につき反対給付（代金または報酬）を債務者に取得させるという方法で実質的に賠償するという趣旨に基づく。損害を証明することなく反対給付の取得という形で損害が塡補されるので、債務者にとって非常に効果的な救済手段である。

　債務者としては自己の債務の履行を免れながら反対給付を取得できるわけであるから、履行を免れたことによって得た利益を債権者に償還しなければならない（536条2項後段）。たとえば、主催者の都合で講演が中止になった場合において、講演者は主催者に対し、契約で合意された報酬を請求することができるが、不要となった講演会場までの交通費や宿泊費に相当する部分は報酬から控除されるべきことになる。

4　契約の解除

(1) 解除の意義・機能・種類

　契約の解除とは、有効に成立した契約を契約上または法律上の原因（**解除権**）に基づき解消し、契約の効力を消滅させることである。有効に成立した契約を解消する点で、契約の締結過程の瑕疵（錯誤・詐欺・強迫）または契約の締結能力（行為能力）の欠如を理由として契約を解消する「取消し」と区別される。

　契約の解除の本質は、契約当事者を契約の拘束すなわち契約上の義務から免れさせることにある。解除の実益は解除しようとする当事者（債権者）が自らも債務を負っている場合に限られ、実質的に双務契約において意味をもつ。贈与のような片務契約において贈与者が贈与義務を履行しない場合、受贈者自身は債務を負っていないので解除する必要はなく、単に贈与者に履行を請求すれば足りるからである。

　解除は契約上または法律上解除権を有する場合にできる。契約上の解除権に基づく解除を**約定解除**、法律上の解除権に基づく解除を**法定解除**という。法定解除として重要なのは541条以下に規定される債務不履行を理由とする解除であり、断わりのない限り、法定解除を債務不履行解除の意味で用いる（これ以外の法定解除の例として、550条、612条、626条、641条、651条などの各契約に特有な解除権、特定商取引法9条の解除権（クーリング・オフ）、同法49条の中途解約権に基づく解除などが挙げられる）。

　解除の効果は契約の効力を消滅させることであり、契約以前の状態に戻すこと（原状回復＝545条参照）であるが、継続的契約（賃貸借・雇用など）の場合、解除前に生じた効果を無効にすることは法律関係を複雑にするので、これらの契約の解除は将来に向かってのみ効力を生ずるとされる（620条参照）。このような解除を「解約告知」または「告知」という。

(2) 債務不履行による解除（法定解除）の要件

① 催告による解除

　債務不履行を理由として解除するためには、債務者が債務を履行しないこと

49

に加え、相当期間を定めて履行を催告し、その期間内に履行がないことが必要
である（541条）。解除は、債務者の契約利益を強制的に剥奪し、相手方に相当
な打撃となるので、もう一度履行の機会を与える必要があるからである。

履行のために客観的に相当の期間が与えられればよいので、催告で指定した
期間が不相当であっても実際に解除するまでの期間が相当であれば、その解除
は有効である。

ただし、債務不履行が契約および取引上の社会通念に照らして軽微である場
合、解除することはできない（541条ただし書）。解除の目的が当事者を契約の拘
束から免れさせることである以上、契約からの離脱を認めてよい程度の不履行
が必要であること、軽微な不履行で債務者の契約利益を剥奪するのは酷である
からである。なお、債務不履行の軽微性（解除権の不発生）は、債務者が主張・
立証しなければならない。

また、相手方が同時履行の抗弁権（533条）を有するときは、履行の提供をし
ないと解除できないことは前述したとおりである（本章2(2)③参照）。

② 催告によらない解除（無催告解除）

解除において催告が要求されるのは、債務者に履行の機会を与えるためであ
るので、催告しても履行の見込みがない場合は、催告なしで解除することがで
きる。民法は、次の5つの場合に無催告解除を認めている（542条1項）。

第1に、履行の全部が不能であるときである（同項1号）。催告しても履行が
できないからである。

第2に、債務者が履行の全部を拒絶する意思を明確に表示しているときであ
る（同項2号）。この場合、履行は可能であるが、催告しても履行される見込み
がないからである。

第3は、一部の履行不能または履行拒絶がある場合において、残存する部分
のみでは契約目的を達成することがないときで、このとき契約の全部を解除す
ることができる（同項3号）。たとえば、住宅建築の目的で面積が100㎡あると
された土地を購入して実測したところ、80㎡しかなく住宅を建築できない場合
で、追完も困難なとき、買主はこの売買契約を解除することができる。残存す
る部分のみで契約目的を達成することができる場合は、一部不能または一部履
行拒絶があった部分についてのみ解除することができる（542条2項）。

第4は、特定の日時または一定の期間内に履行されなければ契約目的を達成できないときである（542条1項4号）。これを定期行為という。○月○日午後8時にパーティーを開催する予定で飲物を注文したのに、その時刻までに届かなかったような場合である。

第5は、上記の4つ以外の場合で、催告しても契約目的を達成するに足りる履行がなされる見込みがないときである（同項5号）。不完全履行において追完しても無意味な場合などがこれに当たる。

③ 債務者の帰責事由は不要であること

債務不履行解除の要件に関する改正法の大きな特徴は、催告解除、無催告解除を問わず債務者の帰責事由を不要としたことである。解除の趣旨は、契約の当事者を契約から離脱させること（契約上の債務から免れさせること）であり、債務者に対する制裁ではないので、債務者に帰責事由があるかどうかは重要ではないからである。実際にも債務者に帰責事由があるかどうかによって解除が可能であったり、不可能であったりすることは、債権者にとって不都合であろう。債務不履行につき債務者に帰責事由がない場合（免責事由がある場合）であっても、債権者は損害賠償を請求することはできないが（415条1項ただし書）、少なくとも契約の解除はできることになる。

④ 債権者に帰責事由がある場合

債務不履行が債権者の責めに帰すべき事由によるものであるときは、債権者は契約を解除することができない（543条）。帰責事由のある債権者が解除によって反対給付義務を免れることは許されないからである。債権者の責めに帰すべき事由によって履行が不能になったとき、債権者が反対給付の履行を拒めないとする536条2項と同じ趣旨の規定である。

(3) 解除権の行使

解除は、解除権を有する者が相手方に対する意思表示によって行う（540条1項）。一方的な意思表示によって効力が生ずるので、解除は単独行為と呼ばれる法律行為であり（総則・**4**章1(2)②参照）、解除権は法律関係を形成する力をもつ形成権である。解除の意思表示を撤回することは、相手方の地位を不安定にするので許されない（同条2項）。

　解除する者または解除の相手方が複数いる場合には、全員から解除し、または全員に対して解除しなければならない（544条1項）。これを解除権の不可分性という。

(4) 解除の効果

① 基本的効果

　契約の効力を消滅させること、すなわち契約によって生じた契約上の義務を免れさせることが解除の効果である。具体的には、未履行の給付は履行する義務を免れ、既に履行としてなされた給付については原状に復させる義務（**原状回復義務**）を負う（545条1項）。また、債務不履行により解除した場合、債権者に損害が生じているときは、415条に基づき損害賠償を請求することができる（545条4項）。

　このような解除の効果を説明する考え方にはいくつかある。その1つが**直接効果説**で、判例の立場である。これによれば、解除によって契約は「遡及的」に消滅するので、既履行の給付は不当利得になり、原状回復義務は不当利得返還義務（703条）としての性質を有することになる（不当利得については**18章2**以下参照）。これに対して**間接効果説**と呼ばれる考え方は、解除によっても契約は当然には消滅せず、未履行の給付は履行拒絶権が生じ、既履行の給付はこれを原状に復させる義務が当事者に生ずるにすぎない（契約は消滅しないので既履行の給付は不当利得にならない）と説明する。このほか、解除は「将来に向かってのみ」契約の効力を消滅させるものにすぎず、既履行債務については間接効果説と同じ構成をとりながら、未履行債務は消滅するとする**折衷説**という考え方もある。いずれも説明の仕方の違いであり、具体的な結論に大きな違いはない。

② 原状回復義務

　原状回復とは当事者を契約以前の状態に戻すことであって、具体的には契約の履行により受領した物や金銭を相手方に返還することである。不動産売買のように登記の移転を要する場合は、買主は登記を売主に戻さなければならない。原物が存在していればそれを返還し、原物の返還が不能な場合はその代償額を返還しなければならない。

　金銭を返還する場合は、金銭を受領した日から利息を付して返還しなければ

ならない（545条2項）。この場合の利率は法定利率（404条）による。一方、金銭以外の物の返還において果実を生じた場合は、果実も併せて返還しなければならない（545条3項）。たとえば、解除の結果、買主が土地を返還する場合、解除するまでその土地を第三者に賃貸し、賃料も収取していたとき、買主が賃貸人として受領した賃料相当額を売主に返還しなければならない。また、現実に果実を得ていなくても（買主が購入した自動車を自己使用していた場合など）、その物を使用したことによる利益（使用利益）も返さなければならないとされている（最判昭和51年2月13日民集30巻1号1頁）。

③ 第三者との関係

解除の効果として当事者は原状回復義務を負うが、第三者の権利を害することはできない（545条1項ただし書）。Aが自己の甲地をBに売却し、Bも甲地をCに転売していたが、その後、Bの代金不払を理由にAが契約を解除したとする。このとき、解除の効果は第三者Cには及ばず、AはCに甲地の返還を請求することはできない。直接効果説によれば、解除により契約の効力は遡及的に消滅し、Bは無権利者になり、Cも権利を取得できなくなるはずであるが、第三者の権利を特に保護するため、解除の遡及効が第三者との関係では制限されるからである。

第三者は解除の原因（債務不履行）につき悪意であってもよいと解されている。債務不履行があることを知って第三者が権利を取得したとしても、契約が解除されるとは限らないからである。これに対して、第三者が保護されるためには登記などの対抗要件を具備していなければならないとされる（最判昭和33年6月14日民集12巻9号1449頁）。直接効果説によれば、解除者と第三者は177条でいう対抗関係に当たるわけではないが（第三者は545条1項ただし書に基づき権利を取得している）、少なくとも登記を具備するなど権利が保護されるに値するだけの要件を第三者が備えていなければならないからである（この場合の登記は「権利保護要件」としての登記であるといわれる）。545条1項ただし書によって保護されるのは解除の遡及効によって損害を受ける第三者すなわち解除前に権利を取得した第三者であり、解除後に不動産所有権を取得した第三者に対しては177条が適用され、解除者は登記がなければ対抗できない（大判昭和14年7月7日民集18巻748頁）。

④ 損害賠償

　解除権の行使は損害賠償の請求を妨げない（545条 4 項）。債務不履行を理由に解除した場合に債権者に損害が生じていれば、415条に基づき損害賠償の請求をすることができるのは当然である。たとえば、買主が売主の債務不履行を理由に売買契約を解除し、第三者から目的物と同種の物を調達せざるを得なかった場合、その調達費用相当額を損害賠償として請求することができる。

(5) 解除権の消滅

① 催告による消滅

　解除権の行使期間の定めがない場合、相手方は解除権を有する者に対し、相当期間を定めて解除するかどうか確答すべき旨を催告することができ、その期間内に解除の通知を受けなかった場合、解除権は消滅する（547条）。いつ解除されるかわからず不安定な立場に立たされる相手方を保護するためである。

② 解除権者の行為による消滅

　解除権を有する者が、故意または過失により目的物を滅失または著しく損傷したとき、第三者に譲渡するなど目的物の返還を不能にしたとき、目的物の加工・改造により他の種類の物に変えたとき、解除権は消滅する。解除権者の行為により解除権を放棄したとみなされるからである（548条）。目的物の滅失・損傷等に解除権者の帰責事由がなかった場合、または解除権を有することを知らなかった場合、解除権は消滅しない（同条ただし書）。

③ 消滅時効による消滅

　解除権も時効によって消滅する。解除権の消滅時効の明文の規定はないが、債権の消滅時効に準じて時効にかかるとされている。したがって、解除権者が解除権を行使することができることを知った時から 5 年間または解除権を行使することができる時から10年間、解除権を行使しなかったとき、解除権は消滅する（166条 1 項参照）。

　解除権の行使によって生ずる原状回復請求権（545条 1 項）は、解除権を行使した時から消滅時効期間が進行する（債権であるから166条 1 項が適用される）。

4章 売買・贈与・交換

1 売買の意義

(1) 売買の意義と売買規定の特色

売買とは、当事者の一方 (売主) が財産権を移転することを約し、相手方 (買主) が代金を支払うことを約することによって成立する契約である (555条)。売買は、諾成・双務・有償契約である。

売買は、財貨を取得する最も代表的な法的手段であり、かつ、最も重要な契約類型である。売買に関する民法の規定は、契約の性質に反しない限り、他の有償契約 (賃貸借、請負など) に準用され (559条)、総則的な性格を有していることが注目される。契約不適合責任に関する規定 (562条以下) が賃貸借や請負にも準用されることが重要である。たとえば、請負人がした仕事の目的物に欠陥があった場合、注文者は562条に基づいて修補などの追完請求をすることができる。

(2) 売買の費用

売買契約に関する費用は、当事者双方が等しい割合で負担する (558条)。売主・買主で費用を折半するということである。契約書の作成費用などがそれに当たる。契約費用と区別されるべきものとして「弁済に関する費用 (弁済費用)」があるが、これは原則として債務者が負担する (485条)。売主が買主のところへ目的物を運搬する費用などである。もとより、いずれの費用も特約があればそれに従うことは言うまでもない。

2 売買の成立

(1) 売買が成立するための本質的要素

売買は当事者の合意のみで成立する諾成契約であり、財産権移転に関する合意と代金支払に関する合意が必要である。引渡し期日や代金支払期日などは本質的要素ではないので、これらの合意がない場合でも売買は有効に成立する。

(2) 予 約

① 予約の意義

予約とは、将来、本契約を締結することを目的とした契約であり、予約の当事者は互いに本契約を締結する義務を負う（日常使われる「予約」（ホテル、チケットの予約など）の意味とは異なることに注意）。

② 売買の一方の予約

売買契約の当事者の一方が予約に基づいて本契約の締結の請求をすれば、相手方はこれを承諾する義務を負う。しかし、相手方が承諾しなければ、裁判を起こして承諾を強制せざるを得ない（民執177条参照）。そこで民法は、当事者の一方が予約完結権（予約を本契約にする権利）を有する場合、予約を完結する意思表示をすれば本契約が成立するものとして（556条 1 項）、簡易に本契約の締結を実現する方法を用意している。これを売買の一方の予約という。

予約完結権を行使しない場合、予約完結権を有しない当事者は不安定な立場に立つので、相手方に対し、相当期間を定めて売買を完結するかどうかを確答すべき旨を催告することができ、その期間内に確答しないときは、予約の効力が失われるとしている（556条 2 項）。

(3) 手 付

① 手付の意義と種類

手付とは、契約締結時に当事者の一方（買主）から他方（売主）に交付される金銭をいう。手付には、契約成立の証拠として交付される証約手付、債務不履行があった場合に違約金として没収される趣旨で交付される違約手付、解除権

を留保する趣旨で交付される**解約手付**(かいやくてつけ)がある。

　手付の趣旨が明確でない場合は、解約手付として交付されたものと推定される（557条1項参照）。違約手付として授受された場合でも、反対の意思表示がない限り、解約手付として解除することができるとされる（最判昭和24年10月4日民集3巻10号437頁）。

② 解約手付による解除

　手付によって契約を解除するためには、買主が解除するときは手付を放棄することにより（手付損または手付流し）、売主が解除するときは手付金の倍額を現実に提供することにより（手付の倍返し）、行う（557条1項）。

　ただし、相手方が契約の履行に着手した後は解除することができない（同項ただし書）。履行に着手した相手方が解除により不測の損害を受けることを防ぎ、契約の履行に対する相手方の期待を保護するためである。したがって、履行に着手した当事者から（着手していない相手方に対して）解除をすることはできる。

　履行の着手があったかどうかは、判例は、客観的に外部から認識しうるような形で履行行為の一部をなすこと、または履行の提供のために不可欠の前提行為をすることを認定の基準としている（最大判昭和40年11月24日民集19巻8号2019頁）。たとえば、買主が履行期後に代金支払の準備をした上で売主に対して履行の催告をすること、他人物売買において売主が他人から所有権移転登記を受けること（前掲最大判昭和40年11月24日）、農地の売買において許可申請書を提出したことをもって履行の着手があったとしている。

　解約手付による解除がされた場合は、損害賠償を請求することはできない（557条2項）。手付金の限度で損害が塡補(てんぽ)されるという趣旨で手付が交付されているからである。手付が交付されていても、相手方の債務不履行を理由として解除をした場合は、損害賠償を請求することは可能である。

3　売買の基本的効力・買戻し

(1) 売主の義務

　売主は**財産権移転義務**を負う。財産権には所有権だけでなく、制限物権、債

権、知的財産権その他あらゆる権利を含む。他人の権利の売買（他人物売買）も有効であり、売主は他人から権利を取得して買主に移転する義務を負うにすぎない（561条）。

　この財産権移転義務を実現する具体的な義務は、目的物の引渡し（占有移転）義務に代表されるほか、不動産売買などの場合には登記・登録などの**対抗要件を具備させる義務**も負う（560条）。そのほか、売主は後述のとおり、契約不適合責任（担保責任）を負う（562条～572条）。

(2) 買主の義務

　買主は**代金支払義務**を負う。代金の支払方法は、通常は当事者間で合意された方法に従うことになるが、そのような特約がない場合は、民法の規定が適用される。

　代金支払時期に関して、目的物引渡しの期限の合意があるときは、代金の支払についても同一の期限を付したものと推定される（573条）。

　代金支払場所に関して、目的物の引渡しと同時に支払うべきときは、その引渡しの場所で支払わなければならない（574条）。その他の場合の支払場所は、原則として債権者の現在の住所となる（484条1項）。

　利息の支払に関して、買主は目的物の引渡しを受けた日から利息の支払義務を負う（575条2項）。それに対応して、売主は目的物を引き渡すまでに生じた果実を取得することができる（同条1項）。すなわち、買主は引渡しを受けるまでは代金の利息を払う必要はない代わりに、引渡しまでの果実収取権を売主に認めるものである。売買契約により所有権が売主から買主に移転するという前提に立てば（176条参照）、買主は契約時から果実収取権を取得するので（89条参照）、売主は引渡しまでに取得した果実を買主に引き渡す義務を負い、他方で買主は契約締結時からの利息の支払義務を負うことになる。このことは煩雑な結果を生じさせるので、575条は、目的物の果実と代金の利息はほぼ等価値であるとみなして簡易な決済をはかったものである。代金支払について期限がある場合は期限の到来まで利息を支払う必要はない（575条2項ただし書）。

　目的物につき他人が権利を主張し、買主が権利を取得することができず、または失うおそれがある場合（576条）、買い受けた不動産につき契約内容に適合

しない抵当権の登記が存在する場合（577条）、買主は代金支払を拒むことができる。これらのとき、売主は買主に対し、売買代金の供託を請求することができる（578条）。

(3) 買 戻 し

① 買戻しの意義

買戻しとは、不動産の売主が、売買契約と同時にした買戻しの特約により、買主が支払った代金および契約費用を返還して売買契約を解除することである（579条）。

買戻し特約付売買は種々の目的で利用されるが、多くは債権担保の手段として機能している（売主は、担保の目的で不動産の所有権を買主に移転し、売買代金を取得するという形で融資を受ける）。

② 買戻しの要件・効力

買戻しの期間は10年を超えることができない（580条1項）。売主は、買戻し期間内に代金および契約費用を提供しなければ買戻しをすることができない（583条）。売買契約と同時に買戻しの特約を登記したときは、買戻しを第三者に対抗することができる（581条1項）。売買契約後、買主が目的不動産を第三者に譲渡しても、上記の特約の登記がなされていれば、売主は買戻しにより第三者に対して不動産の返還を求めることができる。ただし、特約の登記後、605条の2第1項に定める対抗要件を備えた賃借人（借地借家法に基づき借地上建物を所有する借地人や建物の引渡しを受けた建物賃借人など）は、売主を害する目的で賃貸借をした場合を除き、買戻し期間の残存期間中1年を超えない期間に限り、買戻しをした売主に対抗することができる（581条2項）。

③ 譲渡担保との関係

買戻し特約付売買は、債権担保手段としての譲渡担保と類似するが、前者（売渡担保といわれる）は債権債務関係が残らないのに対し、後者は債権債務関係が残る点で区別されるといわれてきた。しかし判例は、買戻し特約付売買契約の形式をとっていても、債権担保の目的で設定された場合は、譲渡担保契約と解するのが相当であるとした（最判平成18年2月7日民集60巻2号480頁）。したがって、買戻し期間が経過した後であっても、売主が代金等を弁済すれば譲渡

担保と同様に目的物を受け戻すことができ、目的物の価額が被担保債権（代金）を超過する場合は、清算金の請求が可能になる。

4　契約不適合責任 (担保責任)

(1) 契約不適合責任とは

① 契約不適合責任の意義・種類

売買の目的物または権利が契約内容に適合しない場合に売主が負う責任を、**契約不適合責任**または**担保責任**という。

契約不適合責任は、目的物の不適合に関する (担保) 責任すなわち引き渡された目的物の種類・品質・数量が契約内容に不適合である場合に負う責任 (562条〜564条) と、権利の不適合に関する (担保) 責任すなわち買主に移転された権利が契約内容に不適合である場合に負う責任 (565条) に分けることができる。

② 契約責任としての不適合責任

売主は、契約内容に適合した目的物を引き渡す義務、または契約内容に適合した権利を移転する義務を負う。よって、これに違反した場合、買主が売主に対して責任を追及することができるのは当然である。契約不適合責任とは、売主が約束した合意を守らないことを理由に負う責任であり、契約責任あるいは債務不履行責任と位置づけることができる。契約不適合責任 (担保責任) に関する売買の規定は債務不履行規定の特則である (一般法に対する特別法の関係)。したがって、目的物または権利に不適合があった場合、まず売買の規定が適用され、該当する規定がない場合に債務不履行に関する規定 (415条、541条など) が適用されることになる。

契約不適合責任の内容すなわち買主が行使することができる権利は、追完請求権 (562条)、代金減額請求権 (563条)、損害賠償請求権 (415条) および契約の解除権 (541条、542条) である (後2者は564条によって適用が明示される)。

③ 担保責任の性質をめぐる議論と民法改正

2017年の民法 (債権法) 改正前においては、担保責任の性質および債務不履行責任との関係について法定責任説と契約責任説 (債務不履行責任説) の争いがあったが、改正法は契約責任説を採用した。旧法に対する改正法の主な特徴

は、「瑕疵（旧570条）」という概念に代えて「契約不適合（改正562条）」という概念を採用したこと、目的物の不適合についても追完請求権・代金減額請求権を認めたこと、損害賠償・解除は債務不履行の一般原則に従うとしたことである（564条）。

(2) 目的物の不適合に関する責任

① 目的物の不適合

目的物の不適合とは、引き渡された目的物が種類・品質・数量に関して契約内容に適合しないことである（562条1項参照）。目的物が契約内容とは違う種類の物であったり、契約内容として定めた品質を有していなかったり、数量が不足していたりする場合である。数量不足は旧法では権利の瑕疵とされていたが（旧565条）、改正法では目的物の不適合に位置づけられている。

このうち「品質の不適合」とは、契約当事者間で予定されていた目的物の品質・性能を備えていないこと（最判平成22年6月1日民集64巻4号053頁参照）をいう。判例は旧570条の「瑕疵」につき、物質的な欠陥のみならず法令上の制限（法律上の瑕疵）も含むとする（最判昭和41年4月14日民集20巻4号649頁）。住宅建築の目的で購入した土地が法令上建物を建築できない土地であった場合などである（法令上の制限を「権利の不適合」に含める考え方もある。これを目的物の種類・品質の不適合とすると競売における買受人が債務者に対して不適合責任を追及できないからである（568条4項および本節(3)③参照））。また、敷地賃借権付建物の売買において敷地の欠陥は目的物の瑕疵ではないとして売主の責任を否定した事例がある（最判平成3年4月2日民集45巻4号349頁）。

旧法（旧570条）は買主が担保責任を追及するためには瑕疵が「隠れた」ものであること、すなわち買主が瑕疵の存在について善意・無過失であることを必要としていたが、改正法は責任追及のための要件としていない。瑕疵の存在を前提として売買契約を締結する場合もあり（瑕疵があることを前提に代金額が決定された場合）、その上で契約内容に適合しているかどうかを判断すればよいからである。

目的物は特定物か種類物かを問わない（特定物と種類物は**9**章3(1)(2)参照）。旧法における法定責任説の立場からは、担保責任は特定物にのみ適用され、種類

物には債務不履行責任が適用されると主張されていたが（瑕疵のある種類物を引き渡すことは債務不履行だが、瑕疵のある特定物を引き渡しても債務不履行にならないという特定物ドグマに基づく）、改正法においては、契約不適合責任が契約責任の特則であるという立場から、種類物にも適用されるのは明らかである。

② 責任の内容（買主の権利）

（a）追完請求権

目的物の種類・品質・数量に関して契約内容に適合しない場合、買主は売主に対し、修補、代替物の引渡し、不足分の引渡しなどの追完を請求することができる（562条1項）。この**追完請求権**の行使に当たっては、売主の帰責事由は不要である。追完請求権は履行請求権の一種であり、債権の効力として履行請求できるのは当然であるからである。追完請求権が生じるためは追完が可能であることが必要であるので、追完が不能な場合、追完請求権はない（412条の2第1項参照）。

買主の追完請求に対して売主は、買主に不相当な負担を課さない限り、買主が求めた追完方法と異なる方法によって追完することができる（562条1項ただし書）。たとえば、買主が商品の交換（代替物の引渡し）を求めてきたのに対し、売主は交換ではなく修理（修補）をすることにより追完することができる。

不適合が買主の責めに帰すべき事由によるものである場合、買主は追完請求をすることができない（同条2項）。

（b）代金減額請求権

追完請求ができる場合において買主が相当の期間を定めて追完の催告を行い、その期間内に追完のない場合、買主は不適合の程度に応じて代金減額請求をすることができる（563条1項）。**代金減額請求権**は形成権なので行使により代金減額の効果が生ずる。行使に当たって売主の帰責事由は不要である。代金額が目的物の種類・品質・数量に応じて決定されることから、引き渡された目的物が合意された内容に適合していなければ、不適合に対応する部分についての代金支払義務はないからである。

追完が不能であるとき、追完拒絶の意思が明確であるとき、一定の日時に履行しなければ契約目的を達成できないとき（定期行為）のように、催告しても追完の見込みがない場合は、催告なしに代金減額請求をすることができる（同条

2項)。無催告解除に関する542条と同趣旨の規定である。

　不適合が買主の責めに帰すべき事由によるものである場合、買主は代金減額請求をすることができない(563条3項)。

(c)損害賠償

　不適合が原因で損害が発生すれば、買主は損害賠償を請求することができる(564条・415条)。たとえば、買主が目的物の瑕疵を修補するために投じた費用(ただし、追完請求や代金減額請求をしない場合)、買主が目的物を転売して得られたはずの利益などについての損害賠償が考えられる。

　損害賠償の範囲は416条の基準によって定められるので、不適合から通常生ずべき損害が賠償の対象となり(416条1項)、特別の事情によって生ずる損害(特別損害)は、売主が特別事情を予見すべきであった場合に限り、賠償請求することができる(同条2項)。売主に免責事由があれば賠償責任を免れる。

(d)契約の解除

　目的物の不適合がある場合は、541条および542条に従い、契約を解除することができる(564条を参照のこと)。すなわち、買主が追完を催告しても催告期間内に売主が追完をしなければ、買主は契約を解除することができる(541条)。ただし、不適合が軽微な場合は解除することができない(同条ただし書)。売主の帰責事由が不要であることは一般の解除の場合と変わらない。追完が不能その他催告しても追完の見込みがない場合は、催告なしに解除することができる(542条)。

　なお、代金減額請求をするのと同時に契約の解除をすることはできない。契約の解除は契約の効力を消滅させるものであるのに対し、代金減額請求は契約の効力を維持しつつ、代金の減額という方法で調整を図るものであり、両者は相容れないからである。代金減額請求は、実質的には契約の一部解除的な機能を果たしているということができよう。

③ 目的物の種類・品質に関する不適合責任の期間制限・消滅時効

　買主は、種類または品質の不適合を知った時から1年以内に売主にその旨を通知しないと、追完請求権、代金減額請求権、損害賠償請求権、解除権を行使できなくなる(566条)。これは紛争を早期に解決するという趣旨に基づく。時間が経過すればするほど、不適合の有無または原因の判断が困難になり、紛争

解決に支障をきたすからである。引渡しの後、買主が不適合を発見し、速やかに売主に通知すれば、売主も適切な対応をとることができるのである。この点、数量の不適合（数量不足）の場合は不適合が明確であるので、通知期間の制限はない。売主が引渡し時に不適合を知り、または重過失によって知らなかった場合も通知期間の制限はない（566条ただし書）。

　これらの追完請求権等の買主の権利にも債権の消滅時効の規定（166条1項）が適用されるので（解除権は債権ではないが債権に準ずるものとして適用を受ける）、権利行使ができることを知った時（不適合を知った時）から5年（同項1号）、権利行使ができる時（引渡し時）から10年（同項2号）で買主の権利は消滅する。したがって、買主が種類・品質の不適合を知った時から1年以内に売主に通知した後、不適合を知った時から5年以内であれば追完請求や契約の解除をすることができる。また、引渡し時から10年以上経過した場合は、不適合に気づかなかったとしても、これらの権利は時効によって消滅しているので、追完請求や契約の解除をすることはできない（以上につき**総則・8章**3(2)①参照）。

④ 危険の移転

　目的物の引渡し後に、当事者双方の責めに帰することができない事由によって目的物（売買の目的として特定したものに限る）が滅失・損傷した場合、買主は、滅失または損傷を理由として追完請求、代金減額請求、損害賠償請求および契約の解除をすることができず（567条1項前段）、かつ、代金支払を拒むことができない（同項後段）。つまり、引渡しによって危険が買主に移転する（危険の移転が所有権の移転と結びついていないことに注意）。引渡し（占有の移転）があれば買主は物に対する現実的な支配権を取得するのであるから、買主に危険を負担させるのがふさわしいからである（引渡し前に目的物が滅失して履行不能になった場合は、536条1項に基づき買主は代金の支払を拒むことができる。**3章**3参照）。

　契約内容に適合した目的物の受領を買主が拒み、または受領することができない場合で、売主による履行の提供があった時点以降に目的物が滅失・損傷したときも、買主は追完請求権等を行使することができず、かつ、代金支払を拒むことができない（567条2項）。引渡しがなくても、受領遅滞（413条および**2章**5参照）によって危険が売主から買主に移転するからである。なお、413条の2第2項によれば、受領遅滞中の履行不能は債権者の責めに帰すべき事由による

ものとみなされ、債権者は反対給付の履行（代金支払）を拒むことができず（536
条2項）、567条2項と同様の結論を導くことができるが、413条の2第2項は
あくまで履行不能の場合にのみ適用され、目的物の損傷のように履行（追完）
が可能な場合にも買主に危険を負担させる点で、本条（567条2項）は意義を有
する。

⑤ 免責特約

担保責任（不適合責任）を負わない旨の特約（免責特約）も有効であるが、契約
不適合を知りながら告げなかった場合、売主自らその権利を第三者に設定した
り譲渡したりした場合は、免責特約があっても免責されない（572条）。売買が
消費者契約である場合（事業者が売主、消費者が買主の場合）、事業者（売主）を免
責する特約が無効になることがあることに注意すべきである（消費者契約法8
条）。

(3) 権利の不適合に関する責任ほか

① 目的物の不適合に関する規定の準用

権利の不適合についても目的物の不適合に関する規定が準用されるので（565
条）、買主は、追完請求権（562条）、代金減額請求権（563条）、損害賠償請求権
（415条）、解除権（541条、542条）を行使することができる。不適合の通知期間の
制限（566条）はないが、買主の権利は消滅時効の規定（166条1項）の適用を受け
る。

② 権利の不適合の類型

権利の不適合とは具体的にはどういうことをいうのであろうか。改正法は権
利の不適合（権利の瑕疵）についての個別の規定を置いていないので、旧法の規
定が参考になる。

第1に、購入した土地の一部が他人の所有地であったように、権利の一部が
他人に属する場合である（565条で例示）。この場合、買主は売主に対し、他人か
らその土地の所有権を取得して移転するよう追完を請求したり、取得できな
かった土地の割合に応じて代金減額請求をしたり、損害賠償請求したりするこ
とができるほか、契約を解除することができる。

第2に、目的物である土地に地上権（265条）や地役権（280条）など占有を妨

げる権利が存在していた場合である（旧566条参照）。旧法と異なり、追完請求や代金減額請求が可能である。こうした権利が存在することを前提に代金が決定され、契約が締結されることもあるので、不適合かどうかは契約の内容から判断されなければならない。

　第3に、目的物に契約内容に適合しない抵当権などの担保物権が存在している場合である。担保物権の実行によって買主が所有権を失った場合に損害賠償請求や解除ができるほか（旧567条参照）、買主が費用を支出して所有権を保存したときには費用償還請求権が認められる（570条）。これに対し、買主が被担保債務（抵当権などによって担保される債務）を引き受け、その債務額を控除して代金が決定されている場合は、不適合とはいえないのは当然である。

　また、債権も財産権なので売買の対象となるが、債権が債務者に対する給付請求権である以上、ある債権の買主が現実に給付を取得することができるかどうかは、債務者の資力の有無にかかっている。民法は、債権の売買において売主が債務者の資力を担保したときは、契約締結時の資力を担保したものと推定する（569条1項）。したがって、特約のない限り、債務者が弁済期に無資力になって債権の買主が債権を回収できなくなったとしても、売主の責任を追及することはできない。ただし、弁済期未到来の債権の売主が債務者の将来の資力を担保したときは、弁済期における資力を担保したものと推定される（同条2項）。

③ 競売における担保責任等

　民事執行法に基づく競売は売買契約そのものではないが、債務者と買受人の間には売主と買主と同様の関係が生ずるので、競売の目的物または権利に不適合がある場合に債務者等の責任が問題となる。

　まず、種類・品質に関する目的物の不適合には売主の不適合責任に関する規定は適用されないので（568条4項）、目的物（競売物件）に欠陥があったとしても、買受人は債務者に追完請求権その他の権利を行使することはできない。競売の買受人は、目的物の欠陥その他のリスクを覚悟して競売に参加すべきであるからである。

　これに対し、権利の不適合および目的物の数量不足の場合は、買受人は債務者に対し、代金減額請求権または解除権のみを行使することができる（同条1

項)。競売によって買い受けた土地の一部が他人に属していたり、面積が不足していたりした場合、これらの権利を行使して支払った代金の全額または一部の返還を求めることができる。債務者が無資力のときは、配当を受けた債権者に代金の返還を求めることができる(同条2項)。債務者が物または権利の不存在を知りながら申し出なかったとき、または債権者がこれらを知りながら競売の請求をしたとき、買受人は債務者または債権者に損害賠償を請求することができる(同条3項)。

5　贈　　与

(1) 贈与の意義

贈与とは、当事者の一方(贈与者)が相手方(受贈者)に対し、無償である財産を与えることを約束する契約である(549条)。諾成・無償契約であり、贈与者のみが義務を負う片務契約である。

(2) 書面と贈与

贈与は諾成契約であるので、合意のみで成立するが、**書面によらない贈与**は解除することができる(550条)。その趣旨は、権利関係を明確化すること(紛争の防止)と、贈与者の軽率な贈与を防止すること(贈与意思を明確にする)である。また、贈与はその無償性から、契約としての拘束力が弱いからだともいえる。「書面」は贈与者の贈与意思が見て取れるものであればよく、必ずしも贈与契約書でなくてもよい(最判昭和60年11月29日民集39巻7号1719頁は第三者宛の書簡を「書面」と認めた)。

書面によらない贈与でも履行の終わった部分については解除することができない(550条ただし書)。履行が終わった部分は贈与意思が明確であるといえるし、履行の終わった贈与が撤回されるのは、相手方に不測の損害を与えるからである。贈与の目的物の引渡しがあれば履行の終了といってよいが、不動産の贈与の場合、対抗要件としての登記の重要性にかんがみ、引渡しまたは移転登記の一方がなされれば、他方が未了であっても、履行の終了といえる。

(3) 贈与の効力

① 財産権移転義務

贈与者は財産権移転義務を負う。売買と同様、他人物の贈与も有効である（改正549条が旧法と異なり、「自己の財産」ではなく「ある財産」としていることに注意）。

② 贈与者の契約不適合責任（担保責任）

贈与者は、贈与の目的である物または権利を、贈与の目的として特定した時（特定物贈与は契約時、種類物贈与は401条2項によって特定された時）の状態で引き渡し、または移転することを約したものと推定される（551条1項）。民法がこのような推定規定を置いたのは、贈与の無償性にかんがみ、贈与者は売主のような重い責任を負わないと考えられるからである。よって、贈与者が修補等をする旨の合意があった場合、贈与者の責任を追及する側（受贈者）がその合意の存在を主張・立証する責任を負う。

(4) 特殊の贈与

① 定期贈与

毎年1回、生活資金を給付するというように、定期的・継続的に行う贈与を**定期贈与**という。定期贈与は贈与者と受贈者の間の人的関係が基礎となっているので、贈与者または受贈者の死亡によって効力を失う（552条）。

② 負担付贈与

受贈者が贈与を受ける代わりに一定の負担が課される贈与を**負担付贈与**という。贈与者の財産権移転義務と受贈者の負担が対価的関係に立たない点で双務契約とは区別される。負担付贈与は、負担の限度で有償性を帯びるので、贈与者は負担の限度で売主と同じく担保責任（不適合責任）を負う（551条2項）。また、財産権移転義務と負担の関係は双務契約に類似しているので、双務契約に関する規定（同時履行の抗弁、危険負担など）が準用される（553条）。よって、受贈者が負担を履行しない場合、贈与者は贈与契約を解除することができる（541条、542条）。

③ 死因贈与

贈与者の死亡を原因として贈与の効力が発生する贈与契約を**死因贈与**という。遺贈（遺言によってある財産を他人に与えること）が遺言者の意思表示に基づ

く単独行為であるのに対し、死因贈与が贈与者と受贈者の間の契約である点で区別される。両者は類似する点も多いので、性質に反しない限り遺贈に関する規定が準用される（554条）。遺言の方式に関する規定、遺贈の承認・放棄に関する規定は準用されない。遺言の撤回に関する規定（1022条）の準用を判例は認めるが（最判昭和47年5月25日民集26巻4号805頁）、負担付死因贈与で負担が履行されている場合は、撤回は認められないとする（最判昭和57年4月30日民集36巻4号763頁）。

6　交　　換

交換とは、当事者が互いに金銭の所有権以外の財産権を移転することを約することによって成立する契約である（586条）。諾成・双務・有償契約である。たとえば、Aが甲建物、Bが乙建物の所有権を互いに移転する合意をする契約である。

双務・有償契約なので、双務契約に関する同時履行の抗弁（533条）、危険負担（536条）の規定が適用され、売買に関する規定が準用される（559条）。したがって、上記の例で引渡し前に甲建物が滅失し、引渡しが不能になれば、Bは乙建物の引渡しを拒むことができる（536条1項）。また、甲建物に欠陥があれば、BはAに対して追完請求、損害賠償請求をしたり、契約を解除することができる（性質上、代金減額請求権はない）。

5章 消費貸借・使用貸借

1 消費貸借の意義

消費貸借とは、当事者の一方（借主）が、種類・品質・数量の同じ物をもって返還することを約して相手方（貸主）から金銭その他の物を受け取ることによって成立する契約である（587条）。消費貸借の対象はほとんどが金銭であり、重要なのは金銭消費貸借である。

消費貸借の特徴は、合意のほかに目的物の交付が必要な**要物契約**であることである。消費貸借は、要物契約であることから貸主は債務を負わず、借主の返還義務のみが存在する**片務契約**である。また、無利息消費貸借は無償契約、利息付消費貸借は有償契約となる。

消費貸借は民法典における唯一の要物契約であるが、後述の「書面でする消費貸借」は目的物の交付を要件としない諾成的消費貸借である（587条の2）。

2 消費貸借の成立

(1) 要物契約としての消費貸借

消費貸借は要物契約であるので、消費貸借が成立するためは金銭等の返還約束に加えて金銭等の交付が必要である（587条）。

しかし、要物性を厳格に要求すると困難な問題が生じるので、判例は早くから要物性の要件を緩和してきた。以下、問題となったケースを挙げる。

金銭消費貸借契約を締結する場合、返済を確実にするため、公正証書を作成することが多い（一定の条件の下で公正証書に基づいて強制執行することができる。民執22条5号）。ところが、金銭交付前に公正証書が作成された場合、金銭が交付されていない以上、消費貸借の効力が生ぜず、その公正証書は無効ではない

かという疑問が生ずる。これに関して判例は、金銭消費貸借契約は「合意の時に始まり目的物授受の時に完成し」公正証書はこの完成した消費貸借による具体的債務を表示するものとして有効であるとし、要物性を緩和している（大判昭和11年6月16日民集15巻1125頁）。

　また、消費貸借から生ずる債権を担保するために抵当権を設定する場合、金銭交付前に抵当権を設定するのが普通である。しかし、被担保債権（抵当権によって担保される債権）が存在しなければ抵当権は成立しないという抵当権の付従性からすれば、金銭交付前に設定された抵当権の有効性に疑問が生じる。これに関して判例は、抵当権は将来発生する債権を有効に担保でき、その設定手続は債権発生（消費貸借成立）と同時でなくてもよいとして、金銭交付前になされた抵当権設定契約を有効とした（大判明治38年12月6日民録11輯1653頁）。

　消費貸借の要物性に起因する上記の問題は、新たに「書面でする消費貸借」が改正法で制度化されたことにより、実質的にほぼ解消されたといってよいだろう。

⑵ 書面でする消費貸借（諾成的消費貸借）

　要物契約としての消費貸借（587条）と異なり、**書面でする消費貸借**は、書面による合意のみで成立する諾成的消費貸借としての効力を有する（587条の2第1項）。その結果、貸主は金銭その他の物を引き渡す義務を負い、借主は受け取った金銭等を返還する義務を負う（ただし、貸主の貸す義務と借主の返還義務は対価的関係にないので、双務契約ではない）。

　書面でする消費貸借においては、金銭等を受け取るまで借主は契約を解除することができる（同条2項前段）。契約はしたが、その後、金銭に対する需要がなくなった借主に借入れを強制することは妥当でないからである。貸主が契約の解除によって損害を受けたときは、借主に対して損害賠償を請求することができる（同項後段）。

⑶ 準消費貸借

　既存の金銭債務等を当事者の合意により消費貸借上の債務にすることを**準消費貸借**という（588条）。売買代金債務を消費貸借上の債務とすること、または

数口の消費貸借上の債務を一口の債務にまとめることがその例である。

　準消費貸借によって既存の債務 (旧債務) が消滅し、新たな債務が発生する。両者の関係につき、旧債務が無効ならば準消費貸借は無効となり、準消費貸借が無効ならば旧債務は消滅しないことになる。

3　消費貸借の効力

(1) 貸主の義務・責任

　要物契約としての消費貸借 (587条) の場合は、貸主には貸す義務はない。書面でする消費貸借 (587条の2) の貸主は、貸す義務を負う。

　利息付消費貸借の目的物の種類・品質・数量が契約内容に適合しない場合は、借主は追完請求等の権利を行使することができる (562条以下の準用)。無利息消費貸借は贈与の規定が準用され (590条1項による551条の準用)、消費貸借の目的物として特定した時の状態で引き渡すことを約したものと推定される。目的物に不適合がある場合、借主はその物の価額 (不適合によって減価した価額) を返還することができる (590条2項)。

(2) 借主の義務

① 目的物返還義務

　借主は同種・同品質・同量の物の返還義務を負う。返還時期を定めなかったときは、貸主は相当の期間を定めて返還の催告をすることができる (591条1項)。期限の定めのない債務は履行請求を受けた時から履行遅滞になるが (412条3項。**2章3(3)①**参照)、返還時期を定めない消費貸借は催告期間が経過した時から履行遅滞になる。

　借主は、返還時期の定めの有無にかかわらずいつでも返還することができる (591条2項)。ただし、期限前に返還したことによって貸主が損害を受けたときは、借主に対して損害賠償を請求することができる (同条3項)。

② 利息支払義務

　貸主は、特約がなければ利息を請求することができない (589条1項)。利息の特約がある場合、貸主は金銭を受け取った日以後の利息を請求することがで

きる（同条2項）。商人間の金銭消費貸借は特約がなくても法定利息（法定利率による利息）を請求することができる（商法513条）。

4　利息の規制

(1) 高金利の規制の必要性

　金銭消費貸借における利息の利率は、当事者間の合意で自由に決定することができるのが原則である。しかし、これを野放しにしておくと、借りる側の困窮に付け込んで高金利で貸し付け、暴利をむさぼる弊害が生じる。そこで、高金利の規制をする必要が出てくる。今日では色々な手法により高金利の規制がなされている。

(2) 規制の方法

　高金利の規制の最も主要な方法が**利息制限法**による規制である。同法は、消費貸借における利息の利率の上限を定め、その制限利率を超えるときは、超過部分（制限超過利息）について無効としている（利息制限法1条）。この制限利率は元本額に応じて年15％〜20％に設定されている。制限超過利息は支払う必要はないし、仮に支払った場合でも返還を請求することができる。

　また、消費貸借上の債務の不履行による賠償額の予定（遅延損害金）についても上限が定められており（賠償額の予定（420条）は**2章**4(4)②参照）、利息の制限利率の1.46倍を超えるときは、超過部分について無効となる（利息制限法4条）。なお、営業的金銭消費貸借は、賠償額の予定についても年20％が上限となる（同法7条）。

　利息制限法以外の法律による高金利の規制としては、出資法（「出資の受入れ、預り金及び金利等の取締りに関する法律」）および貸金業法が重要である。前者は、金銭の貸付けを行う者が一定利率以上の利息で貸し付けた場合、刑事罰を科している（出資法5条）。後者は、貸金業者の登録制を定め、取立行為などについて規制を設けるとともに、一定利率以上の高金利を定めた金銭消費貸借契約を無効とする（貸金業法42条）ものである。

5　使用貸借（付-配偶者短期居住権と配偶者居住権）

(1) 使用貸借の意義・成立

　使用貸借とは、当事者の一方（貸主）がある物を引き渡すことを約し、相手方（借主）が受け取った物を無償で使用収益し、契約が終了したときに返還を約することによって成立する契約である（593条）。諾成・片務・無償契約である。旧法では要物契約であったが、改正法では諾成契約とされた。なお、貸主は、書面による使用貸借を除き、借主が借用物を受け取るまでは契約を解除することができる（593条の2）。

　借主の賃料の支払義務の有無で賃貸借（601条）と区別されるが、実際には使用貸借か賃貸借かの認定が微妙な場合もある。親族間の貸借、社宅、従業員寮など、名目的に賃料は払っているが、きわめて低廉で使用収益の対価とはいえない場合である。使用借主の権利が弱いのに対し、賃借人の権利は強いので、どちらに認定されるかは重要な問題である。

(2) 使用貸借の効力

　貸主は、目的物の引渡義務を負う。無償契約なので贈与に関する規定が準用される（596条による551条の準用）。貸主は目的物を特定時（通常は契約時）の状態で引き渡すことを約したものと推定される。

　借主は、用法遵守義務すなわち契約または目的物の性質によって定まった用法に従い使用収益する義務（594条1項）および貸主の承諾なしに第三者に借用物を使用収益させない義務（同条2項）を負う。さらに借用物を返還するまで善管注意保存義務を負う（400条）。

　借主は、通常の必要費を負担する（595条1項）。通常の必要費以外の費用、つまり非常の必要費や有益費は、使用貸借終了時にその償還を請求することができる（同条2項による583条2項の準用）。

　契約の本旨に反する使用収益によって生じた損害の賠償請求権および借主の支出した必要費・有益費の費用償還請求権は、貸主が返還を受けた時から1年以内に行使しなければならない（600条1項）。この貸主の損害賠償請求権は、

貸主が返還を受けた時から1年を経過するまでは、時効は完成しない（同条2項）。貸主が損害の発生に気がつかないまま消滅時効が完成するのは妥当でないからである。

(3) 使用貸借の終了

　使用貸借は、存続期間の定めのあるときで存続期間が満了することによって（597条1項）、存続期間の定めはないが使用収益の目的を定めているときで使用収益を終えることによって（同条2項）、終了する。また、借主の死亡によっても終了する（同条3項）。

　さらに、貸主は、存続期間の定めはないが使用収益の目的を定めている場合で、使用収益をするのに足りる期間を経過したとき、契約を解除することができる（598条1項）。存続期間および使用収益の目的を定めなかったときは、貸主はいつでも解除することができる（同条2項）。これに対して借主はいつでも解除することができる（同条3項）。このほか、借主の用法遵守義務等の違反があった場合、貸主は解除することができる（594条3項）。

　使用貸借が終了した場合、借主は、借用物に付属させた物を収去し、損傷を原状に復する義務（原状回復義務）を負う（599条）。

(4) 配偶者短期居住権および配偶者居住権

① 配偶者短期居住権

　相続開始時に被相続人の所有する建物に無償で居住していた配偶者は、遺産分割が終了するまでその建物を無償で使用する権利を有する。これを**配偶者短期居住権**という（1037条）。たとえば、A所有の建物に妻Bが同居していたが、Aが死亡し、BとC（A・Bの子）がAを相続し、遺産分割の結果、建物をCが取得したとする。遺産分割の効力は相続開始時にさかのぼるので（909条）、BはCに対して相続開始時から遺産分割終了時までの建物の使用利益を返還しなければならないことになる。そこで、2018年の改正（2020年4月施行）により新設された配偶者短期居住権は、相続開始直後の配偶者の居住権を保護するという趣旨から、配偶者に遺産分割終了時までの建物の無償使用権を認めたものである（上記の例でBはCに使用利益を返還する必要はない）。

② 配偶者居住権

　相続開始時に被相続人の所有する建物に居住していた配偶者は、遺産分割によってその建物（および敷地としての土地）の所有権を取得すれば、継続して建物に居住できるのは言うまでもない。しかし、取得した土地・建物の評価額が配偶者の法定相続分以上の価値を有する場合は、配偶者が他の遺産（預貯金など）を取得できなくなり、住む場所は確保できても、生活資金に不足をきたすおそれが生ずる。たとえば、上記①の例でＡの遺産が土地・建物（評価額2000万円）と預貯金（2000万円）であったとする。相続人であるＢとＣは遺産を2分の1ずつの割合で取得するので（900条1号）、遺産分割でＢが土地・建物を取得すれば、預貯金の全部がＣのものとなり、Ｂは預貯金を取得できなくなってしまう。

　そこで、2018年の改正（2020年4月施行）に伴い、配偶者は、終身または一定期間、建物を無償で使用収益できる**配偶者居住権**を遺産分割や遺贈により取得できるものとされた（1028条1項）。配偶者が建物所有権ではなく配偶者居住権を取得すれば、配偶者は相続分の限度内で土地・建物の所有権と配偶者居住権の評価額の差額相当分について他の遺産（預貯金など）の取得が可能になり、それを生活資金に充てることができるようになる。上記の例でいえば、仮に配偶者居住権の評価額が1000万円であるとすると、Ｂは遺産分割により建物の配偶者居住権（1000万円）のほかに預貯金のうち1000万円を取得することができ、Ｃは配偶者居住権の負担のついた建物（＋敷地）の所有権（1000万円）と預貯金の残り1000万円を取得することになる。

　配偶者居住権の存続期間は、配偶者の終身の間のみであり（1030条。期間を限定することもできる）、第三者に譲渡することはできない（1032条2項）。配偶者居住権は登記することができ、居住建物の所有者は配偶者居住権の登記の設定を備えさせる義務を負う（1031条1項）。登記された配偶者居住権は、建物所有権を取得した第三者等に対抗することができ（同条2項による605条の準用）、登記された配偶者居住権を有する配偶者は、建物の占有を侵害する第三者に対して妨害停止・返還請求をすることができる（同条2項による605条の4の準用）。

　配偶者居住権は一般に「法定債権」と解されているが、用益物権的な性質を有する特殊な法定の不動産利用権である。

6章 賃貸借

1 賃貸借の意義・成立

(1) 賃貸借の意義

① 賃貸借とは

賃貸借とは、賃貸人が賃借人にある物を使用収益させ、賃借人は賃貸人に賃料を支払い、引渡しを受けた物を契約が終了したときに返還する契約である（601条）。

賃貸借は諾成・双務・有償契約であるが、売買のような財産権移転契約とは異なり、他人の物を利用して契約終了後に目的物を返還する貸借型契約である。また、賃貸人と賃借人の関係が継続的に存続する**継続的契約**であり、契約を解除した場合に遡及効がない（既存の法律関係を無効にしない）という点に特徴がある（620条参照）。

賃貸借は貸借型契約の代表として経済的・社会的に重要な役割を果たしている。ある物の効用を所有権取得という形式ではなく、貸借という形式で獲得するものであり、財貨の効率的利用というメリットを有する。賃貸借は土地や建物のような不動産の賃貸借だけでなく、自動車や工作機械のような動産のレンタルも幅広く利用されている（なお、賃貸借の目的物を「賃貸物」または「賃借物」というが、これは主体が賃貸人か賃借人かによる呼称の違いにすぎないのであまり気にする必要はない）。

② 賃借権

賃貸借から生ずる賃借人の権利は、賃貸人に対して賃借物を使用収益させるよう請求する権利である。この権利は債権であり、相手方に対する請求権にすぎないが、事実上、賃借人は賃借物を占有し、直接、物を使用収益することができ、実質的には物権の保有者に類するような地位を有している。このような

賃借人の法的地位 (賃料を支払う債務者としての地位も含まれる) を**賃借権**という。「賃借権を譲渡する」とか「賃借権を第三者に対抗する」という場合、単なる債権としてではなく、賃借人の地位としての賃借権のことを意味していることに留意しなければならない (特に不動産賃借権の場合に問題となる)。ただ、このような賃借権は物権に類似するものの物権そのものではないので、物権である地上権 (265条) などと同一の性質または効力を有するものではない (不動産賃借権は賃貸借の登記その他の対抗要件を備えることにより物権とほとんど同一の効力を有する。不動産賃借権の効力が強化され、物権に匹敵する性質を獲得する現象を「賃借権の**物権化**」という)。

　賃貸借においては、契約としての「賃貸借」すなわち契約当事者 (賃貸人・賃借人) 間の内部関係の問題のほかに、財産権としての「賃借権」すなわち第三者との関係の問題が存在することを指摘しておく (本章はそれを意識して叙述している)。

③ 不動産賃貸借の重要性と借地借家法

　賃貸借は不動産、動産のいずれも対象とするが、重要なのは不動産の賃貸借である。特に建物所有のための土地の賃貸借 (借地) と建物の賃貸借 (借家) は、生活および経済活動の拠点となるものであるから、これらの賃借人の権利 (不動産賃借権) は十分に保護を受けるものでなければならない。ところが、不動産賃借人の保護に関する民法の規定は不十分であったので、古くから特別法 (「建物保護ニ関スル法律 (建物保護法)」「借地法」「借家法」などいずれも戦前の立法である) によりその保護が図られ、最終的に1991年制定の**借地借家法**に統合された。借地借家法は、不動産賃借人の権利を拡充する形で民法の準則を大幅に修正するものであり、また、2017年の民法改正では判例の多くが条文として明文化されている。本章では主に、不動産利用の法形式としての賃貸借、不動産利用権としての賃借権という観点から、民法および借地借家法の規定を総合的に検討する。

(2) 賃貸借の成立

① 賃貸借契約

　賃貸借は諾成契約であるので、賃貸借契約の締結により、すなわち賃貸人と

賃借人の合意のみで成立する。

② 敷金と権利金

　賃貸借契約の締結の際に、賃借人から賃貸人に対して敷金や権利金などの名目で一定の金銭が支払われることが多い。**敷金**とは、賃料債務など賃借人が賃貸人に対して負う金銭債務を担保するために賃貸人に交付される金銭をいう（622条の2第1項）。賃借人の債務の不履行（賃料滞納、賃借物の損傷による損害賠償の不払など）があるとき、賃貸人は敷金をこれらの債務の弁済に充てることができる（同条2項前段）。敷金は担保の目的で交付される金銭であるので、賃借人の債務を敷金から控除し、なお残額があれば賃貸人は賃借人に返還しなければならない（同条1項）。賃借人から賃貸人に対して債務の弁済に充てるよう請求することはできないのは当然である（同条2項後段）。

　一方、**権利金**とは、敷金以外に賃借人から賃貸人に交付される金銭のことを指し、一般に賃借人に対する返還義務がないものをいう。権利金が交付される目的は様々であるが、場所的・営業的利益の対価、賃料の前払、賃借権の譲渡を認めることの対価としての意味があるとされている。

2　賃貸借の効力

⑴ 賃貸人の義務

① 使用収益をさせる義務および修繕義務

　賃貸人の主たる義務は、賃借人に賃貸物を**使用および収益させる義務**である（601条）。使用収益させる義務と賃料支払義務が互いに対価的関係に立つものであるから、賃借人の使用収益が妨げられる事情がある場合は、賃貸人はこれを積極的に除去する義務を負う。

　その1つが、賃貸物を**修繕する義務**である。台風で窓ガラスが割れた場合のように、賃貸人に責任がない場合であっても、賃貸人は賃貸物の使用収益に必要な修繕をする義務を負う（606条1項）。ただし、賃借人の過失で窓ガラスが割れた場合のように、賃借人に帰責事由があるときは修繕義務を負わない（同項ただし書）。

　修繕義務は原則として賃貸人が負うが、特約で賃借人に負担させることも有

79

効であるとされる。賃料を相場より安くする代わりに通常の修繕費用は賃借人が負担するというような場合である。ただ、賃貸借が消費者契約である場合において、賃借人に不相当な負担を課するときは、特約が無効になることもあろう（消費者契約法10条参照）。

　賃借人が修繕を求めても賃貸人が修繕をしないとき、または急迫の事情があるときは、賃借人自身が修繕することができる（607条の2）。修繕が必要な場合、賃借人にはその旨を賃貸人に通知する義務がある（615条）。

② 費用償還義務

　賃借人が自己の費用で修繕をした場合や賃借物を改良した場合、その費用の償還を賃貸人に請求することができる（賃貸人は**費用償還義務**を負う）。

　賃貸人が負担すべき費用（賃貸物の修繕費用など）を必要費といい、賃借人は賃貸人に対して直ちにその費用の償還を請求することができる（608条1項）。

　賃借物の改良等のために支出した費用を有益費といい、賃借人は賃貸人に対して賃貸借終了時に196条2項の規定に従って償還請求することができる（608条2項）。賃借人は、賃借物の価値が増加している場合に限り、増価額または支出額のいずれか（その選択は賃貸人がする）を請求することができる。

　賃貸人が有益費を償還しない場合、賃借人は留置権に基づき賃借物の返還を拒絶することができるが（295条1項）、賃貸人の請求により裁判所が期限を許与したときは、留置権が消滅するので、賃借人は賃借物を返還しなければならない（608条2項ただし書）。

　費用償還請求権は賃貸人が目的物の返還を受けた時から1年以内に行使することが必要である（622条による600条の準用）。

③ 契約不適合責任

　売買の規定は有償契約である賃貸借に準用されるので（559条）、目的物が契約内容に適合しないときは、賃貸人は不適合責任を負う。賃借物に当初から修繕が必要な損傷が存在していた場合、賃借人は賃貸人に対して修補の請求をすることができる（562条）。しかし、賃貸人は修繕義務を負うので（606条）、実際には不適合責任を問う実益は少ないであろう。また、他人物を賃貸し、賃借人が所有者から返還請求を受け、賃借物を返還した場合、賃貸人の責任を追及することができるのは当然である。賃借物について権利を主張する者がある場合

には、賃借人に通知義務が課されている（615条）。

④ 敷金返還義務

賃貸人は**敷金返還義務**を負い、賃貸借終了後、賃貸物の返還を受けたとき、または適法な賃借権の譲渡があったとき、賃借人の債務を控除した残額を賃借人に返還しなければならない（622条の2第1項）。

賃貸人の敷金返還義務は賃貸物の返還を受けたときに生ずるので、賃借人の賃借物返還義務とは同時履行の関係に立たない（賃借物の返還が先履行となる）。敷金が契約終了時までの債務だけでなく、返還時までに生ずる債務を担保するものであること（最判昭和48年2月2日民集27巻1号80頁）、双方の債務の価値に大きな差があり、対価的な関係に立たないからである（最判昭和49年9月2日民集28巻6号1152頁。**3章**2(2)①も参照）。

(2) 賃借人の義務

① 賃料支払義務

賃借人の主たる債務は**賃料支払義務**である（601条）。賃料の支払時期は毎月末（建物や宅地）または毎年末（その他の土地）であるが（614条）、614条は任意規定であるので、これと異なる支払時期の特約も有効である。

賃借物の一部が滅失その他の事由により使用収益ができなくなった場合で、賃借人に帰責事由がないときは、使用収益ができなくなった割合に応じて賃料が減額される（611条1項）。一部滅失等により残存部分では契約目的を達成できないときは、賃借人は契約を解除することができる（同条2項）。全部滅失した場合は解除を待つまでもなく賃貸借が終了する（616条の2）。借地借家法は、租税の増減、地価・建物価格の変動、近隣の賃料の相場に照らして賃料が不相当になった場合に賃料の増減請求権を認めている（借11条、32条）。

② 賃借物保存義務

賃借人は、特定物の引渡し義務を負う者として賃借物を返還するまで善良な管理者の注意をもって保存する義務（善管注意保存義務）を負う（400条）。賃借人が賃借物を滅失・損傷した場合、賃借人に免責事由がない限り、損害賠償責任を負わなければならない。

③ 用法遵守義務

賃借人は、契約または目的物の性質によって定まった用法に従い使用収益する義務（**用法遵守義務**）を負う（616条による594条1項の準用）。無断で増改築をしたり、許可なくペットを飼育したり、目的外に使用したりする場合、それらを禁止する特約がある場合はもちろん、ない場合であっても用法遵守義務の違反とされることが多いであろう。その場合は賃借人に損害賠償責任が発生するが、違反の程度が著しい場合は解除原因となりうる。賃貸人は、この損害賠償請求権を賃貸物の返還を受けた時から1年以内に行使する必要があるが、返還を受けた時から1年以内は消滅時効が完成しないことに注意すべきである（622条による600条の準用。**5章5**(2)も参照）。

④ 賃借物返還義務

賃借人は賃貸借契約が終了した後、賃借物を返還しなければならない（601条）。当然のことであるが、改正法において賃借人の義務として明記された。

⑤ 原状回復義務・収去義務

賃借人は、賃借物を受け取った後に生じた損傷がある場合、賃貸借が終了したときに損傷を原状に復する義務（**原状回復義務**）を負う（621条）。この義務は、解除の効果としての原状回復義務（545条1項）、すなわち受領した物や金銭を返還する義務とは異なり、賃借物を借りた当時の状態に戻す（きれいにして返還する）義務をいう（賃借人やその家族の過失で生じた損傷を修繕しなければならない）。

しかし、通常の使用収益によって生ずる損耗（通常損耗）や経年変化による損傷は原状回復義務を負わない（621条）。これらの修繕費用は賃料に含まれるというのが当事者の通常の意思であり、これらを賃借人の負担とすれば、二重の負担となるからである（最判平成17年12月16日判時1921号61頁参照）。通常損耗・経年変化以外の損傷であっても、賃借人が帰責事由のないことを証明できれば、原状回復義務を負わない（同条ただし書）。

このほか賃借人は、賃借物に付属させた物があり、分離可能な場合、賃貸借が終了したとき、これを収去しなければならず、かつ、収去することができる（622条による599条1項、2項の準用）。

3　賃貸借の存続期間

(1) 民法の原則

　賃貸借の存続期間に関して民法は、最長期間を50年と定めるのみで（604条1項）、当事者の合意にゆだねている。なお、処分の権限のない者は、602条で定められた期間（土地の賃貸借は5年、建物の賃貸借は3年）を超える賃貸借を締結することはできず、これより長い期間を定めても、602条の期間に短縮される。これを短期賃貸借という。

　賃貸借の当初の存続期間が満了しても、当事者間の合意によって更新することは可能であり（合意による更新）、民法は更新後の期間も最長50年としている（604条2項）。期間満了後も賃借人が賃借物の使用収益を継続する場合、賃貸人が異議を述べないときは、賃貸借を更新したものと推定される（619条）。更新が推定されるにすぎないので、賃貸人が反対の事実を主張・立証できれば更新はなかったことになる。

(2) 借地の特則

① 借地権と存続期間

　不動産の賃貸借、特に土地の賃貸借の場合、長期の存続期間が必要となる場合が多い。とりわけ建物所有を目的とする賃貸借の場合、建物が存続するだけの期間が保障される必要がある。借地借家法は、建物所有を目的とする地上権または土地の賃借権を**借地権**と定義し（借2条1号）、その存続保障を図っている（借地借家法は、賃貸人または地上権設定者を**借地権設定者**、賃借人または地上権者を**借地権者**と呼ぶ。同法においては地上権も賃借権も同じ扱いを受けていることに注意）。

　一般の借地権（普通借地権）の存続期間は30年以上とされ（借3条）、これより短い存続期間を定めることは、借地権者に不利な特約であるため無効となる（同条は9条により強行規定とされる）。

② 借地の更新（法定更新）

　借地借家法は、借地権者による更新の権利を認めることにより、当初の期間

が満了した後の借地権の存続保障を図っている。存続期間が満了する場合において借地権者が更新請求をしたとき、借地上に建物が存在する場合に限り、借地契約が従前と同一の条件で更新されたとみなされる（借 5 条 1 項）。存続期間の満了後、借地を使用継続する場合も更新される（同条 2 項）。これらを**法定更新**という。借地契約が更新された後の借地権の存続期間は、最初の更新後の期間は20年、2 回目以降の更新後の期間は10年となる（借 4 条）。

　借地権者の更新請求等に対して借地権設定者（地主）は、異議を述べることによって更新を阻止することはできるが、異議を述べる（更新を拒絶する）ためには**正当事由**が必要である（借 6 条）。正当事由の有無は、借地権設定者と借地権者の土地の使用の必要性、借地に関する従前の経過、土地の利用状況および財産上の給付（立退料）の申し出を考慮して判断する。したがって、借地権設定者の側で土地の自己使用の必要性があるなどの事情がない限り、更新を拒絶することは困難である（自己使用の必要性等が不十分である場合に立退料をもって補完することで正当事由が認められることもある。しかし、立退料の申し出だけでは正当事由とならない）。

　借地権設定者の更新拒絶が認められるなど、存続期間が満了した場合に更新がないときであっても、借地権者は借地権設定者（地主）に対して借地上の建物を時価で買い取るべきことを請求することができる（借13条）。この**建物買取請求権**（たてものかいとりせいきゅうけん）は、借地権者の一方的意思表示により売買契約が成立したのと同一の効力が発生するもので、一種の形成権である。借地権者は、借地権設定者が代金を払うまで同時履行の抗弁または留置権に基づき建物および敷地の返還を拒むことができる。建物買取請求権の行使により借地権者は借地に投下した費用の一部を回収することができる。

　借地契約の更新および建物買取請求権に関する規定は強行規定であり、これに反する借地権者に不利な特約は無効である（借 9 条、16条）。

③ 定期借地権（更新のない借地権）

　借地権は強力な権利であるため、土地所有者が借地権の設定をためらい、その結果、宅地の供給が不足する懸念が指摘されてきた。そこで、1991年の借地借家法の制定の際に地主側の要望に応える形で、最初の存続期間が満了したら借地契約は終了し、更新および建物買取請求権がない**定期借地権**が新設された。

　定期借地権を設定するには、原則として存続期間を50年以上とし、借地契約を公正証書等の書面で行わなければならない (借22条)。これ以外にも借地借家法は、事業用定期借地権 (借23条) および建物譲渡特約付借地権 (借24条) という特殊な定期借地権を規定している。

(3) 建物賃貸借の特則

　建物賃貸借 (借家) は借地のように長期間の存続が一般的とはいえないので、存続期間の下限は定められていない。ただし、期間の定めのない建物賃貸借において当事者は解約申入れをすることができるが (617条1項)、賃貸人による解約申入れから6カ月後に賃貸借が終了するので (借27条)、事実上、6カ月未満の建物賃貸借の設定は不可能となる。

　建物賃貸借も法定更新が認められる。期間の定めのある建物賃貸借において、期間満了の1年前から6カ月前までに更新拒絶の通知のない場合 (借26条1項)、更新拒絶の通知をしたが期間満了後も賃借人が建物の使用を継続し、賃貸人が遅滞なく異議を述べなかった場合 (同条2項)、契約を更新したものとみなされる。更新後は、期間の定めのない賃貸借となる (同条1項ただし書)。賃貸人による借地借家法26条1項の更新拒絶の通知または解約の申入れは、正当事由がなければすることができない (借28条)。

　期間満了または解約申入れにより賃貸借が終了する場合、賃貸人の同意を得て建物に付加した畳、建具などの造作の買取りを賃借人は賃貸人に対して請求することができる (借33条)。この**造作買取請求権**の行使により、賃貸人は造作の代金支払義務を負うが、賃借人は建物明渡義務の履行を留置権または同時履行の抗弁に基づき拒絶することはできない。また、借地借家法33条は強行規定ではないので (借37条参照)、造作買取請求権を特約で排除することができる。

　更新および造作買取請求権のない定期建物賃貸借も認められる (借38条～40条)。海外勤務期間中のみ自宅を賃貸したいというような需要に応えるためである。

4　賃貸借の終了

(1) 存続期間の満了・解約申入れ

　賃貸借は存続期間の満了によって終了するほか、期間の定めのない賃貸借はいつでも解約申入れをすることができ、一定期間経過後、賃貸借は終了する（617条 1 項）。借地借家法による存続期間と更新の保障は前述したとおりである。

(2) 解　　除

① 債務不履行による解除

　当事者の一方、特に賃借人による債務不履行（賃料不払、保存義務違反、用法遵守義務違反など）があった場合、相手方（賃貸人）は541条または542条に基づいて、催告してまたは催告なしに賃貸借契約を解除することができるであろうか。特に不動産賃貸借は賃借人の生活や経済活動の拠点となっていることから、解除は賃借人に重大な不利益を与えるので、慎重に判断する必要である。

　判例は、従来から賃貸人の解除権の行使を制限する考え方として**信頼関係破壊法理**を展開してきている（最判昭和39年 7 月28日民集18巻 6 号1220頁など）。この法理は、債務の不履行により賃貸借の継続が期待できないほどに当事者の信頼関係を破壊するおそれがあるとは認められない場合（ 1 回程度の賃料支払の遅延など）は、解除を無効とするものである。賃貸借において軽微な不履行では解除できないとすることによって、賃借人を保護する趣旨である。541条ただし書は、不履行が軽微であるときは解除することができないとしており、信頼関係の破壊の有無が軽微性の判断において考慮されよう。

　なお、賃借人の義務違反の程度が著しく信頼関係が完全に破壊された場合は催告しないで解除することができるとする判例もあり（最判昭和27年 4 月25日民集 6 巻 4 号451頁）、信頼関係破壊法理が（催告を不要とすることで）解除を容易にする考え方としても機能している（542条 1 項 5 号参照）。賃借権の無断譲渡および無断転貸も解除原因となるが（612条 2 項）、後述する。

② 賃貸借の解除の効力

　賃貸借の解除は、将来に向かってのみ効力を生ずる（620条）。このような遡

及効のない解除を解約告知または告知ということは前述したとおりで（**3**章**4**
⑴参照）、雇用や委任の解除に準用される（630条、652条）。

⑶ 賃借物の全部滅失等

　賃借物の全部が滅失などで使用収益ができなくなった場合、賃貸借は終了す
る（616条の2）。賃借家屋が地震や台風で全壊したような場合、放火・失火で
全焼した場合、老朽化で朽廃したような場合である。賃貸借特有の終了原因で
ある。賃貸人・賃借人の帰責事由の有無を問わない。

⑷ 賃借人の死亡と賃借人と同居する事実上の配偶者・養子の保護

① 賃借権の相続性

　賃借権はそれ自体、財産権なので、相続の対象となる。賃借人が死亡した場
合でも賃貸借は終了せず、その相続人が賃借人の地位を承継する。貸主と借主
の人的関係が濃厚な使用貸借で借主の死亡が終了原因となっている（597条3
項）のと対照的である。

② 事実上の配偶者・養子による賃借権の承継

　賃借人が死亡した場合に相続人がいなければ賃貸借は終了するが、居住用建
物の賃貸借において賃借人の死亡当時、婚姻届または養子縁組届は出されてい
ないが、事実上夫婦または養親子と同様の関係にあった同居者がいた場合は、
これらの者が賃借権を承継する（借36条）。事実上の配偶者（内縁の妻）または事
実上の養子の居住権を保護するためである。

　死亡した賃借人に相続人がいる場合は、相続人が賃借権を承継するので、事
実上の配偶者・養子は使用収益権限を失う。したがって、賃貸人から明渡請求
を受けた場合、占有権原がない以上、明け渡さざるを得ないはずであるが、判
例は、相続人の有する賃借権を援用することにより居住の権利を主張すること
ができるとして事実上の配偶者・養子の居住の利益を保護している（最判昭和
42年2月21日民集21巻1号155頁など）。また、相続人から明渡請求を受けた場合
に、その請求を権利濫用に当たるとして退けている事例もある（最判昭和39年10
月13日民集18巻8号1578頁）。

5 賃借権の譲渡・転貸

(1) 賃借権の譲渡と賃借物の転貸

賃借権の譲渡とは、賃借人が賃借人の地位（賃借権）を第三者に移転することであり、賃借物の転貸とは、賃借人が賃借物をさらに第三者（転借人）に貸すことである。賃借権の譲渡または賃借物の転貸には賃貸人の承諾が必要であるが（612条 1 項）、なぜであろうか。

賃借権とは、単なる債権としての使用収益請求権に尽きるものではなく、広く賃借人としての法的地位を意味する。賃借権の譲渡は、単なる債権の譲渡ではなく契約上の地位の譲渡（債務の引受けの側面も含む）であるので、契約の相手方（賃貸人）の意思を無視して行うことはできない（539条の 2 参照）。また、継続的契約である賃貸借は賃貸人と賃借人の信頼関係が基礎となっており、賃借権の譲渡や転貸は賃貸人の利害（賃借人の債務の履行など）に影響を与えるからである。このような理由から賃貸人の承諾が必要とされるのである。なお、借地権者が借地上建物を第三者に譲渡しようとする場合、賃借権も譲渡する必要があるところ、借地権設定者（賃貸人）が不利になるおそれがないにもかかわらず承諾しないときは、裁判所は借地権者の申立てにより承諾に代わる許可を与えることができる（借19条）。

(2) 無断譲渡・無断転貸を理由とする解除

賃貸人の承諾のない賃借権の譲渡（無断譲渡）または賃借物の転貸（無断転貸）は、賃貸人に対抗することはできず（譲渡・転貸自体が無効になるわけではない）、賃借人が「第三者に賃借物の使用又は収益をさせたとき」に賃貸人は契約を解除することができる（612条 2 項）。

しかし、賃貸借契約が継続的契約であり、賃貸人と賃借人の信頼関係が基礎になっていることを考えれば、無断譲渡・無断転貸が信頼関係を損なうものでなければ、解除を認める必要はないことになる。判例も賃借人の行為が賃貸人に対する背信行為と認めるに足りない特段の事情がある場合は、612条 2 項の解除権は発生しないとしている（最判昭和28年 9 月25日民集 7 巻 9 号979頁など）。

これを**背信行為理論**または信頼関係破壊法理という（本章4(2)①も参照）。

　判例のいう「背信行為と認めるに足りない特段の事情」とは何であろうか。譲渡・転貸部分がわずかである場合、同居の親族への譲渡または法人成り（個人から法人への組織変更）のように利用の主体に実質的な変更がない場合がそれに該当するといえるだろう。さらに判例は、形式的な変更はないが、実質的に賃借権の主体が変更した場合について、法人の構成員や機関に変動が生じても法人格の同一性が失われるものではないから、賃借権の譲渡には当たらないとしている（最判平成8年10月14日民集50巻9号2431頁）。

　「背信行為と認めるに足りない特段の事情」の主張・立証責任は、賃借人・譲受人・転借人の側にあるので（最判昭和41年1月27日民集20巻1号136頁）、賃借人側が特段の事情を証明できなければ解除は有効となる。

　背信行為とされなかった場合の法律関係はどうなるであろうか。判例は賃借権の無断譲渡の事例において、賃貸人の承諾があった場合と同様に、賃貸人と譲渡人の賃貸借関係が賃貸人と譲受人の契約関係に移行し、譲受人のみが賃借人となり、譲渡人は契約関係から離脱するという（最判昭和45年12月11日民集24巻13号2015頁）。

(3) 適法な賃借権の譲渡・転貸がなされた場合の法律関係

① 適法な賃借権の譲渡がなされた場合

　適法な賃借権の譲渡がなされると、旧賃借人（譲渡人）が契約関係から離脱し、新賃借人（譲受人）が賃貸借関係を承継する。

　では、旧賃借人が賃貸人に交付した敷金はどうなるのであろうか。新賃借人の債務を担保するものとして承継されるのであろうか。判例は、旧賃借人と賃貸人の間の敷金関係は、原則として新賃借人には承継されないとする（最判昭和53年12月22日民集32巻9号1768頁）。賃借人が交付する敷金は自己の債務を担保する趣旨で交付されるのであって、譲受人の債務まで担保することは賃借人の意思に反するからである。改正法も敷金関係が賃借権の譲受人に承継されないことを前提に、賃借権の適法な譲渡があったとき、賃貸人の賃借人に対する敷金返還義務が発生することを規定している（622条の2第1項2号）。

② 適法な転貸がなされた場合

適法な転貸がなされた場合、賃貸人と賃借人、賃借人（転貸人）と転借人、賃貸人と転借人の関係が各々問題となる。

賃貸人は賃借人に対し、従来どおり賃貸人としての権利を行使できるので、賃料請求や保存義務違反による損害賠償請求などを賃借人に対してすることができる（613条2項）。

賃借人（転貸人）と転借人の関係は、一般の賃貸借関係と異なるところはないので、転貸人は転借人に賃料を請求することができるほか、転借人に対して修繕義務等を負う。

一方、賃貸人と転借人の間には契約関係はないので、両者間には何ら法的な権利・義務は発生しないはずである。しかし、民法は賃貸人を特に保護するため、転借人は賃貸人に対し、賃借人の債務の範囲を限度として、転貸借に基づく債務を直接履行する義務を負うとした（613条1項）。したがって、賃貸人は転借人に賃料を請求することができるが、その額は賃貸料と転貸料のいずれかの額を超えることはできない（転借人が転貸人（賃借人）に転貸料を支払い、転貸料債務が消滅している場合は賃貸人に支払う義務はない）。また、転借人は賃料の前払をもって賃貸人に対抗することができないので（同項ただし書）、賃貸人から請求を受けた転借人が、毎月末日払であるにもかかわらず、転貸人には既に向う1年分を支払っていると主張して賃貸人に対する賃料の支払を拒絶することはできない。

転貸借において元となる賃貸借が終了した場合、転借人の地位はどうなるであろうか。転借人は自分と関係のない事情で転貸借関係を終了させられるのは不本意であるところ、民法は、賃貸借の合意解除を転借人に対抗することはできないとして、転借人を保護している（613条3項）。賃貸人と賃借人の間で第三者の権利（転貸借の設定）を認めておきながら、後になって当事者がその第三者の権利を奪うことは信義に反するからである（538条が「第三者のためにする契約」において第三者の権利発生後に当事者による権利の変更・消滅を禁止しているのと同じ趣旨である）。

これに対して賃貸人が賃借人の債務不履行による解除権を有していたときは、解除による終了を転借人に対抗することができる（613条3項ただし書）。債

務不履行解除により賃貸借が終了すれば、賃借人の転借人に対する債務が履行不能となるからである（最判平成 9 年 2 月25日民集51巻 2 号398頁参照）。債務不履行が賃借人の賃料不払等である場合、転借人が賃借人の代わりに弁済をする機会（転借人への催告など）を与えるべきという考え方もあるが、判例はそれを不要としている（最判昭和37年 3 月29日民集16巻 3 号662頁）。

6　賃借権の対抗ほか

(1) 賃貸物の譲渡と賃借権の対抗

① 「売買は賃貸借を破る」

　賃貸人が売買などにより賃貸物の所有権を第三者に譲渡し、第三者（譲受人）が賃借人に対して明渡しまたは引渡しを求めてきた場合、賃借人は原則としてこれを拒むことはできない。このことを「**売買は賃貸借を破る**」といい、賃借権が第三者に対する対抗力を有しないことを意味する。

　賃借人の権利は債権としての使用収益請求権であり（601条参照）、債権は相対的効力しかないので（**序章 2 (3)②参照**）、賃貸人以外の第三者に対抗できないからである。たとえば、BがAから自動車を借りて使用していたが、AがCにこの自動車を売却し、C名義に登録変更した場合、Cから自動車の引渡しを求められたBは、自動車を返還しなければならない。

② 不動産賃借権の対抗力

　しかし、動産の賃貸借の場合はそのような結論でもやむを得ないが、土地や建物の賃貸借の場合も同じように考えてよいのであろうか。賃借人を追い出すためには賃貸人がその不動産を第三者に売却すればよいことになり（賃借人を追い出す目的でする売買を「地震売買」という）、居住や経済活動による賃借人の利益を害するからである。

　民法は不動産の賃貸借について**登記**（不動産登記法 3 条 8 号参照）があるときは、物権取得者その他の第三者に対抗することができるとしている（605条）。しかし、賃借人は賃貸人に対して賃借権の登記請求権をもたない（賃貸人には登記に協力する義務はない）というのが判例であり（大判大正10年 7 月11日民録27輯1378頁）、現実には賃借権の登記は困難であるので、605条は不動産賃借人の保

護策としては機能していない。

そこで、不動産賃借人の保護を図るため、特別法（建物保護法および借家法）で賃借人が簡単に賃借権の対抗要件を備える方法が創設され、今日の借地借家法に引き継がれている。すなわち、借地権においては**借地権者が借地上に登記のある建物を所有すること**であり（借10条）、建物賃借権においては**建物の引渡しがなされること**である（借31条）。

(2) 借地借家法による借地権および建物賃借権の対抗

① 借地上に登記のある建物を所有することによる借地権の対抗

借地権者は、借地上に登記されている建物を所有することにより、第三者（物権取得者など）に借地権を対抗することができる（借10条1項）。

この場合に対抗力が認められる根拠は、借地権者が借地上に登記した建物を所有しているときは、第三者はその登記名義から名義人が借地権を有することを推知できること（公示主義という）、第三者が土地を取得する場合に現地を調査するのが当然であり、それによって借地権の存在を認識できること（現地主義という）である。この対抗方法をめぐって問題となるケースを挙げてみる。

② 借地権の対抗における問題点

建物の登記に関し、判例は、権利の登記（所有権保存登記）がなされておらず、表示の登記（不動産登記法47条）があるにすぎない場合にも対抗力を肯定している（最判昭和50年2月13日民集29巻2号83頁）。

建物登記簿上の記載と実際の地番が異なる場合、建物の同一性を認識できる程度の軽微な誤りで、容易に更正登記ができるときは対抗力が肯定される（最大判昭和40年3月17日民集19巻2号453頁）。土地の買受人は現地検分することで、借地権の存在を推知することができるからである。

これらに対し、建物の登記が他人名義（配偶者、子など）でなされている場合、判例は一貫して対抗力を否定している（最大判昭和41年4月27日民集20巻4号870頁など）。他人名義の登記は所有権としての対抗力がない以上、まして借地権としての対抗力もなく、かつ、登記簿の記載から借地権者を推知できず、譲受人の利益を害するという理由による。他人名義の建物であっても、現地を検分すれば借地権者を推知できるはずであり、対抗力を認めるべきであるという

反対説も多い。

　未登記建物の場合、対抗力は認められない。ただし、賃借人を追い出す目的で土地が譲渡され、賃借人に建物登記がないことを奇貨としてなされた明渡請求を権利濫用として認めなかった事例がある（最判昭和43年9月3日民集22巻9号1817頁）。

③ 建物が滅失した場合の明認方法による借地権の対抗

　借地上の建物が滅失した場合であっても、所定の掲示をすることにより、対抗力を維持することができる（「明認方法による対抗」という）。この場合、2年以内に建物を再築し、登記をしなければならない（借10条2項）。

④ 建物賃借権の対抗

　建物の賃借人が建物の引渡しを受ければ、建物の所有権等を取得した第三者に賃借権を対抗することができる（借31条）。

(3) 不動産賃貸人の地位の移転と賃借人に対する対抗

① 賃貸不動産の譲渡に伴う賃貸人の地位の移転

　賃貸物である不動産の所有権が譲渡されても、賃借権が対抗力を備えている限り、賃借人の地位に影響はない。では、賃貸人の地位も賃貸不動産の譲渡に伴って譲受人に移転するのであろうか。ある不動産についての所有権の帰属と賃貸人の地位は、法的には別の問題である。しかし、判例（大判大正10年5月30日民録27輯1013頁など）およびそれを承継した改正法（605条の2第1項）は、対抗力のある賃借権が存在する不動産が譲渡された場合、賃貸人の地位は不動産の譲渡人から譲受人に当然に移転するとした。このように解することが当事者の通常の意思に適合し、かつ、賃貸人と賃借人の法律関係を簡明にするからである。ただし、賃貸不動産の所有権が移転しても賃貸人の地位を譲渡人に留めておくことの需要があることから、賃貸人の地位を譲渡人に留保する旨の特約も有効である（同条2項）。

　賃借権が対抗力を備えていない場合も、賃借人の承諾を要しないで、譲渡人と譲受人の合意によって賃貸人の地位を譲受人に移転することができる（605条の3。最判昭和46年4月23日民集25巻3号388頁）。契約上の地位の移転の場合、契約の相手方の承諾が必要なはずであるが（539条の2。**12章**5参照）、これはその

例外である（前掲最判昭和46年4月23日は、賃借人の承諾が不要な理由として、賃貸人によって義務の履行方法が異ならないこと、新所有者に義務の承継を認めることが賃借人に有利であることを挙げる）。

② 賃貸人の地位の移転の賃借人に対する対抗

賃貸人の地位が移転したからといって譲受人が賃借人に対して権利行使ができるかどうかは別問題であって、譲受人は不動産の所有権の移転登記をしなければ、賃貸人の地位の移転を賃借人に対抗することができない（605条の2第3項）。これは、譲受人は登記がなければ賃料請求その他の賃貸人としての権利を行使することができないことを意味する。換言すれば、賃借人は賃借不動産の所有権の得喪に利害関係を有する（登記がなければ対抗できない）第三者に該当するといえる（最判昭和49年3月19日民集28巻2号325頁）。実質的な理由としては、譲受人が（所有権の）登記を備えていないと賃借人が賃料の支払先を確知することができず、二重払の危険に晒されることも挙げることができよう。

賃貸人の地位を承継した不動産の譲受人は、譲渡人の賃借人に対する費用償還義務および敷金返還義務を承継する（605条の2第4項）。よって、賃借人は旧賃貸人に交付した敷金（の残額）の返還を新賃貸人に対して請求することができる。

(4) 不動産賃借権に基づく妨害排除・返還請求

① 不動産の賃借人の第三者に対する妨害排除請求等を認める必要性

BがAから賃借している土地をCが不法占有する場合のように、不動産の賃借権が第三者に侵害された場合、賃借人はその第三者に対し、妨害排除請求または賃借不動産の返還請求をすることができるだろうか。土地の所有者AがCに対して所有権に基づいてこれらの請求をすることができること（物権的請求権の行使）は当然である。問題はAがこれらの権利を行使しないとき、賃借人であるB自ら妨害排除請求等をすることができるかということである。賃借権を単なる使用収益請求権として理解すれば、排他性がない以上、物権的請求権のように第三者を排除する効力は認められないことになる。これでは賃借人は賃貸借の目的を達成することができなくなるが、どうしたらよいだろうか。

賃借権が占有を伴うものであれば、占有訴権（占有保持の訴え（198条）など）を

行使して不法占有者を排除することはできる。ただし、占有訴権の行使には期間制限があり、占有に至っていない賃借権は占有訴権による保護の対象外である。

　また、賃貸人が妨害排除請求権を行使しないとき、賃借人は賃貸人の妨害排除請求権を代位行使（423条）することができる（大判昭和4年12月16日民集8巻944頁。**10章**3(3)③参照）。しかし、賃貸人から賃借権の設定を受けた二重賃借人に対しては、債権者代位権を行使することはできない。

② 不動産賃借権に基づく妨害排除請求・返還請求

　これに関して判例は、不動産賃借人は、対抗力のある賃借権に基づき第三者に対して妨害排除を求めることができるとする（二重賃借人に関して最判昭和28年12月18日民集7巻12号1515頁、不法占有者に関して最判昭和30年4月5日民集9巻4号431頁）。その理由は、対抗力のある賃借権は物権的効力を有するので、物権取得者のほか、二重賃借人、不法占有者に対抗できるということによる。対抗力のある不動産賃借権とは、登記がなされた賃借権（605条）、借地借家法10条1項・同31条による対抗要件を具備した賃借権などである（605条の2第1項参照）。改正法も判例法理を承継し、対抗要件を備えた不動産賃借人は占有を侵害する第三者に対し、妨害停止の請求または返還請求をすることができることを明文化した（605条の4）。

　判例および改正法によれば、対抗要件を備えていない不動産賃借権に基づいてはこれらの請求をすることができないことになるが、賃借権が単なる債権ではなく、賃借物を直接、使用収益する権限を有する賃借人の法的地位と考えれば、仮に対抗要件を備えていなかったとしても、少なくとも不法占有者に対しては妨害排除請求権等の行使を認めるべきではないだろうか。

7章 役務提供契約

1 役務提供契約とは

(1) 意義・特徴

　他人の役務やサービスを利用する契約を**役務提供契約**という。民法典は、役務提供契約として雇用、請負、委任、寄託を規定しているが、この4種類に尽きるものではなく、多くの非典型契約が存在する。役務提供契約は、売買や賃貸借などの物を目的とする契約とは異なる考察が必要である。

　役務提供契約の特徴の第1は、債務の内容が一般に概括的かつ浮動的であることである。役務提供契約が人の行為という無形のものを対象とする以上、債務の内容を確定する作業が必要となる。とりわけ、役務提供契約において債務不履行かどうかを判断する前提としてどのような債務を当事者（役務提供義務者）が負っていたかということを確定しなければならないのである。

　第2の特徴は、債権者（役務提供受領者）の協力の必要性が大きいことである。物を目的とする契約であれば債権者の協力は目的物を受領することで足りるが、役務提供契約においては、受領行為にとどまらず、債権者の積極的行為が必要とされる場合が多い。

(2) 民法典における役務提供契約

① 雇用・請負・委任・寄託

　雇用は、労働者が労働に従事する義務を負い、使用者が報酬（賃金）を支払う義務を負う契約である（623条）。請負は、請負人が仕事を完成する義務を負い、注文者が報酬を支払う義務を負う契約である（632条）。委任は、受任者が委任者の事務を処理する義務を負う契約である（643条）。寄託は、受寄者が寄託者の物を保管する義務を負う契約である（657条）。

② 雇用・請負・委任の異同

　雇用と請負・委任の違いは、当事者の一方が提供する役務の内容が、他方との関係において従属的か独立的かで区別される。請負と雇用・委任の違いは、結果の達成（仕事の完成）が債務の内容となっているか否かで区別される。

2　雇　　用

⑴ 雇用の意義・成立

① 雇用の意義と労働法

　雇用とは、労働者が労働に従事し、これに対して使用者が報酬を支払うことを内容とする契約である（623条）。諾成・双務・有償契約である。

　雇用は労働契約として労働法（労働基準法など）の規定が適用されるので、民法の雇用に関する規定がそのまま適用されるケースはあまりない。また、労働契約の締結・変更・終了等に関しては、使用者と労働組合の団体交渉を通じて適正なルールが形成されることが期待されていたので、これを規制する一般的な法律はなかった。しかし、労働組合への加入率の低下、契約社員・パートなど雇用形態の多様化に伴い、団体的労働関係法（労働組合法、労働関係調整法など）による規制が及ばない個別的労働紛争が増加したので、近年、労働契約法が制定されるに至った。同法は、労働契約の成立・変更・存続および終了をめぐる紛争に関する解決のルールを明文化したものである。

② 雇用の成立

　雇用は合意のみで成立する。労働基準法（以下「労基法」と略する）で定める基準に達しない労働契約は無効である（労基法13条）。特に親権者が未成年者に代わって労働契約を締結することや、賃金を受領することが禁止されている（労基法58条、59条）。

　大学生や高校生が就職する際に就職先の企業から採用内定の通知を受けることがあるが、その法的性質は始期付および解約権留保付労働契約と解されている。

(2) 雇用の効力

① 労働者の義務

労働者は、**労働に従事する義務**を負う（623条）。具体的には使用者の指揮・命令の下で労働を提供する義務のことである。使用者は労働者に対して労働に従事するよう請求する権利を有するが、使用者は、労働者の承諾なしに労働者に対する権利を第三者に譲渡することはできない（625条1項）。また、労働者は、使用者の承諾なしに自己に代わって第三者を労働に従事させることができない（同条2項）。

労働者は、業務上知りえた秘密を外部に漏らしてはならない守秘義務、使用者と競合する事業をしてはならない競業避止義務などを負う。

② 使用者の義務

使用者は、労働者に対して**報酬（賃金）を支払う義務**を負う（623条）。報酬の支払時期は労働の終了後が原則である（624条）。使用者の責めに帰することができない事由によって労働に従事することができなくなったとき、または雇用が履行の中途で終了したときは、労働者は、既に履行した割合に応じて報酬請求権（割合的報酬請求権）を取得する（624条の2）。

使用者の責めに帰すべき事由によって労働に従事することができなくなったときは、債権者の責めに帰すべき事由による履行不能として536条2項が適用され、労働者は報酬の全額を請求することができる（ただし、労働を免れたことによって得た利益が控除される）。

労基法26条は、使用者の責めに帰すべき事由によって休業になった場合、使用者（企業）は労働者に対して平均賃金の60％以上の手当（休業手当）を支払わなければならないとしており、同条は民法536条2項の特別規定と位置づけられる。労基法26条の「使用者の帰責事由」は民法536条2項の「債権者の帰責事由」より広いものと解されており、他所の火事の延焼による工場の焼失で労働に従事できなくなったような場合も含むものとされている。債権者の帰責事由によるものであることを証明できれば、536条2項に基づいて賃金全額を請求することも可能であるが、労基法26条は、少なくとも平均賃金の60％以上の支払を（罰則規定を伴って）使用者に強制するものである。

使用者は、労働者がその生命・身体等の安全を確保しつつ労働することがで

きるよう、必要な配慮をすべき**安全配慮義務**を負う（最判昭和50年2月25日民集29巻2号143頁、最判昭和59年4月10日民集38巻6号557頁など。**2**章3(3)④および労働契約法5条も参照）。使用者の安全配慮義務違反により労働者が死亡し、または傷害その他の損害を負った場合は、労働者またはその遺族は使用者に対して損害賠償を請求することができる。このほか、職場におけるパワーハラスメントやセクシュアルハラスメントを防止するなど、労働者が働きやすい職場環境を保つよう配慮する義務を使用者は負う。

(3) 雇用の終了

① 雇用の終了原因

雇用の終了原因には色々あるが、民法は期間の定めのある雇用の解除と期間の定めのない雇用の解約申入れについて規定する。雇用期間が5年を超える場合、当事者の一方は5年を経過した後、いつでも契約を解除することができる（626条1項）。この場合、使用者は3カ月前、労働者は2週間前に予告しなければならない（同条2項）。期間の定めのない雇用において当事者はいつでも解約の申入れをすることができる（627条1項）。雇用期間を定めた雇用であっても、やむを得ない事由があるときは、当事者は直ちに解除することができる（628条）。このほか、労働者の死亡、定年などが終了原因となる。

② 解雇の制限

使用者が労働契約を解除することを解雇というが、客観的に合理的な理由を欠き、社会通念上相当でない解雇は、権利の濫用として無効とされる（労働契約法16条）。

3　請　　負

(1) 請負の意義

請負は、請負人がある仕事を完成させ、注文者が仕事の結果に対して報酬を支払うことを内容とする契約である（632条）。諾成・双務・有償契約である。

請負は、建築・建設工事や土木工事を対象とするものが代表的であるが、コンピュータソフト開発契約や電算システム開発契約なども請負に含めてよい。

建築・建設工事の請負に関しては約款（公共工事標準請負契約約款など）が重要な役割を果たしており、民法の原則を修正・補充している。

(2) 請負人・注文者の義務

① 請負人の仕事完成義務・完成物引渡義務

　請負人の主たる義務は、**仕事完成義務**である（632条）。引渡しを要する場合は、仕事の完成物を引き渡す義務を負う。完成物引渡義務と報酬支払義務は同時履行の関係に立つが（633条）、その前提として仕事完成義務は報酬支払義務に対して先履行の関係に立つ。引渡しを要しない場合は624条1項が準用され（633条ただし書）、仕事完成後でなければ報酬請求することができない。

② 注文者の報酬支払義務

　注文者は、仕事の結果に対して**報酬支払義務**を負う（632条）。報酬の支払時期は上記のとおりである。

③ 請負人の割合的報酬請求権

　請負人は仕事完成義務を負うから、仕事を完成しない限り、報酬請求をすることができないことは前述したとおりである。しかし、仕事が未完成に終わったとしても、請負人が既に途中までした仕事について支出した費用等を一切回収できないのは不公平である。既履行の部分だけでも注文者に何らかの利益を与えるときは、少なくとも既履行部分の報酬を認めるのが望ましい。

　そこで、注文者の責めに帰することができない事由によって仕事の完成が不能になった場合、または請負が仕事完成前に解除された場合、既になされた仕事の結果のうち可分（かぶん）な部分の給付によって注文者が利益を受けるとき、その可分の部分については仕事が完成したものとみなし、請負人は注文者が受ける利益の割合に応じて報酬請求（割合的報酬請求（わりあいてきほうしゅうせいきゅう））をすることができる（634条）。民法は、注文者に利益を与える既履行部分を「仕事の完成」とみなすことによって請負人が仕事完成義務を負うこととの調和を図っている。

　工事の途中で注文者が理由なく請負人を排除し、第三者に残工事を完成させたときのように、注文者の責めに帰すべき事由によって仕事完成が不能になった場合は、536条2項に基づき請負人は報酬の全額を請求することができる（最判昭和52年2月22日民集31巻1号79頁）。注文者の都合で仕事の完成を不可能にさ

せたにもかかわらず、注文者が約束した報酬を支払わないのは信義に反するからである。請負人が仕事の完成を免れたことによって得た利益、具体的には支出を節約できた費用等については約定の報酬から控除される（同項後段）。

④ 注文者の協力義務

請負は注文者の協力が必要となる場合が多い。建築請負では官公庁の許可の取得や作業スペースの確保などの施主の協力が不可欠であり、コンピュータソフトや電算システムの開発においても、注文者がデータの提供その他必要な協力をしなければ、実現が困難になることは容易に理解できる。

請負人が協力を求めても注文者が必要な協力をしないときは、請負人からの解除を認め（信義則上の義務違反を理由とする）、注文者が強固に協力を拒絶する場合は、債権者の責めに帰すべき事由による履行不能とみなし、報酬の全額の請求を認めてもよいであろう（536条2項）。

(3) 請負人の契約不適合責任 (担保責任)

① 請負における契約不適合責任

請負は有償契約であるので、売買の契約不適合責任に関する規定が準用される（559条。**4**章4参照）。したがって、種類または品質に関して契約内容に適合しない目的物が引き渡されたとき（引渡しを要しない場合は仕事の終了時に仕事の目的物が種類・品質に関して契約内容に適合しないとき）、注文者は請負人に対し、追完請求権、報酬減額請求権、損害賠償請求権および解除権を行使することができる（562条〜564条、636条参照）。

② 契約不適合責任の内容

注文者は、相当の期間を定めて追完（修補）の請求をすることができる（562条）。仕事の完成物に瑕疵があれば、瑕疵を修補するよう請求することができる。催告をしても追完（修補）しない場合、報酬減額請求をすることができる（563条）。

不適合により損害が生じた場合、415条に基づき損害賠償を請求することができる。追完の催告をしても追完しないときは541条に基づき、追完の見込みがないようなときは542条に基づき催告をしないで契約を解除することができる（564条）。

③ 不適合の通知期間

　注文者が追完請求権等の行使をするためには、不適合を知った時から1年以内に不適合を請負人に通知する必要があり、通知を怠った場合は、不適合責任を追及することはできない（637条1項）。目的物の引渡し時に請負人が不適合を知り、または重大な過失によって知らなかったときは、上記の通知期間後であっても不適合責任を追及できる（同条2項）。

　追完請求権等の行使に当たって消滅時効（166条1項）の適用があることは売買の場合と同じである（**4章4(2)③**参照）。

④ 請負人が不適合責任を負わない場合

　不適合のある仕事の目的物が引き渡されたときであっても、注文者の供した材料の性質または注文者の指図によって生じた不適合を理由として、注文者は追完請求権等を行使することはできない（636条）。ただし、請負人がその材料または指図が不適当であることを知りながら告げなかった場合は、追完請求権等を行使することができる（同条ただし書）。請負人はその仕事に関しては専門的な知識・技能を有することが期待されているので、請負人が材料・指図の不適当に気づいたならば、専門家として注文者に対して指摘またはアドバイスする義務を負うからである。

　請負人が不適合を知って注文者に告げなかった場合などを除き、免責特約も原則として有効であるが（572条）、消費者契約法および次に掲げる住宅品質確保促進法によって免責特約が無効になる場合がある。

⑤ 住宅品質確保促進法と新築住宅の請負人等の責任

　新築住宅の請負契約または売買契約における瑕疵担保責任（契約不適合責任のこと）について特別の規定を定めることによって住宅購入者等の利益を図るのが、「住宅の品質確保の促進等に関する法律（住宅品質確保促進法）」である。同法94条1項は、住宅新築工事の請負契約において、請負人は、注文者に引き渡してから10年間、構造耐力上主要な部分または雨水の侵入を防止する部分の瑕疵について、民法415条、541条、542条、562条、563条の担保責任を負うとする。

　この94条1項は強行規定で、同項の規定に反する特約で注文者に不利なものは無効とされる（同条2項）。したがって、「引渡しから3年経過した後は修補等の責任を負わない」というような特約は無効となる。新築住宅の売主も同様

の責任を負う（同法95条）。

⑷ 危険負担

① 請負における危険負担

　請負における危険負担は売買と同様に、目的物の滅失等があった場合に債権者（注文者）は反対給付の履行（報酬支払）を拒むことができるかという問題（対価危険）のほかに、債務者（請負人）が再履行の義務（再建築する義務など）を負うのかという問題（給付危険）が存在する（**3**章**3**および**4**章**4**⑵④参照）。請負人が給付危険を負担し、再履行しなければならないとすると請負人の負担は大きいものとなる（実際には約款に基づき危険負担に関する特約を置いたり、保険を付けたりしてリスクを分散するのが普通である）。

② 引渡しによる危険の移転

　仕事が完成して引渡しがなされた後は、対価危険および給付危険ともに注文者が負担する（引渡しによって危険が移転する）。仕事の目的物の引渡し後の当事者双方の責めに帰することができない事由による滅失・損傷について、注文者は追完請求、報酬減額請求、損害賠償請求、契約の解除をすることができず、かつ、報酬の支払を拒むことができない（559条による567条の準用）。

③ 仕事の完成が可能な場合の請負人の再履行義務・増加費用の負担

　仕事が完成する前に仕事の目的物が滅失・損傷した場合は、請負人は仕事完成義務を負うので（632条）、仕事の完成が可能である限り、再履行する義務を負う（再履行のための増加費用は請負人の負担）。よって、建物を50％程度完成させた後に大地震で全壊した場合であっても、再建築が可能であれば、請負人は再度、自己の費用をもって再建築しなければならないのが原則である（請負人が給付危険を負う）。

　このように解すると請負人にとっては酷な結果になるので、種々の建設工事請負約款は注文者に増加費用の全部または一部負担させるなど、特約により注文者に危険を分担させていることも多い。また、事情変更の原則に基づき、請負人の解除権あるいは契約内容を改訂する権利を認めてもよいだろう。

④ 仕事完成後・引渡し前の目的物の滅失

　仕事は完成したが、引き渡す前に当事者双方の責めに帰することができない

事由により目的物が滅失した場合、請負人は再履行義務を負うのであろうか。

567条の規定を反対解釈すれば、引渡し前は仕事の完成が可能である限り、給付危険・対価危険ともに請負人が負うことになる。しかし、建築請負などにおいては再建築・再施工を強いることは請負人に酷な結果をもたらす。この場合は実質的に履行不能とみなし（最初から仕事をやり直すことは請負人に耐えがたい経済的負担を課すものである）、履行義務は消滅すると解するべきであろう（412条の2第1項参照）。そして、注文者は、536条1項に基づき報酬の支払を拒絶することができ、また、542条に基づき契約を解除することができよう。

(5) 請負の終了

① 仕事完成前の注文者による解除

請負は注文者のためになされるものであるので、契約締結後、注文者にとって不要になった仕事を続行させるのは無意味である。そこで、仕事が未完成の間は、注文者はいつでも請負人に損害を賠償して解除することができるとされた（641条）。この場合の損害賠償は実質的には請負人の損失の補償であり、請負人が投下した費用、仕事が完成したら請負人が得られた利益などが含まれる。

② 注文者の破産における解除

注文者が破産手続開始決定を受けたときは、請負人（仕事完成前に限る）または破産管財人は契約を解除することができる（642条）。

(6) 目的物の所有権の帰属

① 問題の所在

主として建築請負において問題となるのが、請負人が完成させた建物の所有権は、まず誰に帰属するのかということである（最終的には注文者が所有権を取得する）。請負人の報酬請求権の確保という観点からは、請負人に所有権が帰属する方が有利であるとは一応いえる。また、注文者または請負人の債権者の債権回収の観点からも、所有権の帰属は関心事となる。材料提供者基準説（請負人帰属説）と注文者帰属説が対立する。

② 完成建物の所有権の帰属

材料提供者基準説（請負人帰属説）は、加工の法理（246条）に従って帰属を決

める。主たる材料提供者が請負人の場合は、請負人に所有権が帰属し、引渡しによって注文者が所有権を取得すると考えるものである。なお、この説によっても特約により建物完成と同時に注文者に所有権を帰属させることは妨げられない（最判昭和46年3月5日判時628号48頁）。

注文者帰属説は、完成と同時に所有権が注文者に帰属するとする。請負契約における当事者の通常の意思に基づくもので、建築請負は注文者のためになされるからである。請負人の報酬請求権の確保についても、請負人に所有権が帰属しなくても同時履行の抗弁をもって完成建物の引渡しを拒絶できるので、請負人の保護に欠けるところはないとする。

4　委　　任

(1) 委任の意義

委任とは、委任者が受任者に対して法律行為（契約の締結など）をすることを委託する契約である（643条）。法律行為以外の事務の委託も可能で、これを**準委任**という（656条）。準委任には委任に関する規定が準用されるので実際上の区別の意味はあまりない。

委任は原則として諾成・片務・無償契約である（648条参照）。無償契約とされているのは歴史的な経緯によるものであって、実際には受任者が報酬を得て行う有償委任がほとんどである（有償委任は諾成・双務・有償契約である）。

(2) 委任の効力

① 受任者の善管注意義務

受任者は善良な管理者の注意をもって委任事務を処理しなければならない（644条）。この**善管注意義務**は、受任者の職業・地位において一般に要求される水準の注意が基準となる。この義務に違反して委任者に損害を与えた場合は、損害賠償責任を負う。有償・無償を問わず、受任者は善管注意義務を負うことに注意しなければならない（無報酬の受寄者の注意義務（659条）と比較せよ）。

受任者はこのほか報告義務（645条）、受取物引渡義務・権利移転義務（646条）を負う。

② 復受任者の選任

受任者は委任者の許諾を得たとき、またはやむを得ない事由があるときでなければ復受任者を選任できない（644条の2第1項）。代理権を付与する委任において受任者が代理権を有する復受任者を選任したときは、復受任者は委任者に対して、代理権の範囲内で受任者と同一の権利を有し、義務を負う（同条2項）。これは復代理に関する104条および106条に対応する規定である。

③ 報酬請求権

委任は無償が原則なので、報酬請求権を発生させるためには特約が必要である（648条1項）。有償委任は、請負と異なり、結果の達成は報酬請求権発生の要件ではない。報酬の支払時期は委任事務の履行後である（同条2項）。

委任者の責めに帰することができない事由によって履行が不能になった場合、委任が中途で終了した場合、受任者は既に行った履行の割合に応じて報酬（割合的報酬）を請求できる（同条3項）。ただし、委任事務の履行によって得られる成果に対して報酬支払をする委任（成果完成型委任）は、成果の引渡しと引換えに報酬請求をすることができる（648条の2）。不動産仲介における仲介手数料や弁護士成功報酬のケースがそれに当たる。

④ 委任者のその他の義務

委任者はそのほか、費用前払義務（649条）、費用償還義務（650条1項）、代弁済義務・担保供与義務（同条2項）、損害賠償義務（同条3項）を負う。

(3) 委任の終了

① 委任の解除

当事者はいつでも委任を解除できる（651条1項）。委任は当事者の信頼関係を基礎に置くものである以上、信頼関係がなくなれば委任関係を存続させる必要がないからである。

しかし、相手方に不利な時期に解除したとき、または委任者が受任者の利益も目的とする委任を解除したときは、解除した者は相手方に対して損害賠償をしなければならない（同条2項）。受任者の利益も目的とする委任の例としては、取立てを委託した委任において取り立てた金銭の一部を、委任者の受任者に対する債務の弁済に充てる約束がある場合などが挙げられよう。単に報酬の

約束があるだけでは受任者の利益も目的とする委任とはいえない（同項2号参照）。これらの場合であっても、やむを得ない事由があったときは賠償しないで解除することができる（同項ただし書）。

　債務不履行を理由として541条または542条に基づいて解除することは当然可能である。委任の解除は、将来に向かってのみ効力を有する（652条による620条の準用）。

② その他の終了事由

　委任は、委任者または受任者の死亡（653条1号）、委任者または受任者の破産手続開始決定（同条2号）、受任者の後見開始審判（同条3号）によっても終了する。委任者の死亡にもかかわらず委任契約を終了させない合意も有効といってよいだろう（自分が死んだ後の事務処理を知人に依頼するような場合）。

5　寄　　託

(1) 寄託の意義・成立

　寄託とは、当事者の一方（寄託者）がある物を保管することを相手方（受寄者）に委託する契約である（657条）。旧法では要物契約であったが、改正法では諾成契約となった。受寄者に報酬請求権のある寄託（有償寄託）は、双務・有償契約、報酬請求権のない寄託（無償寄託）は片務・無償契約である。

　寄託者は、受寄者が寄託物を受け取るまでは契約を解除することができるが、受寄者は解除によって受けた損害について賠償請求をすることができる（657条の2第1項）。無報酬の受寄者は、書面による寄託の場合を除き、寄託物を受け取るまでは契約を解除することができる（同条2項）。

(2) 寄託の効力

① 受寄者の義務

　受寄者は、寄託者の承諾を得なければ寄託物を使用できない（658条1項）。受寄者は、寄託者の承諾を得たとき、またはやむを得ない事由があるときでなければ、寄託物を第三者に保管させることができない（同条2項）。

　無報酬の受寄者は、自己の財産に対するのと同一の注意をもって寄託物を保

管する義務を負う(659条)。有償寄託の受寄者は、善管注意保存義務を負う(400条)。無償寄託においては受寄者の注意義務が軽減されており、無償委任の受任者が善管注意義務を負う(644条)のと対照的である。

　寄託物について権利を主張する第三者が受寄者に対して訴えの提起等をしたとき、受寄者は遅滞なくその事実を寄託者に通知しなければならない(660条1項)。

② 寄託者の義務・責任

　寄託者は、寄託物の性質または瑕疵によって生じた損害を受寄者に賠償しなければならない(661条)。有償寄託の寄託者は報酬支払義務を負う。

(3) 寄託の終了

　寄託物の返還時期が定められている場合であっても、寄託者はいつでも返還請求をすることができる(662条1項)。期限前に返還請求したことによって生じた損害について、受寄者は寄託者に賠償を請求することができる(同条2項)。寄託物の返還時期が定められていなかったときは、受寄者はいつでも返還することができる(663条1項)。

(4) 混合寄託・消費寄託

① 混合寄託

　複数の者が同種・同品質の物を寄託した場合、各寄託者の承諾を得たときに限り、受寄者はこれを混合して保管することができる(665条の2第1項)。これを混合寄託という。この場合、寄託者は、寄託した物と同じ数量の物の返還を請求することができる(同条2項)。

② 消費寄託

　受寄者が契約により寄託物を消費できる寄託を消費寄託という。この場合、受寄者は、寄託された物と種類・品質・数量の同じ物をもって返還しなければならない(666条1項)。銀行預金がその例である。

　消費寄託については、消費貸借に関する590条および592条が準用される(666条2項)。預貯金に関する消費寄託については591条2項および3項も準用される(666条3項)。

8章 その他の契約

1 組 合

(1) 組合の意義

　組合契約とは、各当事者が出資をして、共同の事業を営むことを約束する契約である (667条)。組合契約に基づいて設立される団体が**組合**である (民法は「組合」と「組合契約」を区別している)。

　団体の設立形態としては、組合以外に「法人」がある。法人とは、公益、営利その他の目的のために設立される団体で、法令によって権利能力 (法的人格) が認められたものである (33条、34条。総則・**2章** 2 参照)。つまり、法人は、団体自体が権利・義務の主体であり、団体の名前で財産を取得し、契約その他の法律行為をすることができる (「労働組合」や「農業協同組合」などは、「組合」の名前はついていても、法令によって法人格を与えられた法人であり、民法上の組合ではない)。

　これに対して組合は、団体自体が権利能力を有するものではない (民事訴訟法29条に基づく訴訟上の当事者能力があるかどうかは議論がある)。とはいえ、団体としての実態が存在し、団体としての活動および団体財産の維持が不可欠である以上、民法の共有原則の修正など団体法的な規律が必要になる。

(2) 組合の成立

　組合契約は、各当事者が出資をして共同の事業を営むことを約することによって成立する (667条 1 項)。出資は、金銭や財産のほか、労務を目的とするものであってもよい (同条 2 項)。共同の事業は、営利・非営利を問わない。組合契約の成立により、各組合員は出資義務を負う。また、後述のように、組合員は組合の業務の決定・執行を行うなど共同して事業を遂行する義務を負う。

　組合契約は、諾成・双務・有償契約であるが、団体設立契約としての性質から、売買のような2当事者間の契約を前提とした民法の規定は当然には適用されない。

　具体的には、双務契約に関する同時履行の抗弁（533条）および危険負担（536条）の規定が適用されないこと（667条の2第1項）、組合員の1人の債務不履行を理由に他の組合員は組合契約を解除できないこと（同条2項）、組合員の1人に意思表示の無効または取消しの原因があっても他の組合員の間において組合契約は有効であること（667条の3）、である。組合契約は組合という団体を設立することを目的とするものであるから、組合の存立・維持を損なうような規定は適用すべきではないからである。したがって、ある組合員が出資義務を履行しないことを理由に他の組合員が自己の出資を拒んだり、組合契約を解除したりすることはできないし、ある組合員が強迫を理由に組合契約を取り消しても、それ以外の組合員の組合契約に影響を与えることはない。

(3) 組合の活動

① 組合の業務の決定と執行

　組合の業務は、組合員の過半数をもって決定し、各組合員が業務を執行する（670条1項）。この組合の業務の決定および執行は、組合契約により、1人または数人の組合人または第三者に委任することができる（同条2項）。この委任を受けた組合員または第三者を業務執行者という。業務執行者が選任されている場合は、業務執行者（数人いる場合はその過半数）が組合の業務を決定し、執行する（同条3項）。組合の常務（日常的で軽微な業務）は、各組合員または各業務執行者が単独でできる（同条5項）。

② 組合の代理

　各組合員は、組合の業務を執行する場合において、組合員の過半数の同意を得たときは、他の組合員を代理することができる（670条の2第1項）。これを「組合代理」という。組合の業務を執行する際には、第三者と取引（売買や賃貸借など）をする必要が出てくるが、業務を執行する組合員は、他の組合員（＝組合）を代理する権限がなければ、その行為の効果は他の組合員には及ばないことになってしまう（無権代理となる）。そこで、組合員の過半数の同意があれば

（全員の同意は不要）、業務執行をする組合員は、有効に第三者と取引を行うことができる。

　なお、業務執行者が選任されているときは、業務執行者のみが組合員を代理することができる（同条2項）。組合の常務については、各組合員または業務執行者が単独で組合員を代理する（同条3項）。

(4) 組合の財産関係

① 組合財産の共有

　各組合員の出資その他の組合財産は総組合員の共有に属する（668条）。しかし、組合財産は事業の目的のために拘束を受けるものであるから、持分の第三者への譲渡や、共有物の分割請求（256条）などを認める民法の共有規定（249条以下）の適用は制限される。

　組合財産に関しては、組合員が持分を処分しても組合および組合と取引した第三者に対抗できず、組合員は清算前に組合財産の分割請求をすることはできないとして（676条）、共有に関する民法の原則を修正している。組合財産における共有は、拘束力の強いものであり、これを通常の共有と区別して**合有**と呼ぶこともある。

　もっとも、組合財産が総組合員の共有である以上、組合財産である土地・建物の登記は、組合名義の登記は認められず、組合員全員の共有登記または代表者個人の登記などの方法で行うしかない。

② 利益の分配・損失の負担

　組合が得た利益または損失は、組合契約に定めがあればそれに従って分配または負担し、定めがないときは、各組合員の出資の価額に応じて分配または負担する（674条1項）。

③ 組合財産と組合員の個人財産の関係

　組合財産と組合員個人の財産とは一応分離されているので、組合の債権者は組合財産に対して強制執行をするなど権利を行使することができる（675条1項）。しかし、法人と異なり、組合員は組合の債務についても責任を負わなければならず、組合の債権者は、組合員に対して損失負担の割合または等しい割合で権利を行使することができる（同条2項）。つまり、組合の債権者は組合財

産に対して強制執行をしても債権を回収できない場合、組合員個人の財産に対して強制執行をして債権を回収することができる。

(5) 組合員の変動

　組合が一定の期間存続することを前提とするものであるから、組合員の変動（加入または脱退）は当然に予想されるところである。組合員の全員の同意または組合契約の定めるところにより、新たに組合員を加入させることができる（677条の2）。

　脱退に関しては、組合契約で存続期間を定めなかったときは、組合員はいつでも脱退することができるが、やむを得ない事由がある場合を除き、組合に不利な時期に脱退することはできない（678条1項）。存続期間を定めたときであっても、やむを得ない事由があるときは脱退することができる（同条2項）。678条のうち組合員の脱退の自由を認めた部分は強行規定であるので、やむを得ない事由があっても任意脱退を許さない組合契約は、組合員の自由を著しく制限するものであり、公序良俗に反して無効である（最判平成11年2月23日民集53巻2号193頁）。

　組合員の死亡、破産手続開始決定または後見開始審判を受けたとき、組合から除名されたときは、当然に脱退する（679条）。組合員が脱退するときには、持分の払戻しができる（681条）。

(6) 組合の解散・清算

　組合は、組合の目的である事業が成功し、または成功が不能となったとき、存続期間が満了したとき、組合契約で定めた解散事由が発生したとき、総組合員の同意があるときに解散する（682条）。

　組合が解散したとき、総組合員が共同して、または選任された清算人が清算の業務を行う（685条）。組合が解散して清算されたとき、組合の残余財産は、組合員の出資の価額に応じて分割される（688条3項）。

2　終身定期金

終身定期金契約とは、当事者の一方が、自己、相手方または第三者の死亡に至るまで、定期に金銭その他の物を相手方または第三者に給付することを目的とする契約である（689条）。終身定期金という制度の趣旨は、金銭等を継続的に給付することによりある者の生活を保障するというものであるが、今日では公的年金がその役割を果たしているので、民法上の終身定期金契約が利用されることはほとんどない。

3　和　　解

(1) 和解の意義・要件

和解とは、当事者が互いに譲歩してその間に存する争いをやめる契約である（695条）。和解が成立するための要件は、①当事者間に争いが存在すること、②当事者が互いに譲歩すること（互譲）、③争いをやめることにつき合意があること、である。和解の内容がたとえ真実とは異なっていても紛争を終結するという和解の趣旨に基づき、下記のとおりの和解の効力が生じる。

(2) 和解の効力

① 確定効

和解の結果、当事者の一方が争いの目的である権利を有するものと認められ、または相手方がこれを有しないものと認められた場合、当事者の一方が従来その権利を有していなかった旨の確証または相手方がこれを有していた旨の確証が得られたときは、その権利は当事者の一方に移転し、または消滅したものとみなされる（696条）。

和解は、合意した内容どおりに法律関係を確定する効力（**確定効**）があり、和解の内容が真実に反していたとしてもこれを争わないとするものであるので、和解の内容が真実に反することが判明した場合、和解内容どおりに法律関係が変更されるのである。たとえば、売主Aと買主Bの間に売買代金額に関して争

いがあり（Aは100万円、Bは80万円と主張）、BがAに対して90万円支払う旨の和
解が成立したが、その後、代金額が100万円であった証拠が出てきた場合、A
の売買代金債権のうち10万円分（100万円−90万円）が消滅したものとみなされる。

② 和解に錯誤等がある場合の効力

　和解において当事者に錯誤があった場合、和解の効力はどうなるであろう
か。和解は、和解の内容が真実と異なっても合意どおりに法律関係を確定する
ものであるから、争いの対象たる権利または事項そのものに錯誤があっても、
和解の効力に影響を及ぼさず、取消しはできない。

　しかし、和解の前提となる事項に錯誤がある場合は、錯誤の主張は可能であ
る。たとえば、BのAに対する1000万円の支払債務に代えて、B所有の製品の
引渡しをもって代物弁済をすることで和解が成立したが、その製品が粗悪品で
あったことが判明した場合、錯誤によって取り消すこと（95条）が可能である。
代物弁済の対象である製品が一定の品質を有することが和解の前提となってい
るからである（旧法下において和解契約の無効を認めた事例として最判昭和33年6月
14日民集12巻9号1492頁参照）。

　和解の内容が強行規定に反するものであったり、公序良俗に反するもので
あったりした場合、和解が無効であることは言うまでもない（90条）。

③ 示談と請求権放棄条項の効力

　示談とは、特に交通事故などにおいて当事者が話合いにより紛争を終結する
合意であり、加害者が一定額の損害賠償金の支払と支払方法を約束し、被害者
はそれ以外の請求権を放棄する旨の合意をするのが一般的である。和解または
和解類似の契約といってよい。

　この場合、示談後に被害者に予期しない後遺障害（後遺症）などが生じたと
き、被害者は示談で請求権を放棄しているとはいえ、後遺障害による損害につ
いては賠償請求できないであろうか。判例は、全損害を正確に把握しがたい状
況の下で、早急に小額の賠償金で示談がされた場合、放棄した賠償請求権は示
談当時予想していた損害についてのみに限られ、その当時予想できなかった損
害についてまで賠償請求権を放棄した趣旨と解するのは当事者の合理的意思に
合致しないとして、示談当時予期できなかった後遺症による損害について賠償
請求を認めた（最判昭和43年3月15日民集22巻3号587頁）。

第2部

債　権

9章 債権の目的

1 債権総論の内容

第2部は、**債権総論**（399条〜520条の20）と呼ばれる分野を扱う。債権総論は、債権の目的（種類）、債権の効力、多数当事者の債権債務、債権の譲渡、債権の消滅等を扱い、債権の発生原因とは切り離して、債権一般の性質を抽象的に扱う分野であるといってよい。

債権一般を扱うといっても、実際には契約から生ずる債権を中心としており、不法行為による損害賠償請求権は709条以下の規定も適用される。また、債権総論は金銭債権（貸金債権や売買代金債権のように金銭の支払を目的とする債権）を前提とした規定が多いことも特徴である。特にこの金銭債権の回収にとって債権総論は重要な役割を果たしている。ここでは、契約から生ずる債権（特に金銭債権）をいかに実現するか、財産権としての債権をいかに保護するのかという観点から考察する。なお、履行の強制と債務不履行による損害賠償は、「契約の不履行」として**第1部2章**で扱っているので、**第2部**はそれを除く部分が対象である（「有価証券」を扱わない理由は**序章3**(1)③参照）。

2 債権の目的

(1) 債権の目的とは

債権の目的とは、債権の対象のことであり、債務者の一定の行為（**給付**または給付行為という）を指す。「甲商品を引き渡す」「代金1000万円を支払う」「借りたお金を返済する」「従業員として労働に従事する」「住宅を建築する」等々、債務者が債務として負っている行為のことである（民法典では、給付を「給付行為の対象・結果」の意味で使用している場合もある。425条の3で「受益者が債務者から受

けた給付を返還」とあるのがその一例である。また、「反対給付」は、双務契約等で給付
と交換にする行為（代金や報酬の支払）、または交換に受け取るもの（代金や報酬などの
対価）を表す言葉として使用される）。

(2) 給付が有効であるための要件

　給付が有効であるための（債権が有効に成立するための）要件は何か。まず、給
付は**確定したもの**でなければならない。給付が確定していないと履行すること
ができないからである。ただし、物の引渡しを目的とする債務においては、契
約時において確定していなくても、引渡し時までに目的物が確定するものであ
れば、債権としては有効に成立する（本章3の種類債権や選択債権を参照）。ま
た、請負などの役務提供契約から生ずる債務は、細部まで確定することが困難
なので、概括的な内容でも有効とされる場合が多いであろう。

　さらに給付は**適法かつ社会的妥当性を有するもの**でなければならず、公序良
俗（90条）あるいは強行規定（総則・**4**章2⑶参照）に反するものであってはなら
ない。「法律で所持が禁止されている薬物を引き渡す」という内容の契約を結
んだとしても無効であり、当事者はその債務の履行を強制することはできない。

　ちなみに民法は金銭に評価できないものも債権の目的となるとし（399条）、
祖先の追福（ついふく）を祈るため寺に永代念仏（えいたいねんぶつ）してもらうことは債務になるという裁判例
もある（東京地判［年月日不明］新聞986号25頁）。しかし、その不履行に対しては
履行の強制または損害賠償請求ができるのであるから、債権は少なくとも**法的
保護に値するもの**であることが必要である。こういう点から考えると、デート
や飲み会の約束などは、たとえ恋愛や友情を維持する上で重要であっても債務
（債権）とはなり得ない（これらの約束違反に対しては、履行を強制できないし、損害
賠償を求めて裁判所に訴えても取り上げてくれない）。

　なお、実現可能であることは給付の有効要件ではない。契約成立時において
履行不能である原始的不能（げんしてきふのう）であっても債権は有効に成立し、債務不履行（履行
不能）による損害賠償請求が可能である（412条の2第2項。**2**章3⑶②参照）。

(3) 債権の分類

　民法典には、特定物債権、種類債権、金銭債権、利息債権および選択債権が

規定されているが、すべての種類の債権が網羅されているわけではない。

　債権（債務）は、まず物の引渡しや金銭の支払を目的とする**与える債務**と労働やサービスなど人の行為を目的とする**なす債務**に大別することができる（これ以外に特殊な債務として「一定の行為をしてはならない」という**不作為債務**がある）。

　与える債務はさらに「物の引渡しを目的とする債権」と「金銭の支払を目的とする債権（金銭債権）」に分けることができる。前者は目的物の性質に従い、「特定物債権」と「種類債権」に分類される。

　これらはあくまでも一般的な分類にすぎず、具体的には契約ごとに債権の内容が決まり、抽象的に債権の内容や性質を論じてもあまり意味がない。

3　民法典における各種の債権

(1) 特定物債権

① 特定物債権の意義・特徴

　特定物債権とは、特定物の引渡しを目的とする債権である。**特定物**とは、取引においてその個性に着目して「この物」と特定した物である。特定物が滅失した場合、もはや引き渡すことができず、また、損傷してもこれに代わる物を引き渡すことはできなくなる（修理・修繕をすることは可能である）。特定物の代表は土地・建物などの不動産である。動産であっても、中古車や骨董品なども特定物とみなしてよい（中古車は同じ車種であっても外観や走行距離がまったく違うし、骨董品の場合は、壺や掛け軸であれば何でもよいというわけではない）。

② 債務者の善管注意保存義務

　特定物債権の債務者は、特定物を引き渡す債務を負うが、引渡しまで契約その他の債権の発生原因および取引上の社会通念に照らして定まる「善良な管理者の注意」をもって保存する義務（**善管注意保存義務**または単に**善管注意義務**という）を負う（400条）。

　この善管注意保存義務は「自己の財産に対するのと同一の注意義務（659条参照）」より高度の義務であり、簡単にいえば債務者は引渡しまでは細心の注意を払って目的物を保管しなければならないという義務である。債務者がこの義務に違反して特定物を滅失・損傷した場合、債務者は債権者に損害賠償をしな

ければならない (415条)。もっとも、その義務の程度は契約や社会通念によって定まるものであるから、あくまで個々の契約に照らして義務違反 (債務不履行) となるかどうかを判断しなければならない。

③ 引渡しをすべき時の品質

特定物債権においては、契約その他の債権の発生原因および取引上の社会通念に照らして引渡しをすべき時の品質を定めることができなければ、引渡しをすべき時の現状で引き渡す義務を負うとされている (483条)。つまり、引渡し時に要求される品質はまず契約等で定められる。売買契約において売主は種類・品質・数量につき契約内容に適合した物を引き渡す義務を負っているので (562条参照)、契約で定められた品質の物を引き渡さなければならない (**4**章4(2)参照)。売主が損傷した目的物を引き渡せば、不適合な物を引き渡したことになるので、買主は売主に修補などの追完請求をすることができる (562条)。引渡し時において現状で引き渡せば足りるのは、あくまでも契約等で定めることができない場合に限られる。

特定物が滅失すれば債務を履行できなくなるので、債務者は引渡し義務を免れる (412条の2第1項)。さらに、売買のような双務契約において当事者双方の責めに帰することができない事由によって特定物が滅失した場合、債権者 (買主) は債務者 (売主) に対して反対給付の履行 (代金の支払) を拒むことができる (536条1項。**3**章3参照)。

(2) 種類債権

① 種類債権の意義・特徴

種類債権とは、種類物の引渡しを目的とする債権である。種類物は不特定物ともいい、取引において当事者が目的物を種類と数量で定めたものである (401条1項)。スーパーマーケットやコンビニエンスストアの商品をはじめ、新品の自動車、電化製品など物の個性を重視しない大量取引される物がこれに当たる。

種類債権の特徴は、同種の物が取引において流通している限り、履行が不能になるということはあり得ず、常に調達して給付することが可能であり、かつ、その義務 (調達義務) を負うことである。どのような品質の物を給付するか

は一般に契約によって定められる（401条 1 項は契約等で定められない場合は中等の品質を有する物を給付すべきとする）。

② 種類債権の特定

種類物であっても現実に給付する段階ではどれかに定めて給付しなければならず、また、いつまでも債務者に調達の負担を課すのも酷なので、種類物の中から給付すべき目的物を確定する作業が必要であり、これを**種類債権の特定**という。

種類債権は、債権者の同意を得て給付すべき物を指定したとき、または債務者が給付に必要な行為を完了したときに特定される（401条 2 項）。「給付に必要な行為の完了」といえるためには、酒屋が顧客にビール 1 ケースを届けるような持参債務の場合は、現実の提供（493条）をすること（指定された日時・場所にビールを持参して受領を促すこと）、顧客が酒屋までビールを取りに来るような取立債務の場合は、口頭（こうとう）の提供（同条ただし書）のほかに目的物の分離・分別（顧客に引き渡すビールを取り分けること）が必要とされる（最判昭和30年10月18日民集 9 巻11号1642頁・漁業用タール売買事件。持参債務・取立債務は**13章** 1 (2)、現実の提供・口頭の提供は同 2 (3)を参照）。

特定がなされると、以後、その物は特定物として扱われるので、債務者は善管注意保存義務を負う一方、滅失により履行不能になり、給付義務（調達義務）を免れる。売買のような双務契約の場合、特定後に目的物が滅失したとき、引渡し前であれば債権者は反対給付の履行（代金支払）を拒むことができる（536条 1 項、567条 1 項）。ただし、債権者が受領遅滞に陥っている間に履行不能になったときは代金支払を拒めない（413条の 2 第 2 項、536条 2 項、567条 2 項）。なお、売買において売主（債務者）が契約内容に適合しない種類物を引き渡した場合、買主は修補または代替物の引渡し（交換）などの追完請求をすることができる（562条。**4 章** 4 (2)参照）。

③ 制限種類債権

種類債権は、その対象を一定の範囲に制限することができる。このように種類物のうち制限された範囲の物の給付を目的とする債権を**制限種類債権**という。A社のBという銘柄のビールの給付を目的とする債権は種類債権であるが、A社のP工場で製造されたB銘柄のビールの給付を目的とする債権は制限

種類債権となる。

　種類債権と制限種類債権との違いは、前者が原則として履行不能があり得ないのに対し、後者は履行不能がありうることである（上記の例でいえば、P工場が全壊してビールの製造が不可能になれば、特定前でも履行不能となり、債務者は給付義務（調達義務）を免れると一応はいえるが、当事者が具体的にどのような義務を負うのかは個々の契約内容の解釈に基づいて判断する必要がある。前掲最判昭和30年10月18日参照）。

⑶ 金銭債権

　金銭の支払を目的とする債権を**金銭債権**という。紙幣や貨幣という（紙や金属としての）物ではなく、その金銭に表象される価値そのものが重要であるのは言うまでもない（コレクションの対象としての古銭などは物としての扱いを受ける）。

　金銭債権の例としては、消費貸借に基づき貸金の返還を求める債権（貸金債権）、売主が買主に代金の支払を求める債権（売買代金債権）、労働者が会社に対して給料等の支払を求める債権（給料債権）などがあるほか、不法行為による損害賠償請求権（709条）も一種の金銭債権である。民法は金銭債権の履行（支払）方法について補充的な規定を置く（402条、403条）。

　金銭債権は常に履行可能で、履行不能となることはない。金銭債務の不履行については特別の規定が置かれている（419条）。

⑷ 利息債権

　利息の支払を目的とする債権が**利息債権**である。利息とは銀行から融資を受けた場合に元本（元金）に加えて利息も払うように、元本を使用する対価である。消費貸借において特約がなければ利息の請求はできないが（589条）、商人間の金銭消費貸借においては当然に法定利息（法定利率による利息）を請求することができる（商法513条）。

　利息を支払う場合の利率は、契約当事者間の合意で定められている利率（**約定利率**）があればそれに従い、その定めがない場合や法律の規定により利息を支払うべきものとされている場合は、**法定利率**が適用される（404条1項）。また、金銭債務の不履行における損害賠償（遅延損害金）の算定（419条1項）や、

中間利息の控除の計算（417条の2）においても法定利率が使用される（金銭債務
の不履行は**2章**4(4)①、中間利息の控除は**16章**4(2)③参照）。この法定利率は旧法で
は年5％であったが、改正法施行後は年3％となり（404条2項）、さらに3年
ごとに利率を見直すことになった（同条3項。変動利率制）。消費貸借に基づく金
銭債務の利息は、高金利を規制する利息制限法において制限利率が定められて
いる（**5章**4参照。法定利率と利息制限法における制限利率を混同しないこと）。

　なお、単利と複利（重利ともいう）という概念がある。単利は、当初の元本に
ついてのみ利息を生じさせることである。複利は、発生した利息を元本に組み
入れ、組み入れられた元本を基準に利息を生じさせることである。100万円を
年利10％で貸し付けたとき、単利であれば、毎年の利息は10万円で変わりはな
いが、複利であれば、2年目は元本に1年目に発生した利息（10万円）が組み入
れられるので、110万円に10％をかけた額（11万円）が2年目に発生する利息額
となる。複利は単利より支払う利息の額が多くなるので、複利によって利息を
請求するにはその旨の合意が必要である。ただし、利息の支払が1年以上延滞
し、催告しても支払わない場合、債権者は利息を元本に組入れることができる
（405条）。これを法定重利という。

(5) 選択債権

　選択債権とは、債権の内容が数個の給付の中からの選択によって定まる債権
のことをいう（406条）。たとえば、AがBに対し、売買契約に基づきA所有の
甲建物と乙建物のどちらかを引き渡すという債務を負う場合である。種類債権
との違いは、対象となる給付（目的物）に個性があるかどうかであり、同じ種類
の物であれば何でもよいというのであれば種類債権であり、上記の例のように
「甲建物」か「乙建物」のどちらかを選ぶという場合は選択債権になる。

　選択権は、特約がなければ債務者に属する（406条）。選択の対象となる給付
の内容は異なるものであってもよく、無権代理人の相手方は無権代理人に対し
て履行責任または損害賠償責任を追及できるが（117条）、これも一種の選択債
権である。

　給付の中に不能のものがある場合、その不能が選択権を有する者の過失によ
るものであるときは、債権は残存する給付に特定する（410条）。上記の例で債

務者Aに選択権があり、甲建物がAの過失で滅失した場合、給付は乙建物に特定するので、Aは乙建物を引き渡さなければならない。しかし、甲建物がAの過失によらないで滅失した場合は、Aは乙建物を選択してもよいが、甲建物を選択して引渡し義務を免れることもできる（滅失につきBに過失があれば536条2項に基づき売買代金を請求できる）。

　一方、選択権が債権者Bにあり、Bの過失で滅失した場合、給付は乙建物の引渡しに特定するので、Bは乙建物の引渡しのみを請求することができる（なお、Bは甲建物の滅失につきAに損害賠償をしなければならない）。しかし、甲建物がBの過失によらないで滅失した場合は、Bは不能となった甲建物の引渡しを選択することができる。その結果、Aに過失があれば、BはAに履行に代わる損害賠償を請求することができるし（Bは契約を解除することもできる）、A・B双方に過失がなければ、Bは契約を解除することができるが、損害賠償を請求することはできない。

10章 債権者代位権・詐害行為取消権

1 責任財産の保全（債権の保全）

(1) 強制執行と責任財産

　債務者が債務を履行しない場合、債権者が履行の強制（強制執行）をすることができることは前に述べた（**2章2**参照）。AがBに1000万円を貸していたが、期日が到来したので返済を請求したにもかかわらずBが返さない場合、AはBの財産に対して強制執行を行い、貸した1000万円を強制的に取り立てることができる。しかし、Bに十分な資力（財産）があればともかく、資力がなければ全額回収することはできない。

　このように債権者が債権回収のために強制執行を行う場合、その引当となる債務者の財産のことを**責任財産**という。責任財産が十分でなければ債権者は債権を回収できなくなるから、債権者にとって責任財産を維持することはきわめて重要である。

(2) 強制執行の準備としての責任財産保全制度

　債務者が責任財産の維持に無関心で放置していると、財産が減少する事態が生ずる。また、債務者は債権者からの強制執行を回避するため、意図的に責任財産を減少させる行為をすることも少なくない。この場合、債権者は責任財産の減少を防止することが必要となるが、他人である債務者の財産関係に介入することを安易に認めるべきではない。しかし、これを認めないと債権者は債権を回収できなくなってしまう。

　そこで民法は、債務者が責任財産を消極的または積極的（意図的）に減少させることに対し、一定の条件の下で債務者の権利を代わりに行使したり、債務者の行為を取り消したりする権限を債権者に与えた。これが債権者代位権（423

条) および詐害行為取消権 (424条) という制度である。これらの権利の行使により、責任財産の減少を防止し、または回復して、債権者による強制執行の準備をすること、すなわち**責任財産の保全**(**債権の保全**) がこの制度の目的である。

2　債権者代位権の意義・要件

(1) 債権者代位権とは

　債権者代位権とは、債権者が自己の債権の保全の必要がある場合 (この自己の債権を**被保全債権**という)、債務者に属する権利 (**被代位権利**という) を行使することができる権利である (423条1項)。AがBに1000万円を貸していたが、Bの財産はCに対する債権1000万円のみで、他にはめぼしい財産がない場合を考える。Bが返済期限を過ぎても返さないとき、Aは債権者代位権の行使としてBに代わってCから債権を取り立てることができる。

(2) 債権者代位権の要件

① 債権の保全の必要性

　債務者に十分な財産があるときはそこから回収すればよいので、被代位権利の行使を認める必要はない。すなわち、423条にいう「債権の保全の必要性」とは、被代位権利を行使しなければ債務者から十分な弁済を受けられず、債権を回収できなくなること、つまり債務者が**無資力**であることを意味する。

② 被代位権利

　債権者が行使することができる被代位権利の範囲は特に制限はないが、債務者の一身に専属する権利 (**一身専属権**) と差押えが禁止されている権利は被代位権利とならない (423条1項ただし書)。一身専属権とは本人だけに行使が許される権利のことであり、離婚に伴って相手方配偶者に財産分与を求める権利 (768条) や名誉のような人格的利益を侵害された場合の慰謝料請求権などはこれを行使するかどうかは債務者自身の意思にゆだねられるべき一身専属権であるから、債権者は行使することはできない。差押えが禁止されている権利とは、給料債権その他の生計を維持するための継続的な給付請求権であり (民執152条)、債務者が自己の生計を維持していくために必要な権利であるので、債権者がこれを行使するこ

とはできない。

③ 被保全債権

債権者代位権は強制執行の準備をすることが目的であるので、自己の債権（被保全債権）が強制執行可能なものであることが必要である。被保全債権が強制執行によって実現できない権利である場合は、債務者の被代位権利を行使することはできない（423条3項）。夫婦間における同居請求権（752条参照）のような強制執行になじまない権利や強制執行をしない特約がある債権などである。

被保全債権に基づき強制執行するためにはその債権の期限の到来が必要であるので、被保全債権の期限が未到来の場合は被代位権利を行使することはできない（423条2項）。ただし、未登記の権利を登記するような保存行為（現状を維持するにすぎない行為）は期限到来前でも行使することができる（同項ただし書）。

3　債権者代位権の行使・効果

⑴ 債権者代位権行使の方法・範囲

① 代位権の範囲

債権者代位権は、裁判上でも裁判外でも行使することができる。行使できる被代位権利の範囲は、それが可分なときは（金銭債権など）、自己の債権の範囲内に限られる（423条の2）。たとえば、Aが自己の500万円の債権の保全をするために、債務者BのCに対する債権を行使する場合、Bの債権が1000万円であったとしても、AはCから500万円の限度でしか取り立てることができない。自己の債権の保全に必要な範囲で行使を認めれば足りるからである。

② 債権者への直接履行

被代位権利が金銭の支払または動産の引渡しを目的とする場合は、債権者は相手方（第三債務者という）に対し、支払または引渡しを債権者自身に対してするよう請求することができる（423条の3）。上記①の例で、AはCに対して500万円を自分に支払うよう求めることができる。AはBの債権を行使する以上、Bへの支払はともかく、A自身への支払を求めることはできないように思われるが、これを認めないと債務者であるBが金銭を受領しない場合に代位権の目的を達成できなくなること、そして債権者が行使できる被代位権利には受領権

限も含まれていると解されるからである。

　なお、相手方が債務者に対して主張できる抗弁 (同時履行の抗弁など) があれば、それを債権者に対して主張し、支払を拒絶することができる (423条の4)。

③ 債権者代位訴訟と訴訟告知

　債権者が被代位権利の行使に係る訴え (債権者代位訴訟) を提起する場合、その相手方 (第三債務者) が被告となり、債務者は被告とならない。しかし、債務者もその判決の効力を受けることになるので、債務者に訴訟に参加する機会を与えるため、上記の訴えを提起したときは、遅滞なく債務者に対して訴訟告知をしなければならない (423条の6)。

(2) 債権者代位権行使の効果

① 効果の帰属

　債権者代位権行使の効果は債権者に帰属する。被代位権利の行使によって回復された財産は、代位権を行使する債権者 (代位債権者) だけでなく、すべての債権者のための共同担保となるのであって、代位債権者が優先的な権利を有するものではない。Bに対して1000万円の債権を有するAが、BのCに対する1000万円相当の動産の引渡し債権を行使して、動産の引渡しを受けたとする。Aがそこから債権を回収するためには、その動産に対して強制執行を行い、その競売代金から回収することが必要である。A以外にDもBに対して1000万円の債権を有している場合、Aは債権額に応じた額すなわち500万円しか回収できないのである。

　しかし、被代位権利が金銭債権であった場合は事情が異なる。Bに対して1000万円の債権を有するAが、代位権の行使としてBのCに対する1000万円の債権を取り立てた場合、AはCから受領した1000万円をBに返還する義務がある一方、AもBに対して1000万円の債権を有しているので、Aがこの債権とBに対する返還債務を相殺すれば (505条参照)、AはBに対して1000万円を返還することを免れる。この結果、AはBに対する債権を優先的に回収できることになる (これを**事実上の優先弁済**という)。

② 債務者の取立てその他の処分の権限

　債権者が被代位権利を行使した場合であっても、債務者は自ら取立てその他

の処分をすることができる。相手方（第三債務者）も債務者に対して履行（弁済）
することを妨げられない（423条の5）。AがBに対する債権を保全するため、B
のCに対する債権を行使した場合であっても、Bは自らCから取立てをするこ
とができ、CもBに対して弁済することができる。債権者代位権の行使は、債
務者の取立権限まで奪うものではないからである。したがって、Bの取立てに
応じてCが弁済すれば、被代位権利が消滅し、Aの代位権行使は奏功しないこ
とになる。

(3) 債権者代位権の転用

① 転用の意義

　債権者代位権は、責任財産の保全すなわち金銭債権の保全のために行使され
るのが本来の趣旨であるが、金銭債権以外の債権（非金銭債権あるいは特定債権）
を実現するためにも利用されている。代位権の本来の目的とは異なる目的で利
用されるものであるから、これを**債権者代位権の転用**という。

　なぜ転用が認められるかというと、ある特定の債権の債権者が自己の債権を
実現するための直接かつ適当な方法が他になく、債務者の権利を行使しなけれ
ば債権を実現できないからである。この転用のケースにおいて重要なのは責任
財産の保全ということが問題とならないことで、代位権行使の要件としての債
務者の無資力（無資力要件）は不要である。

② 登記・登録請求権の代位行使

　転用の例の第1は、登記請求権・登録請求権の代位行使である。ある不動産
の所有権が、C→B→Aと順次、移転されたが、登記はまだCの下にあるとし
よう。BがCに対する登記請求権を行使しないとき、Aが登記を取得するため
にはどうしたらよいか。AがCに対して直接、登記の移転を求める中間省略登
記の請求は物権変動のプロセスを現すものでないとして判例は原則として認め
ていない。そこで、AはBに対する登記請求権を保全するため、BのCに対す
る登記請求権を行使することができる（その結果、登記がBに移転すれば、Aは自
己の登記請求権に基づきBに対して登記の移転を請求することができる）。登記請求権
の代位行使という形での債権者代位権の転用を判例は認めてきたが（大判明治
43年7月6日民録16輯537頁）、改正法はこれを明文化した（423条の7）。

③ 不動産賃借人による賃貸人の妨害排除・返還請求権の代位行使

　転用の例の第2は、不動産賃借人が賃借不動産の不法占有者に対して妨害排除または返還を請求する場合である。**6章6**(4)で述べたように、判例は賃借権に対抗力がなければ賃借権に基づく妨害排除・返還請求を認めない（605条の4も参照）。そこで、対抗力のない不動産賃借人が不法占有者に対して明渡しを請求するには、賃借人の賃貸人に対する使用収益請求権（601条）を被保全債権として、債務者である賃貸人の不法占有者に対する妨害排除・返還請求権（所有権に基づく物権的請求権である）の代位行使により、これを実現することができる（大判昭和4年12月16日民集8巻944頁）。この場合も債務者である賃貸人が無資力であるかどうかは代位権の行使に当たって問題にはならない。

4　詐害行為取消権の意義・要件

(1) 詐害行為取消権とは

　詐害行為取消権とは、債務者が債権者を害する行為をしたとき、債権者がその行為の取消しを裁判所に請求することができる権利である（424条1項）。債務者が他にめぼしい財産もないのに、自己の唯一の不動産を第三者に贈与して無資力になったとき、債権者はその贈与を取り消して責任財産を回復することができる（回復された責任財産に対して強制執行をすることにより債権を回収する）。

　債権者代位権と同じく責任財産保全のための制度であるが、債権者代位権と異なり、債務者の行為を取り消すという強力な権利であること、そのために必ず裁判上で行使しなければならないこと、転用がないことなどが特徴である。

　詐害行為取消権は、破産法における破産管財人による否認権（破産法160条以下参照）に類似する。破産制度は債務超過状態に陥った破産者の財産から債権者に公平・平等に弁済することが目的であり、その財産の維持が重要になるので、それを危うくするような行為を破産管財人は否認（行為の効力を否定すること）をすることができる。この意味から詐害行為取消権と否認権の要件を共通にすることが望ましく、改正法は詐害行為取消権の要件を否認権に準ずる形で定めている。

(2) 詐害行為取消権の要件

① 概　要

　詐害行為取消権を行使すること（**詐害行為取消請求**という）ができる要件として、取消しの対象となる債務者の行為が財産権を目的とする行為であること、債権者を害する行為（詐害行為）であること、債務者が債権者を害することを知っていたこと、**受益者**（債務者の行為によって利益を受けた者）および**転得者**（受益者から財産の移転を受けた者）が詐害行為であることを知っていたことが必要である。

② 被保全債権

　債権者の債権（被保全債権）は、詐害行為の前の原因に基づいて生じたものであることが必要である（424条3項）。債務者の財産減少行為以後に生じた原因に基づいて債権を取得した場合は、その減少した財産を前提に債権を取得したのであり、債権未回収のリスクを自ら引き受けているといえるので、詐害行為取消請求は認められない。そして、被保全債権が強制執行によって実現できるものであることが必要である（同条4項）。詐害行為取消権が責任財産を保全して強制執行の準備をする制度であるからである。

　詐害行為取消権の趣旨が責任財産の保全である以上、被保全債権は金銭債権であることが必要であるが、詐害行為時において金銭債権である必要はなく、取消時までに金銭債権になっていればよい。判例は、Bが甲地をAに譲渡した後にCに甲地を代物弁済として譲渡し、無資力になったケースにおいて、特定物（不動産）の引渡し請求権も最終的に金銭債権である損害賠償請求権に転化するという理由で、Aの特定物債権を被保全債権としてBのCに対する代物弁済の取消しを認めている（最大判昭和36年7月19日民集15巻7号1875頁）。

③ 財産権を目的とする行為

　財産権を目的としない債務者の行為は取消しの対象とならない（424条2項）。婚姻・養子縁組などの家族法上の行為（身分行為）がこれに当たる。問題なのは、家族法上の行為ではあるが、財産権の変動を伴う行為である。たとえば、離婚に伴う財産分与や慰謝料の支払に関して、判例は、原則として取り消すことはできないが、これらの行為に仮託して不相当に過大な財産分与あるいは慰謝料支払の合意をすることは詐害行為になるとしている（最判昭和58年12月19日

民集37巻10号1532頁、最判平成12年3月9日民集54巻3号1013頁）。また、相続放棄は取消しの対象にならないが（最判昭和49年9月20日民集28巻6号1202頁）、共同相続人間の遺産分割協議は取消しの対象になるとしている（最判平成11年6月11日民集53巻5号898頁）。

④詐害行為

　債権者を害する行為（詐害行為）とは、その行為によって債務者が無資力になり、債権の満足を得られなくなる行為である。債権者代位権と同じく債務者の無資力要件が必要とされる。贈与のように債務者が対価を得ないで自己の財産を譲渡する無償行為がその典型である。

　また、債権者を害することを債務者が知っていることが必要であるが（424条1項）、その行為によって債権の満足を得られなくなることを認識していれば足り、特定の債権者を害する意図は不要とされる（後述するように債権者を害する意図が要求される場合もあることに注意）。

　さらに、受益者および転得者の悪意も必要である。詐害行為取消権は有効に成立した行為（契約）を取り消すものであり、取引の安全を害することができないからである。よって、受益者が善意のときに受益者に対する詐害行為取消請求ができないのはもちろん（424条1項ただし書）、善意の受益者からの転得者が悪意であっても転得者に対して取消請求をすることはできない（424条の5は、転得者に対する詐害行為取消請求のためには受益者に対する取消請求ができること、すなわち受益者が悪意であることを要件としている）。転得者に対する取消請求ができるのは受益者・転得者が共に悪意の場合であり、受益者が悪意であって転得者が善意の場合は転得者に対する取消請求は認められない（424条の5第1号）。また、ある転得者が他の転得者から転得した場合に、その転得者に対する取消請求が認められるのは、受益者ならびにその転得者およびその前のすべての転得者が悪意の場合に限られる（同条2号）。要するに転得者に1人でも善意者がいれば、それ以降の転得者に対してはたとえ悪意者であっても取消請求をすることができないことになる。

　このように、債務者の行為が詐害行為かどうか、詐害行為取消請求が認められるかどうかは、客観的要件（行為の詐害性）と主観的要件（債務者および受益者・転得者の悪意）から判断されるが、総合的・相関的に詐害性を判断しなければな

らない場合がある。以下、問題となるケースを取り上げる。

⑶ 詐害行為の判断において問題となるケース

① 相当な対価を得て財産を処分する行為

　相当な対価を得て財産を処分する行為、たとえば、不動産を時価相当額で売却する行為は、それが隠匿等の処分をするおそれを現に生じさせるものであり、債務者が対価として取得した金銭等について隠匿等の処分をする意思を有し、かつ、受益者がその行為時に債務者の隠匿等の意思を知っていた場合は詐害行為となるが、そうでない限り取消請求をすることはできない（424条の2）。

　相当価格での不動産の売却は、担保価値の高い財産を消費・隠匿されやすい金銭に代えることであり、担保価値を低下させる行為なので、詐害行為になるとした判例もあったが、改正法はこの考え方を採用せず、原則として詐害行為とならないとした。破産法161条に倣（なら）うものであり、債務者が自己の財産を処分して得た資金をもって経済的更生を図ることは別段、否定されるべきことではないからである。

② 特定の債権者に対する担保供与・債務消滅行為

　特定の債権者に対する担保の供与（抵当権の設定など）または債務の弁済その他の債務消滅行為は、特定の債権者のみが自己の債権を回収することができ、他の債権者が弁済を受けられなくなって不公平であるともいえる。しかし、弁済は債務者の義務的行為であり（弁済しなければ債務者は債務不履行責任を負う）、弁済により債務者の積極的財産は減少するものの消極的財産（債務）も減少するので、責任財産全体としては変化がないといえる。また、融資を受けるために自己の不動産等に担保権の設定を求められるのは当然のことである。したがって、これらはいずれも詐害行為には当たらない。ただし、債務者が支払不能であるのにもかかわらず、特定の債権者と通謀して他の債権者を害する意図をもって弁済や担保の供与をしたときは、取消請求をすることができる（424条の3第1項）。

　もっとも、特定の債権者に対する債務消滅行為が債務者の義務に属さない行為である場合や期限前に弁済する場合は、通常の弁済等に比べて詐害性が大きいと判断されるので、詐害行為取消請求ができる要件が若干緩和されて

いる（同条2項）。

③ 過大な代物弁済等

　債権者に対する代物弁済（482条）などの債務消滅行為によって受益者が受ける給付額が、消滅すべき債務額より過大な場合は、424条に定める要件を満たせば、代物弁済等につき消滅すべき債務額以外の部分について取消請求ができる（424条の4）。たとえば、1000万円の債務に対して1500万円相当の不動産をもって代物弁済した場合、債権者は過大な部分である500万円につき取消請求をすることができる。

5　詐害行為取消権の行使・効果

(1) 詐害行為取消権行使の方法・範囲

　債権者代位権と異なり、詐害行為取消権は必ず裁判所に請求しなければならない。有効に成立した行為を取り消すので慎重な審理が求められるからである。

　債権者代位権と同様に、債務者の行為の目的が可分であるときは、自己の債権の範囲内でのみ取消請求が認められる（424条の8）。

　取消請求の相手方（被告）は受益者または転得者であり（424条の7第1項）、債務者は相手方とならないが、債権者は訴えを提起したときは債務者に訴訟告知をしなければならない（同条2項）。債権者が受益者に対して取消請求する場合は、取消しとともに受益者が債務者から取得した財産の返還を請求することができ、財産の返還が困難なときはその価額の償還を請求することができる（424条の6第1項）。転得者に対して取消請求をする場合も同じである（同条2項）。この場合、債権者は受益者または転得者に対し、金銭の支払または動産の引渡しを自己に対してすることを求めることができる（424条の9）。

　詐害行為取消請求に係る訴えは、債務者の詐害行為を債権者が知った時から2年以内に提起しなければならない（426条前段）。この期間は消滅時効期間ではなく、出訴期間であるので、時効の完成猶予・更新は問題とならない。また、詐害行為の時から10年経過した場合も訴えを提起できなくなる（同条後段）。

(2) 詐害行為取消権行使の効果

　詐害行為取消請求を認める判決は債務者とすべての債権者に効力が及ぶ（425条）。すなわち、取消権の行使の結果、債務者に回復された財産は総債権者のための共同担保となる。

　たとえば、債務者Bが受益者Cに自己の不動産を贈与し、登記も移転したのを債権者Aが取り消した場合、不動産はBに回復され（B名義の登記に復帰する）、すべての債権者のための責任財産になるのであって、これをA名義に登記を移転することは認められない（最判昭和53年10月5日民集32巻7号1332頁）。

　一方、債務者の弁済が詐害行為に当たるとして取り消され、取消債権者が受益者から金銭の支払を受けた場合、この金銭を債務者に返還しなければならないはずである。しかし、債権者代位権のところで述べたように、取消債権者は、債務者に対する債権とこの金銭の返還債務を相殺することにより、返還を拒むことができ、事実上の優先弁済を受けられることになる（債権者は受益者から受領した金銭を他の債権者に分配する義務はない。最判昭和37年10月9日民集16巻10号2070頁、最判昭和46年11月19日民集25巻8号1321頁参照）。

　この結果については、（債権者代位権についてもいえるが）詐害行為取消権はあくまで強制執行の準備をするものであり、債権回収手段ではないとして反対する（相殺を認めない）見解もある。これに対して、相殺を禁止する規定がない以上、取消債権者が事実上の優先弁済を受けることをやむを得ないとして認める見解や、詐害行為取消権を行使してまで債権を回収する債権者は勤勉な債権者であるとして積極的に肯定する見解もある。

　なお、債務者がした財産処分行為が取り消されたとき、受益者は債務者に対し、その財産を取得するためにした反対給付（1000万円相当の不動産の取得の対価として支払った代金100万円など）の返還を求めることができる（425条の2）。また、弁済などの債務消滅行為が取り消された場合において受益者が債務者から受けた給付を返還したとき、受益者の債務者に対する債権は、原状に回復する（425条の3）。つまり、いったん消滅した債権が復活する。

11章 連帯債務・保証債務

1 多数当事者の債権債務関係

⑴ 多数当事者の債権債務関係とは

　債権者または債務者が数人いる場合の債権債務関係を**多数当事者の債権債務関係**という。これには、債権者が複数の場合（A、B、Cが債務者Sに対して債権を有している場合）と債務者が複数の場合（A、B、Cが債権者Gに対して債務を負っている場合）が考えられる。前者において各債権者は債務者に対して債権の全部の履行（全額の弁済）を請求できるのか一部しか請求できないのか、後者において各債務者は債権者に対して全部の履行をする義務を負うのか一部のみ履行すればよいかが問題となる。そして、債務者の1人が履行（弁済）した場合、他の債務者に対してその分担を求めること（求償という）ができるかどうかも問題となる。

⑵ 分割主義の原則と問題点

　多数当事者の債権債務について民法は、各債権者または債務者は等しい割合で権利を有し、または義務を負うという**分割主義の原則**をとっている（427条）。金銭債権のような分割可能な給付を目的とする債権において、各債権者は債権者の数で分割された額しか請求できず（これを**分割債権**という）、反対に各債務者は分割された額についてのみ債務を弁済すればよい（これを**分割債務**という）ということである。

　この原則を適用すると、支払ができない債務者がいる場合、債権者は債権の全額を回収できないという不利益を受けることになる。なぜ債権者が複数の者に債務を負わせているかというと、債務者の1人から債権を回収できなくても資力のある債務者から回収できるという期待があるからである。このように主

として金銭債権において複数の者に支払義務を負わせることによって債権の回収を確実にすること、またはその手段を**人的担保**という（これに対して債務者または第三者の財産から優先的に回収することができる権利（優先弁済権という）を取得することにより債権の回収を確実にすること、またはその手段を**物的担保**という。質権（342条）や抵当権（369条）がその例である）。

　人的担保という観点からいえば、分割主義は債権回収を図ろうとする債権者には不都合な原則である。そこで通常は、すべての債務者に全額弁済する義務を負わせる連帯債務の特約を結んだり、債務者が債務を履行しない場合、債務者に代わって履行する義務を負う保証人を立てたりして、債権を確実に回収しようとしているのである。

⑶ 不可分債権と不可分債務

　多数当事者の債権債務については分割債権または分割債務になるというのが民法の原則であるが、債権の目的（対象）が性質上、分割できない債権および債務が存在する。これを**不可分債権**（428条）および**不可分債務**（430条）といい、後述の連帯債権および連帯債務の規定が準用される。

　AとBがSから共同で1台の自動車を購入した場合、AとBはSに対して自動車の引渡し請求権を有するが、これは不可分債権であるので（自動車は分割できない）、AとBのいずれもSに自動車の引渡しを請求することができ、SはAとBのいずれか一方に引き渡せば免責される（428条による432条の準用）。AとBが共同で所有する1台の自動車をGに売却した場合、AとBはGに対して自動車を引き渡す債務を負うが、これは不可分債務であるので、GはAとBのいずれに対しても自動車の引渡しを請求することができ、AまたはBのいずれか一方が自動車を引き渡せば、債務は消滅する（430条による436条の準用）。

⑷ 連帯債権

　金銭債権のように債権の目的が性質上可分である債権を複数の者が連帯して有する多数当事者の債権を**連帯債権**といい、各連帯債権者は債務者に対して債権の全額を請求することができ、債務者は連帯債権者の1人に弁済すれば債務を免れることができる（432条）。たとえば、A、B、CがSに対して900万円の連

帯債権を有している場合、A、B、CはいずれもSに対して全額または一部の弁済を求めることができ、SがAに全額弁済すれば、AはもちろんB、Cの債権も消滅する。また、SがAに対して400万円の債権を有している場合、Sが相殺すれば連帯債権はその額だけ消滅して500万円となる（434条）。

2　連帯債務の意義・成立

(1) 連帯債務とは

　債権の目的が性質上可分で（金銭債権が典型）、各債務者が債務の全部を履行する義務を負う多数当事者の債務を**連帯債務**という（436条）。たとえば、A、B、Cが連帯してGに対して900万円支払うという債務を負っている場合、連帯債務者であるA、B、CはGに対して各自900万円全額を弁済する義務を負う。もちろん、連帯債務者の1人が全額弁済すれば、他の連帯債務者は債務を免れるのであって、債権者が二重に（多重に）弁済を受けることができるわけではない。債権者Gは連帯債務者A、B、Cの各々に300万円ずつ請求してもよいし、資力のある債務者（たとえばA）にだけ900万円全額を請求することもできる（本節および次節においては原則として上記の設例（以下「**上記設例**」という）を用いて説明する）。

　連帯債務は各債務者が全額弁済する義務を負うことから、債権者は連帯債務者の1人が無資力になっても他の資力ある連帯債務者から債権を回収できるので、連帯債務は保証債務と並んで人的担保としての機能を果たしている。

　一方、連帯債務者どうしの間では互いに債務を分担するのが普通である。連帯債務者間の負担割合または負担額を**負担部分**という。負担部分は通常は連帯債務者間で決められているはずであるが、そうでない場合は均等な割合で負担すると推定すべきである。

　連帯債務者の1人が債務を弁済した場合、他の連帯債務者に対して負担部分に応じて**求償**することができる（442条1項）。たとえば、上記設例で、A、B、Cの負担部分が等しい場合において（負担部分は各300万円。以下の設例も同様とする）、Aが900万円全額を弁済したとき、AはB、Cに対して300万円ずつ求償することができる。

⑵ 連帯債務の成立

　連帯債務は、契約によって生ずるのが一般であるが（連帯特約がある場合）、法令の規定によっても生ずる（436条）。共同不法行為の加害者（共同行為者）は被害者に対して連帯して賠償責任を負うとされるが（719条）、共同行為者間の賠償義務の関係は連帯債務であると解されている（**17章7参照**）。

　また、連帯債務者の1人について無効または取消し原因があったとしても他の連帯債務には影響を及ぼさない（437条）。保証債務（主たる債務が成立しない場合は保証債務も成立しないという付従性を有する）と異なる点である。

3　連帯債務の効力

⑴ 連帯債務者の1人に生じた事由

① 絶対的効力事由と相対的効力事由

　連帯債務者が債権者に弁済した場合に（代物弁済（482条）も含む）、弁済した部分について他の連帯債務者が債務を免れるように、連帯債務者の1人に生じた事由が他の連帯債務者にも効力が生ずる（影響が及ぶ）事由を**絶対的効力事由**といい、効力が生じない（影響が及ばない）事由を**相対的効力事由**という。

　弁済以外の絶対的効力事由として民法は、更改、相殺および混同を挙げ（438条～440条）、それ以外の事由は相対的効力しかないとする（441条）。

② 絶対的効力事由

　連帯債務者の1人が債権者に対して債権（反対債権）を有していれば、その債務者は相殺（505条）を援用することができ、債権額だけ連帯債務が消滅する（439条1項）。上記設例でAがGに対して600万円の債権を有していたとする。このとき、Aはこの債権をもってGに対する900万円の連帯債務と相殺することができるので、連帯債務は600万円の限度で消滅する（Aは自己の財産で債務を消滅させたのでBとCに求償することができる）。

　また、Aが相殺を援用しない間は、反対債権を有しない他の連帯債務者であるBまたはCは、Aの負担部分である300万円の限度で履行を拒絶することができる（同条2項）。その結果、BまたはCは、Gに対して残りの債務額の600万円を弁済すれば債務を免れることになる（Bが弁済すればCに300万円求償でき

る）。

　更改とは、従前の債務に代えて（債権者または債務者を変え、あるいは給付の内容について重要な変更をするという）新たな債務を発生させる契約をすることにより従前の債務を消滅させることをいう（513条）。上記設例でGとAの間で900万円を支払う債務に代えて900万円相当の不動産を引き渡す債務への更改がなされた場合、他の連帯債務者の債務は消滅する（438条）。

　混同とは、債権と債務が同一人に帰属することにより債務が消滅することをいう（520条）。債務者が債権者を相続する、債権者である会社が債務者である別の会社を吸収合併するような場合である。連帯債務者の1人と債権者の間に混同があった場合、その連帯債務者は弁済したものとみなされる（440条）。

③ 相対的効力の原則

　相殺・更改・混同以外の事由は相対的効力しかなく、他の連帯債務者には影響を及ぼさない（441条）。債権者が連帯債務者の1人に対して裁判上の請求をし、勝訴判決が確定した場合、当該債務者との関係では時効の完成猶予・更新の効果が生ずるが（147条）、他の連帯債務者との関係では完成猶予・更新の効果は生じない。また、債権者が連帯債務者の1人に対して債務を免除（519条）したとしても、相対的効力しかないから他の連帯債務者の債務額は変わらない。上記設例でGがAに対して連帯債務の全部を免除すれば、Aの債務は消滅するが、Gは依然としてBとCに債務の全額を請求することができる。免除は特定の債務者の債務のみを免除するというのが当事者の通常の意思であり、他の債務者の債務まで免除するというのは通常の意思とはいえないからである。もちろん、債権者と他の連帯債務者との間で特約を結ぶことにより、他の連帯債務者にも効力を及ぼすことは可能である（441条ただし書）。さらに、連帯債務者の1人のために消滅時効が完成しても相対的効力しかないから、他の連帯債務者の債務には影響を及ぼさない。

　なお、連帯債務者の1人に対して免除がなされ、または連帯債務者の1人のために消滅時効が完成した場合であっても、債務を弁済した債務者は免除を受けた債務者または消滅時効が完成した債務者に対して負担部分に応じて求償できることに注意すべきである（445条）。免除または消滅時効の完成は、債権者と当該債務者の間の関係にすぎず、連帯債務者間の関係には影響を及ぼさない

からである。

(2) 求　償

① 求償の要件

連帯債務者の1人が弁済し、その他自己の財産をもって共同の免責<ruby>免責<rt>めんせき</rt></ruby>を得たとき、他の連帯債務者に対し、免責を得るために支出した財産の額のうち各自の負担部分に応じた額の求償権を有する（442条1項）。上記設例でAが900万円全額弁済すれば、BおよびCに300万円ずつ求償することができる。この場合、弁済した額が負担部分を超えなくても求償できることに注意すべきである（同項は「その免責を得た額が自己の負担部分を超えるかどうかにかかわらず」と規定している）。上記設例でAが300万円しか弁済しなかったときでも、AはBとCに100万円ずつ求償することができるのである（Aの負担部分である300万円を超えて弁済した場合にのみ求償できるのではない）。

「自己の財産をもって共同の免責を得たとき」には、代物弁済、相殺、更改、混同などが含まれる。なお、代物弁済として供した財産の額が免責を得た債務額を超える場合、求償できる額は免責を得た額が限度となる（442条1項）。上記設例でAが代物弁済として1200万円相当の不動産を債権者に給付して免責を得たとしても、免責を得た900万円が求償できる限度であるから、AはBとCに対して各300万円しか求償することができない。

② 求償の範囲と制限

求償できる範囲は、弁済その他の債務消滅行為により共同の免責を受けた額のほかに弁済その他共同の免責を得た日以降の法定利息、避けられない費用その他の損害賠償を含む（442条2項）。しかし、次の場合、求償権の範囲が制限される。

連帯債務者は弁済する前と弁済した後の双方とも他の連帯債務者に対して通知をしなければならない。事前の通知を怠って弁済した場合、求償を受けた債務者が債権者に対抗することができた事由があったとき、その事由をもって求償者に対抗することができる（443条1項）。上記設例においてAが他の連帯債務者に通知しないでGに900万円弁済し、Bに300万円求償したところ、求償を受けたBが債権者Gに対して300万円の債権を有していた場合、BはAに相殺

をもって対抗することができるので、BはAからの求償を拒むことができる。BはGに対して相殺によって自己の債権の回収ができたのに、Aが事前の通知を怠って弁済して債務を消滅させたことによりBは相殺の機会を奪われたのであるから、その不利益がAに転嫁されるのである。

　また、弁済した債務者が弁済後に他の連帯債務者に通知しなかったため、前の弁済を知らないで弁済した債務者は、自己の弁済を有効なものとみなすことができる（同条2項）。その結果、弁済したことの通知を怠った債務者はその後に弁済した債務者に対して求償することができず、後に弁済した善意の債務者は先に弁済した債務者に対して求償することができる。

4　保証債務の意義・成立

⑴ 保証債務とは

① 保証債務の意義
　保証債務とは、債務者（**主たる債務者**という）が債務（**主たる債務**という）を履行しない場合、**保証人**が代わりにその債務を履行する責任を負うことをいう（446条1項）。たとえば、AからBが100万円借りる際に保証人になったCは、BがAに返済できなかったとき、Bに代わって100万円を支払わなければならない。

　保証は、債権者が簡易に債権を回収する手段として利用され、連帯債務とともに人的担保の代表である。特に**連帯保証**は債権の効力を強化するものとして頻繁に利用されている。

② 保証債務をめぐる問題
　保証債務をめぐる今日的な問題は、保証人の責任が過大になることである。知人に頼まれて軽い気持ちで保証人を引き受けたところ、知人の財産状態が悪化して借金を返済できなくなり、保証人が代わりに借金を背負わされるということはしばしば起こる話である。特に事業のための金銭の借入れについて保証人となる場合にその危険は大きくなる。これを防ぐための民法上の方策は後述する（本章5⑷参照）。

③ 保証債務の性質
　保証債務には、主たる債務が成立しなければ保証債務も成立しない、主たる

債務が消滅すれば保証債務も消滅するという付従性がある。上記の例でいえ
ば、BのAに対する債務が時効により消滅すれば、Cの債務自体が消滅時効に
かかっていなくても、保証債務の付従性によりCの債務は消滅する。

つぎに、主たる債務者が第1次的に履行すべきであり、保証人は主たる債務
者が履行しないときに履行すればよいという補充性がある。上記の例でBが借
金を払わないので、Aがいきなり保証人Cに請求してきても、CはAに対して
まずBに請求すべき旨を主張して支払を拒める（452条）のもその一例である。

そのほか、主たる債務者に対する債権が譲渡されれば、保証人に対する債権
も一緒に移転するという随伴性も保証債務の性質である。

(2) 保証債務の成立

① 保証契約

保証債務は債権者と保証人の契約によって生ずる。主たる債務者に依頼され
て保証人になるのが普通であるが、保証債務が成立するために主たる債務者の
同意は不要である。保証契約は、書面でしないと効力を有しない要式契約であ
る（446条2項）。保証人の保証意思を確認するためである。

② 成立および内容における付従性

保証債務の付従性に基づき、債権者と主たる債務者との契約が無効または取
り消されたことにより主たる債務が成立しない場合、保証債務も成立しない。
主たる債務者が行為能力の制限を理由に契約を取り消した場合、保証債務も成
立しないはずであるが、主たる債務者が制限行為能力者であることを知りなが
ら保証した場合は、保証人は同一目的の独立の債務を負担したものと推定され
る（449条）。

保証人の負担は債務の目的または態様において主たる債務者より大きいもの
であってはならず、仮に大きければ主たる債務の限度に減縮され、主たる債務
が保証契約締結後に加重されても保証人の負担は加重されない（448条）。これ
を内容における付従性という。

③ 保証債務の範囲

保証債務の範囲は、主たる債務の利息・違約金・損害賠償その他主たる債務
に従たるすべてのものを含む（447条1項）。では、債権者と主たる債務者間の

契約が主たる債務者の債務不履行により解除された場合、解除の効果として生ずる原状回復義務 (545条1項) も保証人は責任を負うのであろうか。判例のとる直接効果説によれば、原状回復義務は不当利得返還義務であり、契約上の債務ではない (**3**章4⑷参照)。かつて判例は原状回復義務が別個独立の債務であることを理由に保証人は責任を負わないとしていたが、最高裁は判例変更して特定物の売買契約が解除された場合の原状回復義務について売主の保証人は責任を負うとした (最大判昭和40年6月30日民集19巻4号1143頁)。特定物の売主の債務の保証は、保証人自らが履行責任を負うというよりは、売主の債務不履行に起因して売主が買主に負担すべき債務につき責めに任ずる趣旨でなされるのであるから、債務不履行を理由として契約が解除された場合に生ずる原状回復義務の履行についても保証人は責任を負わなければならないからである。判例は、解除による原状回復義務が保証債務の範囲に含まれるという結論を、原状回復義務の性質からではなく、保証の趣旨から導いているのである。

5　保証債務の効力

⑴ 保証人の抗弁

債権者から保証債務の履行を求められたとき、保証人がそれを拒める場合がある。これを保証人の抗弁という。

① 催告の抗弁・検索の抗弁

保証債務の補充性に基づく抗弁として催告の抗弁と検索の抗弁がある。**催告の抗弁**とは、債権者が主たる債務者に履行を請求しないで、いきなり保証人に請求してきた場合、まず主たる債務者に催告をすべき旨を請求して履行を拒絶できる権利である (452条)。

催告の抗弁を受けて債権者が主たる債務者に催告した後であっても、保証人が、主たる債務者に弁済の資力があり、執行が容易なことを証明すれば、債権者はまず主たる債務者の財産に対して強制執行しなければならなくなる (執行があるまで保証債務の履行を拒める)。これを**検索の抗弁**という (453条)。

ただし、連帯保証の場合は保証人にこれらの抗弁権はない。主たる債務者が債務を履行しないとき、債権者は直ちに連帯保証人に請求し、その財産に対して強制

執行することが可能である（454条）。要するに連帯保証は補充性のない保証である。

② 主たる債務者が主張できる抗弁による対抗

保証人は主たる債務者が主張することができる抗弁をもって債権者に対抗することができる（457条2項）。これは付従性に基づく抗弁といってもよい。たとえば、主たる債務が既に弁済や時効により消滅しているときは、保証人はその旨を債権者に主張して保証債務の履行を拒むことができる。消滅時効は当事者が援用しなければ権利消滅の効果は発生しないが、145条は保証人などを例示して権利の消滅に正当な利益を有する者も「当事者」に含まれると明記しており、主たる債務者の援用がなくても保証人は主たる債務の消滅時効を援用することができる。そして主たる債務が時効によって消滅したことを抗弁として、保証債務の履行を拒絶することができる。

主たる債務者が債権者に対して相殺権、取消権または解除権を有するときも、これらの権利の行使によって主たる債務者がその債務を免れる限度において保証人は保証債務の履行を拒むことができる（457条3項）。たとえば、Aに対するBの債務についてCが保証している場合で、BもAに対して債権を有し、相殺できるとき、AがCに保証債務の履行を求めてきても、CはBの債権の限度で履行を拒むことができる。また、BがAに強迫されて契約を締結した場合においてBが取り消さないとき、Cは契約の当事者でないのでA・B間の契約を取り消すことはできないが、仮に取り消されたのならばBが債務を免れる限度においてCは保証債務の履行を拒むことができる。

⑵ 1人に生じた事由・債権者の情報提供義務

① 主たる債務者に生じた事由の効力

主たる債務者に生じた事由は保証人にどのような影響を与えるか、また、保証人に生じた事由は主たる債務者にどのような影響を与えるか。これに関しては、主たる債務者に生じた事由は原則として保証人に影響を及ぼし、保証人に生じた事由は原則として主たる債務者に影響を及ぼさないといえる。

主たる債務者に対する履行の請求その他の事由による時効の完成猶予（147条1項、150条1項など参照）および更新（147条2項、152条など参照）は、保証人に対

しても効力が及ぶ（457条1項）。債権者が主たる債務者に対して裁判上あるいは裁判外で履行の請求をすれば、主たる債務だけでなく保証債務についても時効の完成が猶予される。また、主たる債務者が債務の承認をすれば、主たる債務について時効が更新されるだけでなく（152条）、保証債務についても時効が更新される。

なお、主たる債務者が破産し、免責許可決定を受けた場合であっても、保証人は免責されない（破産法253条2項）。このような場合にこそ保証の機能が発揮されるのであり、また、主たる債務者の責任が免除されても、その債務自体は存続しているのであるから、これを保証する保証人は責任を免れないのである（保証人自身が破産して免責を受ける場合は別である）。主たる債務者が死亡して相続人が限定承認をした場合も（922条）、保証人は主たる債務の全額につき弁済する義務を負う。限定承認がなされて相続人の責任が相続した財産の限度に限定されても、債務の額は変わらないからである。

他方で保証人に生じた事由は主たる債務者に影響を及ぼさないので、保証債務につき時効の完成猶予や更新の事由が生じても、主たる債務の時効の完成が猶予されたり、更新されたりすることはない。

② 主たる債務の履行状況に関する債権者の情報提供義務

債権者は、主たる債務者から委託を受けた保証人の請求があれば、保証人に対して主たる債務の履行状況（不履行の有無、残債務額など）に関する情報を提供しなければならない（458条の2）。また、保証人が個人である場合において主たる債務者が期限の利益を喪失したとき、債権者はそれを知った時から2カ月以内に保証人に対してその旨を通知しなければならない（458条の3）。これらは、主たる債務の不履行により保証人の責任が生じることまたは責任が拡大することを防ぐための措置である。

(3) 求　　償

① 委託を受けた保証人の求償権

保証人が主たる債務者に代わって債務を弁済することは、実質的に他人の債務の弁済なので、保証人は主たる債務者に対して求償することができる。主たる債務者から委託を受けて保証した保証人が弁済その他の債務消滅行為をした

とき、債務の消滅のために支出した財産の額の求償権を有する（459条1項）。さらに弁済その他債務消滅行為以後の法定利息、費用、遅延損害金についても求償することができる（同条2項による442条2項の準用）。

　委託を受けた保証人であっても、主たる債務の弁済期前に債務消滅行為をした場合は、債務消滅行為時において主たる債務者が利益を受けた限度に求償権の範囲が制限される（459条の2第1項）。すなわち、主たる債務者が債権者に対して債務消滅行為以前に債権を取得しているとき、保証人による求償が相殺の対抗を受けるとともに、保証人は債務消滅行為時から弁済期までの法定利息等を求償することができない。弁済期以後の法定利息等は求償することができる（同条2項）。

　委託を受けた保証人は、一定の場合に主たる債務者に対して事前に求償することが認められている（460条）。

② 委託を受けない保証人の求償権

　委託を受けない保証人の求償権の範囲は、債務消滅行為時において主たる債務者が利益を受けた限度に求償権の範囲が制限される（462条1項による459条の2第1項の準用）。主たる債務者の意思に反して保証をした場合、求償権の範囲はさらに制限され、主たる債務者が現に利益を受けている限度においてのみ求償権を有する（462条2項）。すなわち、債務消滅行為後、求償の日以前に主たる債務者が債権者に対して債権を取得しているときは、保証人からの求償に対して相殺をもって対抗することができる。

③ 事前・事後の通知の必要と求償の制限等

　委託を受けた保証人が事前に主たる債務者に通知しないで債務消滅行為をした場合、主たる債務者は債権者に対抗することができた事由をもって保証人に対抗することができる（463条1項）。すなわち、主たる債務者が債権者に対して債権を取得しているとき、保証人からの求償に対して相殺をもって対抗することができる。

　委託を受けて保証した場合において、主たる債務者が債務消滅行為をした後に保証人に通知をすることを怠り、保証人が善意で債務消滅行為をしたとき、保証人は自己の債務消滅行為を有効とみなすことができる（同条2項）。この場合、保証人は主たる債務者に求償することができる。

保証人が債務消滅行為をした後に主たる債務者に通知することを怠り、主たる債務者が善意で債務消滅行為をしたとき、主たる債務者は自己の債務消滅行為を有効とみなすことができる（同条3項）。この場合、保証人は主たる債務者に求償することができない。

⑷ 事業に係る債務に関する保証契約の特則

① 事業に係る貸金等債務の個人保証における公正証書の作成

保証人の責任は重く、特に個人が事業に関する債務を保証する場合、保証人自身の生活が破綻に追い込まれるような過酷な事例が報告されてきた。そこで民法は、事業のために負担した貸金等の債務について個人が保証人となる保証契約（個人根保証契約を含む）は、保証契約の締結に先立ち、保証意思が表示されている公正証書（**保証意思宣明公正証書**という）の作成が要求され、これを欠くとき保証債務は効力を有しないとした（465条の6）。

ただし、主たる債務者が法人であり、保証人が主たる債務者の理事、取締役や大株主などの場合、主たる債務者が個人で、保証人が主たる債務者と共同して事業を行う者または主たる債務者の事業に現に従事している配偶者の場合、上記の公正証書の作成は不要である（465条の9）。このような**経営者保証**においては、保証人たる個人は主たる債務者と経営上一体の関係にあり、重い責任を負わせても問題がないこと、中小企業において経営者個人の保証がなければ銀行から融資を受けられない等の事情があるからである。

② 主たる債務者の情報提供義務

事業のために負担する債務について個人が保証人となる保証契約（個人根保証契約を含む）において、主たる債務者は財産および収支の状況、主たる債務以外に負担している債務の有無、額、履行状況、その債務に関する担保の有無等に関して保証人になろうとする者に対し、情報を提供しなければならない（465条の10第1項）。主たる債務者が情報提供義務に違反したために保証人が誤認して保証契約を締結した場合、債権者が情報提供義務違反を知り、または知ることができたとき、保証人は保証契約を取り消すことができる（同条2項）。

6　特殊な保証

(1) 連帯保証

　主たる債務者と連帯して債務を履行する責任を負う保証を**連帯保証**という。連帯保証は債権担保の効力が強いので、頻繁に利用される。連帯保証は補充性がないこと（454条）、連帯債務に関する規定が準用されること（458条）、共同保証において分別の利益がないことがその特徴である。

(2) 共同保証

　ある債務について数人の者が保証することを**共同保証**という。共同保証人には分割主義に関する427条が適用されるので（456条）、たとえば、1000万円の債務につき保証人が2人いる場合、保証人は各々500万円だけ弁済する義務を負うにすぎない。これを**分別の利益**という。連帯保証、不可分債務の保証、保証連帯（共同保証人間で全額弁済する義務を負う特約がある場合）は、保証人は分別の利益を有しないので、全額弁済する義務を負う。

(3) 根 保 証

　特定の単発的な債務を担保するのではなく、将来継続的に発生する債務を担保する保証を継続的保証という。継続的保証には賃料債務の保証のように債務額が確定できるものもあるが、一定の取引に基づき発生する不特定の債務を担保する保証があり、これを**根保証**という。根保証は担保する債務額が不確定かつ過大になりがちであり、保証人の責任が過酷なものになる危険性をはらむ。特に個人が根保証人となる場合にその弊害が大きい。

　そこで民法は、一定の範囲に属する不特定の債務を主たる債務として個人が保証する契約を**個人根保証契約**と定義し（465条の2第1項）、極度額（保証人が弁済する責任を負う債務の限度額）を定めることを効力要件とし（同条2項）、保証期間を一定の範囲に制限する（元本確定期日および確定事由を定めること。465条の3、465条の4）など様々な規制を行っている。

12章 債権の譲渡・債務の引受けほか

1 債権譲渡の意義・成立

(1) 債権の譲渡とは

　債権の譲渡（以下「**債権譲渡**」という）とは、債権の同一性を維持したまま、債権者が契約により債権を第三者に移転することをいう。債権を譲渡する者を**譲渡人**、債権を取得する者を**譲受人**という。たとえば、AがSにある商品を代金1000万円で売ったが（AはSに対して1000万円の債権を有する）、代金支払日が3カ月後とされた場合、支払日が到来するまではAはSに代金の支払を請求することができない。このような場合、Aが現金を手に入れるためにはどうしたらよいだろうか。このとき、AはSに対するこの債権を第三者Bに売却（譲渡）することによって、現金を手に入れることができる。

　債権も一種の財産であるので、あたかも物を売るように第三者に譲渡することができることを民法は認めている（466条1項）。債権譲渡の結果、債権が譲渡人から譲受人に移転する。

　もちろん性質上、譲渡できない債権や、法律上、譲渡が禁止・制限されている債権があることは言うまでもない（同項ただし書）。また、債権者と債務者の間で譲渡を禁止・制限する特約（譲渡制限特約）を結ぶこともある（本章3参照）。譲渡の対象となる債権の種類には制限がないが、実際には金銭債権の譲渡がほとんどである。本章でも金銭債権の譲渡のケースを前提に述べる。

　債権譲渡は、上記の例のように財産を流動化させること（債権を現金化すること）のほかに、第三者から融資を受けるための担保とすること（債権の譲渡担保）や弁済の代わりに（代物弁済として）債権を取得させること（債権回収目的のための債権譲渡）を目的として利用されている。

(2) 債権譲渡の成立要件と対抗要件

　債権譲渡は、譲渡人と譲受人の間の契約（債権譲渡契約）によって成立する。債務者は契約の当事者ではなく、債務者の同意は不要である。債権者（譲渡人）は債務者の意向にかかわらず債権を譲渡することができるが、債務者が譲渡の事実を知らされないで譲受人から履行を求められるのは妥当でない。そこで、譲受人が譲渡人から取得した債権に基づき債務者に履行を求めるためには、譲渡人が債務者に通知をするか、債務者が承諾（同意という意味での承諾ではなく債権譲渡を知った旨を表明すること）をすることが必要である（467条1項）。債務者に対する**通知**または債務者の**承諾**が、譲受人が債務者に対して権利を行使するための要件（**債務者に対する対抗要件**）となっているのである。

(3) 将来債権の譲渡

　譲渡の時点で発生していない債権（**将来債権**という）も譲渡することができる（466条の6第1項）。将来債権の例として継続的に収受することが見込まれる賃料債権や病院等の診療報酬債権が挙げられる。将来債権の譲渡を認めるのは、これを担保に融資を受ける必要があるからである。AがBから融資を受けようとする場合、AのS（債務者）に対する将来債権をBに譲渡し、AがBに融資を返済できない場合は、Bは担保権の実行としてSから債権を取り立ててBに対する弁済に充てるものである（将来債権の譲渡担保）。

　将来債権の譲受人は、その債権が発生すれば当然に取得する（同条2項）。その対抗要件は通常の債権譲渡と同様、債務者に対する通知または債務者の承諾である（467条1項）。

2　債権譲渡の対抗

(1) 債務者に対する対抗と債務者の抗弁

　債務者に対する通知または債務者の承諾があれば、債権の譲受人は債務者に対して対抗すなわち権利を行使することができる（467条1項）。では、AがSに対して有する売買代金債権をBに譲渡し、AがSにその旨を通知したが、Sがそれ以前にAに代金の全額を支払っていた場合、SはBに改めて代金を支払わ

なければならないだろうか。Ｓが債務を弁済したことによりＡの債権は消滅しているはずであるから、そのことを譲受人のＢに主張し、支払を拒むことができると考えるのが当然である。民法も、債務者は対抗要件が具備される時（通知または承諾の時）までに譲渡人に対して生じた事由をもって譲受人に対抗することができるとしている（468条1項）。債務者は、弁済による債権の消滅、同時履行の抗弁などの事由をもって譲受人に対して債務の履行を拒絶することができる。

　また、民法は、対抗要件の具備時までに債務者が譲渡人に対して債権を取得した場合は、その債権による相殺（そうさい）をもって譲受人に対抗することができるとして、相殺権の行使を幅広く認めている（469条1項）。ＡがＳに対する債権をＢに譲渡したとき、譲渡の通知以前にＳがＡに対して債権を取得していれば、ＳはＡに対する債権をもって相殺することができる。このことは、対抗要件の具備時において相殺適状（そうさいてきじょう）（505条1項）になっていなくても、あるいは自働債権（じどうさいけん）の弁済期と受働債権（しゅどうさいけん）の弁済期の先後にかかわらす、その後に相殺適状に達すれば相殺が可能であることを意味し、いわゆる無制限説を採用するものである（相殺適状、自働債権と受働債権、制限説と無制限説については**14章**参照）。また、対抗要件の具備時までに生じた原因に基づいて発生した債権は、債権が対抗要件の具備時以降に生じた場合であっても相殺による対抗が認められる（469条2項）。

(2) 債権の二重譲渡

　ＡがＳに対する債権をＢに譲渡した後、同じ債権をＣにも譲渡した場合、すなわち、債権の二重譲渡がなされた場合、ＢとＣのいずれが債権を取得するのか。所有権が二重譲渡された場合は、登記または引渡しという対抗要件（177条、178条）を備えたかどうかで決するが、債権の二重譲渡における優劣はどのように決めるのか。

　民法は債権譲渡に関し、**確定日付（かくていひづけ）のある証書**によって通知または承諾することをもって**債務者以外の第三者に対する対抗要件**としている（467条2項）。確定日付のある証書とは、作成日付を公の機関によって証明でき、後になって作成日付の変更ができない文書をいい、公証人が作成した公正証書や内容証明郵便がその例である（民法施行法5条参照）。上記の例でＢへの譲渡については普

通郵便でＡがＳに通知したのに対し、Ｃへの譲渡については内容証明郵便でＳに通知した場合は、Ｃが債権を取得することになる。

　なぜ、債務者に対する通知または債務者の承諾が、債務者のみならず債務者以外の第三者に対する対抗要件となるのであろうか。債務者に対する通知または債務者の承諾があれば、債務者は債権譲渡の事実を認識しているとみなすことができる。そして債務者以外の第三者が債権譲渡の有無に関する情報を得るためには債務者に問合せをすればよい（債務者が通知等によって債権譲渡の事実を認識していればイエスと回答し、認識していなければノーと回答するはずである）。債権譲渡は、債務者によるその事実の認識を通じて公示され、その結果、通知または承諾が債務者だけでなくそれ以外の第三者に対する対抗要件になるのである（この意味で債務者は「情報センター」の役割を果たしているといわれる）。さらに確定日付を要求するのは、劣後する譲受人による日付の偽造を防止するためである。

　では、双方の譲渡がいずれも内容証明郵便などの確定日付のある証書によって通知がなされた場合はどうであろうか。民法は何も規定していないが、判例は、確定日付のある証書による通知が先に債務者に到達した債権譲渡の譲受人が債権を取得するとして到達時説をとった（最判昭和49年3月7日民集28巻2号174頁）。確定日付の先後で優劣を決すべきという確定日付説もあるが（日付の偽造の防止という確定日付が要求される趣旨に合致する）、判例が到達時説をとるのは、債務者に対する通知によって債務者が債権譲渡の事実を認識し、それを通じて債務者以外の第三者も債権譲渡を認識することが可能になるので、債務者が債権譲渡を認識した時点すなわち通知が到達した時点を基準として優劣を決定することに基づく（確定日付を要求する意義がいささか薄れるがやむを得ないだろう）。

　それでは、確定日付のある証書による双方の通知が債務者に同時に到達した場合はどうであろうか。これについて判例は、各譲受人は債務者に対して全額の弁済を請求することができ、他の譲受人に対する弁済等の債務消滅事由がない限り、債務者は同時到達であることを理由に債務者は譲受人からの履行の請求を拒むことはできない（譲受人の1人に弁済すれば他の譲受人に対しては免責されることになる）とする（最判昭和55年1月11日民集34巻1号42頁）。

　また、双方の通知の到達の先後が不明という理由で債務者が弁済金を供託した場合、判例は、各譲受人は公平の原則に基づき供託金還付請求権（498条。債権者が供託所に対して供託金の支払を求める権利）につき譲受債権額に応じて分割取得するという（最判平成5年3月30日民集47巻4号3334頁）。

　このように債権が二重譲渡された場合の民法の規定は不十分であるため、複雑な判例のルールが形成されている。

(3) 債権譲渡登記による対抗

　債権譲渡を債務者以外の第三者に対抗するには、確定日付のある証書による債務者に対する通知または債務者の承諾が必要であるが、住宅ローン債権、クレジット債権、診療報酬債権のように債務者の数が膨大になるケースにおいては、手続が煩雑になり、コストがかかるほか、情報センターとなる債務者に過度の負担をかけることになる。

　そこで、法人が金銭債権を譲渡する場合に限り、登記により債務者以外の第三者に対する対抗要件を備える方法が特別法により認められている（「動産及び債権の譲渡の対抗要件に関する民法の特例等に関する法律（動産・債権譲渡特例法）」）。動産・債権譲渡特例法4条1項によれば、法人が金銭債権の譲渡をする場合、債権譲渡登記ファイルに譲渡の登記（**債権譲渡登記**）をすれば、民法467条の規定による確定日付のある証書による通知があったものとみなされる（登記の日付をもって確定日付とする）。

　この登記は債務者以外の第三者に対する対抗要件であり、債務者に対する対抗要件ではないので、譲受人が債務者に対して権利行使をするには、譲渡人または譲受人が登記事項証明書を債務者に交付して通知するか債務者が承諾することが必要である（同法4条2項）。

　債権譲渡登記による対抗方法は、債務者に対する対抗要件と債務者以外の第三者に対する対抗要件が分離されていることが特徴である。この方法のもう1つのメリットは、債務者に譲渡の事実を知られることなく債権の譲渡が事実上可能になることで（これを「サイレント方式」という）、債権譲渡の事実が世間に知れ渡ることのデメリット（信用不安等の噂の流布など）を回避できることが挙げられる。

3　債権譲渡の制限

(1) 譲渡制限特約とは

　債権は自由に譲渡することができるのが原則であるが（466条1項）、債権者と債務者間の特約により、譲渡を禁止または制限することができる（この特約を譲渡制限特約という）。

　民法が債権譲渡の禁止を認めた趣旨は、債権譲渡による譲受人から債務者に対する過酷な取立てを防止するためとされる。しかし、弱い立場にある債務者が譲渡禁止を債権者に求めることは困難である。

　では、今日、何のために譲渡制限特約がなされるかといえば、弁済する相手方（債権者）を固定するという債務者の利益を保護するためである。債権が譲渡されること、すなわち債権者が交替することは、債務者に誤弁済のリスクを生じさせ、また、債務者も債権者に対して債権を有している場合、相殺する機会を事実上奪うことになるからである。譲渡制限特約を結んでおけばこのような債務者のリスクや不利益を回避することが可能になる。譲渡制限特約の締結を相手方（債権者）に求めることができるのは、実質的に銀行その他の金融機関のような「強い債務者」に限られる。

(2) 譲渡制限特約の効力

① 譲渡制限特約に反する債権譲渡の有効性

　債権者が譲渡制限特約に反して債権を譲渡した場合、譲受人は債権を取得することができないであろうか。もしできないとすると（特約の存在を知らない）譲受人は損害を受けることになる。また、資力の乏しい中小企業にとって債権は重要な財産であり、譲渡できなかったり、担保として利用できなかったりすると、金融を得る途を絶たれることになる。譲渡制限をする理由が弁済の相手方の固定という債務者の利益の保護にあるにすぎなければ、できる限り譲渡人（債権者）や譲受人の利益を保護すべきである。

　旧法は、譲渡制限特約に反する債権譲渡を原則として無効とする立場であったが（旧466条2項）、改正法は、譲渡制限特約がある債権を譲渡してもその譲渡

は有効であると明言し（改正466条2項）、譲渡人および譲受人の利益を保護している。よって、譲渡制限特約がある債権を取得した譲受人は原則として債務者に対して履行を請求することができる。

② 悪意または善意・重過失の譲受人等に対する履行拒絶権

譲渡制限特約に反してなされた債権譲渡は完全に有効であるので、譲受人が譲渡制限特約を知っていても、あるいは重過失により知らなかった場合であっても、債務者はそのような譲受人に弁済することは禁止されないし、その弁済は有効である。しかし、他方で債務者は、悪意または善意・重過失の譲受人その他の第三者に対しては債務の履行を拒絶することができ、かつ、その場合、譲渡人に弁済することによって譲受人等に対抗することができる（466条3項）。譲渡制限特約により弁済の相手方を固定する債務者の利益を保護するためである。

そうすると債務者が悪意または善意・重過失の譲受人等に対しては弁済を拒絶しながら、譲渡人に対しても弁済しないことが起こりうる。そこで民法は、譲受人等は相当期間を定めて債務者が譲渡人に弁済するよう催告し、催告期間内に債務者が弁済しなければ、債務者は悪意または善意・重過失の譲受人等に対しても弁済を拒絶できないとした（同条4項）。

③ 債務者の供託権

債務者の側からすれば譲受人等が善意かつ無重過失であるのか、悪意または善意・重過失であるのか判断に困る場合がある。悪意だと思って弁済を拒絶したのに実は善意かつ無重過失であった場合、弁済を拒絶したことが違法になってしまい、債務者は不利益を受ける（悪意または重過失の立証責任は債務者が負う）。そこで、譲渡制限特約のある債権が譲渡された場合、債務者は債権の全額に相当する金銭を供託することができる（466条の2）。

④ 譲渡制限特約のある債権の差押え

譲渡制限特約のあるAのSに対する債権を、Aの債権者Bが強制執行として差し押さえた場合、466条3項は適用されない（466条の4第1項）。よって、Bが譲渡制限特約を知り、または重過失で知らなかったとしても、Aの債権を差し押さえ、取り立てることができる。譲渡制限特約を結ぶことで債務者が事実上の差押禁止財産を作って強制執行を免れることは許されないからである。

(3) 預貯金債権の譲渡に関する特則

　預貯金債権についてなされた譲渡制限特約は、これを悪意または善意・重過失の譲受人その他の第三者に対抗することができる（466条の5第1項）。このことは譲渡制限特約のある預貯金債権の譲渡はこれらの者に対する関係では無効であることを意味する。なぜ預貯金債権についてこのような例外的な扱いをするかというと、金融機関における預貯金取引は大量かつ頻繁になされるものであって、預貯金債権の譲渡を有効とすると金融機関の払戻し業務に支障をきたし、また、金融機関は預貯金債権を担保に融資を行い、相殺によって債権を回収するのが常であり、預貯金者の交替は、相殺を事実上、困難にするからである。譲渡制限特約について善意かつ無重過失の第三者は有効に預貯金債権を取得することができるが、預貯金債権に譲渡制限特約がついていることは公知_{こうち}（誰でも知っていること）の事実なので、第三者の無重過失が認められることはまずないといってよい。金融機関が同意しない預貯金債権の譲渡は実際には不可能である。

　なお、譲渡制限特約のある預貯金債権に対して強制執行をした差押債権者には466条の5第1項は適用されないので（同条2項）、差押債権者は預貯金債権に対して強制執行を行い、取立て等をすることができる。この点は預貯金債権も一般の債権も同じである。

4　債務の引受け

(1) 債務の引受けとは

　債権者が交替する債権譲渡があるように、債務者が交替する**債務の引受け**_{ひきう}という制度がある。債務（借金など）を引き受けても何のメリットもないといえそうだが、この制度がないと困る場合がある。あるデパートが自己の店舗を他のデパートに譲渡するケースを考えてみよう。

　デパートは、商品を仕入れるなどメーカーや卸売店と様々な取引を行っている。デパートはこれらの取引先に対して商品の納入を求める債権を有するのに対し、他方でこれらの商品の代金を支払う債務を負っている。デパートがある店舗を他のデパートに譲渡する場合、取引先に対する債権を譲渡するととも

に、取引先に対する債務も引き受けてもらわなければならない。

このような場合においては、債権譲渡のほかに債務の引受けという概念が必要となってくるが、従来、民法典は規定を欠いていた。そこで、改正法では新たに債務の引受けに関する規定が置かれることになった。

債務の引受けには、**引受人**が債務者と連帯して債務者が負担する債務と同一内容の債務を引き受ける**併存的債務引受**（470条1項）と、引受人が債務者の負担する債務と同一内容の債務を引き受け、債務者が自己の債務を免れる**免責的債務引受**（472条1項）がある。

(2) 併存的債務引受

① 併存的債務引受の成立

併存的債務引受は、債権者と引受人の契約のほかに（470条2項）、債務者と引受人の契約（債権者の承諾によって効力が発生）によっても成立する（同条3項）。引受人は債務者とともに連帯債務を負う。

② 併存的債務引受の効力

引受人は引受けの効力が生じた時に債務者が主張することができた抗弁をもって債権者に対抗することができる（471条1項）。たとえば、債務者が債権者に対して同時履行の抗弁を有している場合、引受人はこの抗弁を主張して履行を拒むことができる。なお、債務者が債権者に対して債権を有するが、まだ相殺を援用していないとき、連帯債務の関係に立つ引受人は債務者の負担部分の限度で履行を拒絶できることになる（439条2項）。

また、債務者が債権者に対して取消権または解除権を有するときは、引受人は、これらの権利の行使により債務者が債務を免れるべき限度において債務の履行を拒むことができる（471条2項）。

(3) 免責的債務引受

① 免責的債務引受の成立

免責的債務引受は、債権者と引受人の間で契約をすることによって成立し、債権者が債務者に契約をした旨を通知した時に効力が生ずる（472条2項）。また、債務者と引受人の契約に債権者が承諾することによっても成立する（同条

3項）。免責的債務引受においては、債務者が免責され、債務の履行は引受人の資力にかかってくる点が併存的債務引受との違いである。

② 免責的債務引受の効力

免責的債務引受においても、引受人は、引受けの効力が生じた時に債務者が主張することができた抗弁をもって債権者に対抗することができ（472条の2第1項）、債務者が債権者に対して取消権または解除権を有するときは、引受人は、免責的債務引受がなければこれらの権利の行使により債務者が債務を免れることができた限度において債務の履行を拒むことができる（同条2項）。

免責的債務引受の引受人は、債務を弁済しても債務者に対して求償権を取得しない（472条の3）。引受人に求償権を認めれば、債務者を免責した趣旨が失われるからである。

なお、債権者は、免責される債務者の債務の担保として設定された担保権（抵当権など）を引受人が負担する債務の担保に移転することができるが、引受人自身が担保権を設定していた場合（引受人が免責される債務者に対して物上保証人の地位にあった場合）を除き、担保権設定者の承諾が必要である（472条の4第1項）。免責される債務の保証人であった者に引き続き引受人の債務を保証させようとする場合も、その者の承諾が必要であり、かつ、書面でしなければならない（同条3項～5項）。

5　契約上の地位の移転

(1) 契約上の地位の移転とは

単に契約から生ずる債権や債務を移転するのではなく、債権・債務の元となる契約上の地位（売主・買主、賃貸人・賃借人、保険契約者たる地位など）そのものを第三者に移転することを**契約上の地位の移転**という。

たとえば、小売店Aが卸売店Bから継続的に商品を仕入れていたが、Aが廃業してCに事業を継承してもらう場合、AのBに対する取引関係をCに引き継いでもらわなければならない。この場合、単なる債権譲渡ではなく、買主としての地位の移転が必要である。

⑵ 契約上の地位の移転の要件・効果

　契約上の地位の移転の要件は、契約当事者の一方（譲渡人）と第三者（譲受人）の間で契約上の地位を譲渡する旨の合意を行い、契約の相手方がその譲渡を承諾することである（539条の2）。契約上の地位の移転には、債権の譲渡のほかに債務の引受け（免責的債務引受）の要素も含まれるからである（上記の例では相手方Bからすれば Cが代金を払ってくれるかわからないから、Bの承諾なしにはAは買主の地位を移転できない）。

　その効果は、契約上の地位の移転を受けた譲受人が新たな契約当事者となり、譲渡人は契約関係から離脱することである。債権・債務のみならず、契約の取消権や解除権も移転する点が単なる債権の譲渡あるいは債務の引受けとの違いである。

　なお、賃貸人の地位の譲渡に関しては相手方である賃借人の承諾は不要であること（605条の2、605条の3）は前に述べたとおりである（**6**章6⑶参照）。

13章 弁 済

1 債権の消滅と弁済

(1) 債権の消滅原因

① 弁済による債権の消滅

債権は、債務者が債権者に対して債務の弁済をしたときに消滅する（473条）。**弁済**とは、債権の給付内容を実現し、債務を消滅させる行為のことであり、最も典型的な債権の消滅原因である。「履行」も同じ意味で使われるが、「弁済」は債権を消滅させるという視点からの表現、「履行」は債権の実現に視点をおいた表現である。

② 弁済以外の原因による債権の消滅

弁済以外の原因で債権が消滅することがある。弁済と同様に債権を満足させる行為として代物弁済、供託、相殺（供託は本章3で、相殺は**14章**で述べる）、それ以外の特殊な債権の消滅原因として更改、免除、混同がある。

代物弁済とは、弁済者（弁済をすることができる者）が債権者との契約に基づき、本来の給付に代えて他の給付をすることにより債務を消滅させることをいう（482条）。弁済者が当該給付をしたときに弁済と同一の効力が生ずる。

更改とは、当事者が従前の債務に代えて新たな債務を発生させる契約をすることで、これにより従前の債務は消滅する（513条）。具体的には給付の内容についての重要な変更、債務者または債権者の交替を行うことである。

免除とは、債権者の一方的な意思表示により債務者の債務を免れさせ、債権を消滅させる行為である（519条）。

混同とは、債権および債務が同一人に帰することをいい、債権を存続させる必要がなくなるので、その債権は消滅する（520条）。A会社がB会社に対して債権を有していたが、AがBを吸収合併した場合、この債権は混同により消滅

する。

さらに債権固有の消滅原因ではないが、消滅時効<ruby>消滅時効<rt>しょうめつじこう</rt></ruby>も債権の消滅原因として重要である（消滅時効および時効一般は**総則・8章**を参照）。一般の債権は、「権利を行使することができる時から10年」または「債権者が権利を行使することができることを知った時から5年」の期間、債権者が権利を行使しなかったとき、時効によって消滅する（166条1項）。ただし、生命・身体の侵害による損害賠償請求権については、生命・身体が重要な法益であることから、「権利を行使することができる時」から「20年」という長い時効期間が定められている（167条）。なお、不法行為による損害賠償請求権（これも債権である）の消滅時効は独自の規定があり（724条）、**16章5**(2)で詳述する。

(2) 弁済の方法・費用

① 弁済の時期・時間

弁済すべき時期（弁済期）は履行期ともいい、債務者が履行遅滞になる時期として規定されている（412条）。損害賠償責任（415条1項）および解除権（541条）が発生するかどうかの基準としての意義を有する（履行期は**2章3**(3)①参照）。

弁済すべき時間または弁済を請求できる時間は、法令・慣習により取引時間がある場合、その取引時間内に限り、弁済または弁済の請求ができる（484条2項）。

② 弁済の場所

弁済の場所は、債権者の現在の住所地で弁済するのが原則であり（484条1項）、このような債務を持参債務<ruby>持参債務<rt>じさんさいむ</rt></ruby>という（債務者の住所地で弁済する債務すなわち債権者が取立てを行う債務を取立債務<ruby>取立債務<rt>とりたてさいむ</rt></ruby>という）。ただし、特定物の引渡しについては債権発生時（契約締結時）においてその物が存在した場所で弁済する（同項）。

③ 金銭債務における弁済の方法に関する特則

金銭債務について当事者間に合意がある場合は、債権者の預貯金口座への払込み（振込み）によって弁済をすることができる。この場合、債権者が預貯金口座の債務者（銀行などの金融機関）に対して払込みに係る金額の払戻し請求権を取得した時（入金記帳がされた時）に、弁済の効力が生じ（477条）、債権が消滅する。

④ 弁済の費用

弁済の費用は、原則として債務者が負担するが、債権者の都合で増加した費用は債権者が負担する（485条）。

2　弁済の提供

(1) 弁済の提供とは

① 弁済の提供の目的

債務者が債務の本旨に従って弁済しようとしても債権者がこれを受領しなければ、債権は消滅しないので、債務者は不履行の責任を追及されるなどの不利益を受ける。債務者としてはなすべきことをしたのに債権者が受領しないことでこのような不利益を受けるのは公平ではない。このような誠実な債務者を救済するため債務者を債務不履行責任から解放する制度が**弁済の提供**である（「履行の提供」ともいう）。

② 弁済の提供と受領遅滞の関係

ところで、弁済の提供に関連する制度として前述した受領遅滞（413条）がある（**2章5**参照）。この両者の関係はどのように理解したらよいであろうか。弁済の提供は、債務者を不履行の責任から解放する制度であり、債権者が弁済を受領しなかった場合に債権者が一定の不利益を受けることが受領遅滞であるといえよう。両者の要件は重なる部分もあるが、一方は債務者に対する効果（免責）を定め、他方は債権者に対する効果（不利益の負担）を定めるものである。

(2) 弁済の提供の効果

① 債務不履行責任を免れさせること

弁済の提供の効果は、債務者を債務不履行から生ずる責任を免れさせることである（492条）。具体的にいえば、債務不履行すなわち履行遅滞（412条参照）による損害賠償責任（415条1項）が生じないこと、相手方から契約を解除（541条、542条）されないことである。ただし、弁済の提供をしたからといって債務そのものは消滅しない（債権者が受領しない場合に債務を免れるためには供託（494条）が必要となる）。債権者が受領しようとする場合は、債務者は改めて弁済の提供を

しなければならない。

② 双務契約において相手方の同時履行の抗弁を失わせること

3章**2**でも述べたように、双務契約においては一方が履行（弁済）の提供を
するまでは相手方も履行しなくてよいという同時履行の抗弁（533条）が認めら
れている。相手方に履行請求をし、あるいは契約を解除するためには、弁済の
提供をして同時履行の抗弁を失わせ、相手方を債務不履行状態にする必要があ
る。つまり、弁済の提供は同時履行の抗弁を失わせる効力を有する。解除する
ためには催告が必要であるが（541条）、相手方が同時履行の抗弁を有する場合
は、催告に加えて弁済の提供をしなければならないことになる。

(3) 弁済の提供の要件・方法

① 現実の提供

何をもって弁済の提供があったといえるのだろうか。債務者が免責される
ためには最低限何をする必要があるのだろうか。それは、債務の本旨に従って現
実に弁済を提供することである（493条本文）。これを**現実の提供**という。換言
すれば、債務者としてなすべきことをして債権者が受領できるだけの状態にす
ることである。

現実の提供といえるためには、「債務の本旨に従った」提供をすることが必
要である。債務の本旨に従わない提供（一部の提供や不完全な物の提供など）がな
されても、債務者は免責されず、反対に債権者は受領を拒絶することができ、
改めて債務の本旨に従った履行を請求することができる（100万円の債務を負って
いる者が80万円返すといってきたとき、債権者はこれを一部弁済として受領してもよい
が、受領を拒絶して全額の弁済を請求することができる）。

履行期が経過した後の弁済は債務の本旨に従った弁済といえないが、遅延賠
償（遅延損害金）とともに提供するときは、有効な提供といえる（遅れて返済する
借主は元本と利息のほかに遅延損害金をあわせて提供しなければならない）。

つぎに「現実に」提供することが必要である。どこまで提供すべきかは、慣
習や信義則によって決まる。債権者の住所で弁済をするような持参債務におい
ては、債権者の住所に物や金銭を持参して債権者が受領できる状態にすること
が必要である。不動産売買の売主の場合は、期日に登記の準備をして登記所に

出頭することが現実の提供となる。

② 口頭の提供

弁済の提供といえるためには現実の提供が必要であるが、例外的に**口頭の提**<ruby>こうとう</ruby>**供**で十分な場合がある。口頭の提供とは、弁済の準備をしたことを通知して受領を催告することである（493条ただし書）。

口頭の提供で足りる第1の場合は、債権者があらかじめ受領を拒絶したときである。この場合、現実の提供は可能であるが、債権者が受領を拒んでいるため、現実の提供をしても受領しないことが明らかであるので、口頭の提供だけで弁済の提供があったものとするのである（債権者が受領するかもしれないから債務者は弁済の準備を常にしておくことが必要となる。債務者がこの負担を免れるためには後述の供託をするしかない）。

口頭の提供で足りる第2の場合は、履行について債権者の行為つまり協力が必要なときである。具体的にいえば、債権者が先行して一定の行為をしなければ債務者の履行が完了しない場合である。たとえば、債権者が供給する物に加工する債務や、債権者が指定する場所で履行する債務などがそれに当たるであろう。

債権者も弁済に協力する必要があるので、債務者はその協力に応じた提供をすれば足りる。たとえば、慣習に従って引渡場所を「深川渡」と約した場合において売主が特定の倉庫に引渡しの準備をした上で準備完了したことを買主に通知したとき、倉庫の所在を指示しなくても買主が売主に問合せ等をすればその場所を容易に知りうるので、有効な弁済の提供となる（大判大正14年12月3日民集4巻685頁・深川渡事件）。<ruby>ふかがわわたし</ruby>

なお、判例は、債権者が契約の存在を否定するなど受領拒絶の意思が明確な場合は、口頭の提供を求めることは無駄であるから、口頭の提供をしなくても債務不履行にはならないとする（最大判昭和32年6月5日民集11巻6号915頁）。逆に債権者側において受領拒絶の態度を改め弁済の提供があれば受領する旨を表示するなど、受領遅滞の状態を解消させる措置をとらないと債務不履行責任を問うことができなくなる（最判昭和45年8月20日民集24巻9号1243頁）。

3 供託 (弁済供託)

(1) 供託の意義

　供託とは、弁済の目的物を供託所に寄託して債務を消滅させることをいう（供託は色々な目的でなされるが、この供託は債務を消滅させる手段としての「弁済供託」である）。前述したとおり、弁済の提供だけでは債務は消滅しない。債権者が受領をしない場合であっても債務者は常に弁済できる準備をしておかなければならないので、この負担から解放させるのが供託という制度である。家賃をめぐるトラブルなどで賃貸人が家賃の受領を拒絶する場合、賃借人は家賃を供託することにより賃料債務を免れることができる。

(2) 供託の要件

① 供託原因

　債務者が供託できる場合、つまり供託原因は、弁済の提供をした場合において債権者が受領を拒んだとき（494条1項1号）と、債権者が弁済を受領できない（受領権限がない、法定代理人がいないなど）ときである（同項2号）。さらに過失なくして債権者を確知できない場合も供託ができる（494条2項）。相続をめぐる争いにより相続人が確定していない場合などがそうである。

② 供託の目的物

　供託の目的物は、債務の本旨に従った弁済と同一内容であることが必要で、一部供託は無効である。供託に適さない物であるときは、裁判所の許可を得て目的物を競売してその代金を供託することができる（497条）。これを自助売却という。

③ 供託の方法

　供託は、債務の履行地の供託所にしなければならない（495条1項）。供託をした者は、遅滞なく債権者に供託の通知をしなければならない（同条3項）。

(3) 供託の効果

　弁済者が供託した時に債権は消滅する（494条1項）。債権者が供託を受託し

ない間は、供託者は供託物を取り戻すことができる（496条1項）。取戻しにより供託しなかったものとみなされ、債権の消滅の効果は生じない。

　供託がなされた場合、債権者には供託物の還付請求権が発生する（498条1項）。

4　弁済の受領権者（弁済の相手方）

(1) 弁済の受領権限を有する者

　弁済を受領することができる者（受領権者）は、債権者のほか法令の規定または当事者の意思表示により弁済受領権限を与えられた第三者である（478条参照）。弁済の受領権者に対して弁済することにより弁済の効力が生じ、債権が消滅するのである（473条）。弁済受領権限を与えられた第三者には、債権者の代理人、債権質権者、破産管財人、取立権限を取得した差押債権者、債権者代位権を行使した債権者などが含まれる。

(2) 弁済受領権限を有しない者に対する弁済

　債権者であっても弁済受領権限を有しない者が存在する。差押えを受けた債権者、債権を質入れした債権者、破産者などである。なお、差押えを受けた債権の債務者（第三債務者という）が自己の債権者に弁済した場合、差押債権者に対抗できないので、第三債務者は差押債権者に再度、弁済しなければならない（481条1項）。

　弁済受領権限のない者に対する弁済は、弁済としての効力が生じない。弁済の受領権限を有する者に改めて弁済する必要がある。ただし、弁済受領権限のない者に対する弁済であっても債権者が利益を受けた限度でのみ効力を生ずる（479条）。

　しかし、受領権限のない者に対する弁済であっても、弁済が例外的に有効になる場合がある。それが478条に定める「受領権者としての外観を有する者」に対する弁済であるが、次項以下で述べる。なお、旧480条は受取証書（領収書）の持参人に対する弁済も有効としていたが（受取証書の持参人は弁済受領権限があるものとされた）、改正法において同条は削除された。

(3) 受領権者としての外観を有する者に対する弁済

① 民法478条の趣旨

受領権者以外の者であって取引上の社会通念に照らして受領権者としての外観を有するものに対してした弁済は、弁済をした者が善意・無過失のときに限り、効力を有する（478条）。

受領権限がない者に対する弁済は無効であるはずなのに、なぜ、このような場合に弁済が有効になるのであろうか。その趣旨は、弁済をする者が弁済の相手方に受領権限があると正当に信頼してした弁済を有効なものと扱い、弁済をした者を保護するためである。これは表見代理（109条以下）や即時取得（192条）と同様に権利の外観を信頼して取引をした者を保護する制度の1つである（478条は相手方の受領権限の存在に対する弁済者の信頼の保護が目的である）。

しかし、このことは、債権が消滅することにより権利を失う真の債権者に犠牲を強いることを意味する。なぜそれが正当化されるのであろうか。

銀行その他の金融機関のように、債務の弁済が頻繁に、かつ、大量になされるところでは、これを迅速かつ簡便に処理することが要請され、受領権限のない者に対する弁済をすべて無効とすると弁済事務が滞ってしまい適切でない。478条は、受領権者としての外観を有する者に対して十分な注意を尽くして弁済すれば、弁済受領者に受領権限がなくても弁済を有効とすることによって善意で弁済した者を保護するものである（その結果、再度の弁済を免れる）。他方、権利を失う真の債権者の保護を図る必要があるので、弁済をする者に善意のほかに無過失が要求されている。

② 民法478条の問題点

478条は、実質的に金融機関の責任を免除する制度として機能しているが、他方で、被害を受ける預貯金者の保護という面からは問題がないわけではない。特に偽造カード・盗難カードにより不正に預貯金を払い戻されて被害を受けた預貯金者は、特別に保護をする必要がある。落ち度のない預貯金者に盗難や偽造による被害のリスクを押し付けるのは妥当でないからである。しかし、478条によって預貯金者を保護するには限界がある。こうした預貯金者を救済するためには特別法の制定が必要である。これについては後述する。

⑷ 民法478条により弁済が有効になるための要件

① 受領権者としての外観を有する者

受領権者でない者に対する弁済が有効になるためには、弁済の相手方が「取引上の社会通念に照らして受領権者としての外観を有する」者であることが必要である。478条が弁済の相手方の受領権限の存在を信頼して弁済した者を保護する制度である以上、相手方は受領権者としての外観を有していなければならないからである。

本条は、旧法では「債権の準占有者」に対する弁済として規定されていたが、債権の準占有者とは「自己のためにする意思をもって財産権を行使する者（205条）」であって、受領権者としての外観を有する者とは一致しない（債権者の代理人などは「債権の準占有者」とはいいがたい）。本条が、弁済の相手方の受領権限の存在に対する信頼の保護を目的とするという観点からすれば、「債権の準占有者」という概念はふさわしくなく（205条は債権の準占有者を保護する制度であり、弁済をする者を保護する478条の趣旨とは適合しない）、改正法においては受領権者としての外観を有する者へと変更された。

受領権者としての外観を有する者の例としては、銀行預金の通帳と印鑑を所持している者、表見相続人（相続人のような外観を有するが相続権がなかった者）、債権譲渡が無効または取り消された場合の債権の譲受人、債権の二重譲渡における劣後する譲受人などが挙げられる。

債権者の代理人と称する者（詐称代理人）に対する弁済に478条が適用されるかについて、旧法下においては議論があり、判例はこれを肯定していた（最判昭和37年8月21日民集16巻9号1809頁など）。改正法は債権の準占有者に対する弁済に代えて受領権者としての外観を有する者に対する弁済と規定したことから、適用されるのは当然である。

② 弁済者の善意・無過失

478条は、真の債権者の犠牲において弁済をした者を免責するものであるから、その信頼が保護に値するものであること、すなわち弁済をする者は無過失でなければならない。ここでいう無過失とは、弁済受領者に受領権限があると信頼したことに過失がないこと、換言すれば、本人確認のために十分な注意義務を尽くしたということである。では、本人確認のために（特に預貯金の払戻し

において) 弁済をする者は具体的にどこまで注意を払うべきか。

　銀行で預金の払戻しをする場合、本人確認は、払戻し請求書に押印された印影(いん)と事前に銀行に届けられた届出印の印影を照合することによって行われるが、窓口の係員が印影の一致を確認しただけで無過失といえるであろうか。一般に銀行預金約款は照合すれば免責されると定めるが、挙動不審やその他の事情から本人でないことを知りうる場合は、過失を認定すべきである。

　今日では、銀行の窓口ではなく、カードや通帳を用いて現金自動預払機(ATM) 等によって払戻し (機械払) が行われるのが一般的である。では、無権限者がカード等を用いて機械払によって払戻しを受けた場合、478条の適用はあるのであろうか。あるとすれば、機械払における無過失 (金融機関の注意義務) とは何であろうか。

　金融機関は、発行するカードや通帳の暗証番号と入力した暗証番号が一致した場合に払い戻すものであり、機械が払戻しをするので、窓口で払い戻す場合におけるような善意・無過失を問題にすることはできない。

　これに関して、通帳機械払による払戻しにつき478条の適用を認め、銀行には機械払システムの設置管理の全体について無権限者による払戻しを排除しうるよう注意義務を尽くすことが必要であり、これを怠ったとして銀行の過失を認めた最高裁判決がある (最判平成15年4月8日民集57巻4号337頁。銀行預金約款において通帳機械払の規定を欠いていた事例)。

　暗証番号の管理が不十分な場合、すなわち支払システム (受領権限を確認するシステム) の安全性が欠けている場合は免責約款の効力は否定され、銀行は責任を負うといえよう (暗証番号が容易に見破られる場合、盗難届・紛失届が出ているのに銀行の対応が遅れて支払がなされた場合など)。偽造・盗難カード預貯金者保護法については後述する。

　善意・無過失の立証責任は、弁済の有効性を主張する弁済をした者の側にある。なお、権利外観法理においては権利を失う側の帰責事由(きせきじゆう)が要求されることが多いが (表見代理など)、本条は債権者の帰責事由 (預金者が第三者に通帳と印鑑を預けていた等の事情) を要件としていない。弁済業務においては迅速性・簡易性が要請され、かつ、債務者には弁済義務があり、これを怠ると債務不履行責任を問われるので、債権者の帰責事由まで要求されれば、弁済業務の迅速化・

円滑化が阻害されてしまうからである。

③ 弁済以外の行為に対する民法478条の適用

　478条が狭義の弁済以外の行為に対しても適用ないし類推適用されることを判例は認めている。たとえば、定期預金（一定期間、払戻しを制限する代わりに普通預金より高い利息をつける預金）の預金者でない者が定期預金の満期より前に払戻しを請求し、金融機関が預金者と誤信して払戻しをした場合である。定期預金の期限前払戻しは、定期預金契約の合意解約（一種の契約である）をした上で払戻し（弁済）をするものであるから、単純な弁済とも異なる（金融機関は期限前払戻しに応ずる義務はない）。しかし、期限前払戻しにおける弁済の具体的内容（元本＋普通利息）が契約時に合意により確定されているから（期限後払戻しとは受取利息の違いに過ぎない）、478条の「弁済」に該当し、同条の適用が認められている（最判昭和41年10月4日民集20巻8号1565頁）。

　金融機関が取引先に対して定期預金を担保に融資し、融資が返済されない場合に定期預金と相殺して債権を回収する貸付方法を預金担保貸付という。最高裁は、金融機関が預金者でない者を預金者であると誤信して貸し付けて、誤信したことに過失がない場合、478条を類推適用して預金債務と貸付債権を相殺することを定期預金の期限前払戻しと同視できるとして有効とした（最判昭和48年3月27日民集27巻2号376頁）。貸付行為時に善意・無過失であればよく相殺の意思表示時に悪意になっていてもよい（最判昭和59年2月23日民集38巻3号445頁）。

　貸付行為は契約であり弁済ではないので、表見代理規定の適用ないし類推適用も考えられるが、この貸付けは後に預金との清算（相殺）が予定されているので（貸付プラス相殺を一体的にとらえることが可能）、実質的に定期預金の期限前払戻しと同視できるのである。

　保険契約者貸付についても、保険会社は解約返戻金の範囲内で保険契約者に貸し付けることができるが（保険金または解約返戻金の支払の際に貸付金が差し引かれる）、契約者でない者が貸付けを受けた場合、判例は478条が類推適用されるとしている（最判平成9年4月24日民集51巻4号1991頁）。

(5) 民法478条の効果・特別法による預貯金者保護

① 民法478条の効果

　受領権者としての外観を有する者に対してした弁済は、弁済した者が善意・無過失である限り、有効となる（478条）。弁済をした者は債権者に改めて弁済する必要はなく免責される。債権者は、弁済受領者に対して不当利得による返還請求（703条、704条）をするか、不法行為による損害賠償請求（709条）をするほかない。偽造カードや盗難カードによる払戻しで被害を受けた預貯金者は、次に述べるように特別法による救済が受けられる。

② 特別法による預貯金者の保護

　偽造カードや盗難カードによって不正に預貯金を引き出される被害が続出したのを受け、こうした預貯金者を救済するため、民法478条に関する特別法として**偽造・盗難カード預貯金者保護法**（「偽造カード等及び盗難カード等を用いて行われる不正な機械式預貯金払戻し等からの預貯金者の保護等に関する法律」）が制定された（2005年成立・2006年施行）。

　同法による預貯金者保護の内容は、偽造カード等によるものか盗難カード等によるものかによって救済方法が異なる。偽造されたカード・通帳による機械式預貯金払戻しは、預貯金者の故意または重過失がない限り、民法478条は適用されない（偽造・盗難カード預貯金者保護法3条、4条）。払戻しは無効となるので、預貯金者は金融機関に再度の弁済を請求することができる。

　盗難された真正なカード・通帳による機械式預貯金払戻しは、478条の適用はあるが（払戻しは有効）、預貯金者は一定の要件の下、払戻し額に相当する金額の「補てん」を求めることができる（偽造・盗難カード預貯金者保護法5条）。この場合、金融機関への盗難届の提出、金融機関による調査への協力、警察に被害届を提出していることの申し出が必要である。預貯金者に過失のないときは全額補てんされ、預貯金者に過失等がある場合は、過失の程度により、補てんされる額が減額されたり、補てんを受けられなかったりする。

5　弁済の証拠・弁済の充当

(1) 弁済の証拠

　弁済をする者は弁済と引換えに弁済受領者に対して受取証書（領収書）の交付を請求することができる（486条）。すなわち、弁済と受取証書の交付は同時履行の関係に立つ。弁済者に弁済の証拠を確実に取得させるためである（**3章2(2)①**も参照）。また、弁済者が全部の弁済をした場合、債権者に対して債権証書の返還を請求することができる（487条）。この場合は同時履行の関係に立たない。

(2) 弁済の充当

① 弁済の充当とは

　弁済の充当とは、債務者が同一の債権者に対して複数の債務を負担する場合、弁済として提供した給付がすべての債務を消滅させるのに足りないとき、そのうちのいずれかの債務を消滅させていくことである（488条1項参照）。民法は、どの債務から充当すべきかについてのルールを定めている。弁済の充当には、元本・利息・費用間における充当と、同種の債務間における充当がある。

② 弁済の充当に関するルール

　ある債務について元本・利息・費用を支払うべき場合は、費用・利息・元本の順に充当する（489条）。

　同種の債務間においては、弁済をする者に充当を指定する権利があり（488条1項）、弁済をする者が指定をしない場合は、弁済を受領する者が指定する（同条2項）。これを指定充当という。

　充当の指定がない場合は、弁済期にある債務、債務者のために弁済の利益の多い債務、先に弁済期が到来する債務から充当する（同条4項）。これを法定充当という。

　なお、弁済をする者と弁済を受領する者の間に充当に関する合意があれば、それが優先する（490条）。これを合意充当という。

6　第三者の弁済・弁済による代位

(1) 第三者の弁済

① 弁済に正当な利益を有する第三者の弁済

　債務の弁済は、債務者以外の第三者もすることができる（474条1項）。弁済によって債務が消滅することは債務者に利益をもたらすからである。これに関し、弁済に正当な利益を有する第三者は有効に弁済することができるが、弁済に正当な利益を有しない第三者は、②のように弁済が無効になる場合がある。

　弁済に正当な利益を有する第三者として、他人の債務を担保するために自己の不動産に抵当権を設定した物上保証人（369条1項参照）や抵当権が設定されている不動産を取得した者（第三取得者）が挙げられる。これらの者は、被担保債務を弁済することにより抵当権の実行を免れ、自己の不動産の所有権の喪失を回避できるという正当な利益があるからである。

② 弁済に正当な利益を有しない第三者の弁済

　他方、弁済に正当な利益を有しない第三者が債務者の意思に反して弁済をすることはできない（474条2項）。反社会的勢力に属する者がある者の債務を勝手に弁済し、債務者に対して過酷な求償をしたり、その他不当な請求をしたりすることを想像すれば理解できるであろう。ただし、債権者が債務者の意思に反することを知らなかった場合は、弁済は有効とされる（同項ただし書）。

　また、弁済に正当な利益を有しない第三者は、債権者の意思に反して弁済をすることができない（474条3項）。債務者以外の第三者による弁済（履行）を望まない債権者を保護するためである。ただし、第三者が債務者の委託に受けて弁済することを債権者が知っていた場合は、弁済は有効である（同項ただし書）。

　このほか、債務の性質が第三者の弁済を許さない場合や、第三者の弁済を禁止・制限する特約がある場合は、第三者は弁済することができない（474条4項）。

(2) 弁済による代位

① 弁済による代位とは

　債務者のために弁済した者は債権者に代位する（499条）。「代位する」とは、

ある者の地位に他の者が代わって入ることである。債権者が有していた債権（原債権という）および担保権等の権利が弁済をした者に移転することを意味する。

　債務者のために弁済した者とは、保証人や連帯債務者のように自らも債務者として弁済した者と、物上保証人や第三取得者のように自らは債務を負っていないが債務者のために弁済した第三者が含まれる。たとえば、保証人が主たる債務者のために弁済した場合、保証人は主たる債務者に対する求償権を取得するが（459条1項）、同時に債権者が主たる債務者に対して有していた一切の権利（担保権など）を行使することができる。

　これらの者は自らの求償権を行使することができるが、債権者が有していた担保権などを併せて行使することができるので、求償権の実現を確保する機能を有する。

② 弁済による代位の効果

　弁済によって債権者に代位した者は、債権の効力および担保権として債権者が有していた一切の権利を行使することができる（501条1項）。この場合、弁済に正当な利益のない第三者が弁済した場合、債務者に対して通知するか債務者が承諾しなければ債務者に対してこれらの権利を行使することができない（500条による467条の準用）。保証人や物上保証人のように弁済に正当な利益を有する者が代位する場合は、通知または承諾は不要である。

　代位によって権利を行使できる範囲は、自己の求償権の範囲に限られる（501条2項）。したがって、原債権の範囲が求償権の範囲を超えても求償権の範囲内でしか原債権を行使できない。また、求償権の範囲が原債権の範囲を超えた場合も、原債権の範囲を超えて行使することはできない。

③ 代位者相互の関係

　代位者が複数いる場合の相互の関係について、民法はそのルールを定めている。代位者のうちの一部の者だけが有利にならないようにするためである。

　第1に、第三取得者は、保証人および物上保証人に対して債権者に代位しない（501条3項1号）。第三取得者が弁済しても保証債務の履行を請求できず、物上保証人の有する担保不動産について担保権を実行することができない。

　第2に、第三取得者の1人は、各財産の価格に応じて他の第三取得者に対して債権者に代位する（同項2号）。このことは物上保証人の1人が他の物上保証

人に対して代位する場合に準用される（同項3号）。たとえば、AのBに対する1500万円の債権を担保するため、Cの甲地（時価900万円）とDの乙地（時価600万円）に抵当権が設定され（C、Dは物上保証人）、CがBの債務を弁済した場合、CはAに代位して乙地の抵当権を実行することができ、600万円につき優先弁済を受けられる（甲地と乙地の価格の割合は3：2なので、債権額1500万円のうちCが900万円、Dが600万円を負担する）。

第3に、保証人と物上保証人との間においては、その数に応じて債権者に代位する（同項4号）。物上保証人が数人いる場合は、保証人の負担部分を除いた残額について各財産の価格に応じて債権者に代位する（同号ただし書）。上記の例で、C、Dのほか保証人Eがいた場合、1500万円を3等分した500万円がEの負担部分で、残りの1000万円はCとDの財産の価格に応じて代位し、Cは600万円、Dは400万円を負担するので、EがBの債務を弁済したとき、EはAに代位して甲地と乙地の抵当権を実行し、それぞれ600万円、400万円につき優先弁済を受けられる。

なお、保証人が複数いる場合（共同保証の場合）、保証人は自己の負担部分を超えて弁済した額について求償権を有するが（465条）、その範囲内で原債権を行使できる（501条2項）。以上のほかにも色々な組合せがあるが、省略する。

④ 弁済による代位に伴う債権者の義務

第三者の弁済を受けた債権者は、代位者に債権証書と自己が占有する担保物を交付しなければならない（503条1項）。代位者が債権者の権利を行使することを容易にするためである。

また、債権者が故意または過失によって担保（抵当権など）を喪失または減少させたときは、代位権者（保証人や物上保証人などの弁済に正当な利益を有する者）は、担保の喪失または減少によって償還を受けることができなくなる限度で責任を免れる（504条1項）。たとえば、AがBに対する1000万円の債権を担保するため、B所有の不動産（800万円相当）に抵当権を有するとともに、CがBの債務を保証していた場合において、Aがこの抵当権を放棄したとき、これによって優先弁済を受けられるはずであった800万円の限度でCは責任を免れる。債権者は、代位権者の代位に対する期待を損なわないように担保保存義務を負うので、これを怠ったときは債権者が不利益を受けなければならないのである。

14章 相殺

1 相殺の意義

(1) 債権の消滅原因としての相殺

相殺とは、相対立する同種の債権どうしにおいて当事者の一方的意思表示により対当額で債権を消滅させることをいう（505条1項）。

このとき、相殺する側が有する債権を**自働債権**（「反対債権」ともいう）、相殺の相手方が有する債権を**受働債権**という。また、債権が相殺できる状態にあること（相殺の要件を具備していること）を**相殺適状**という。

AがBに80万円、BがAに100万円の債権を有していた場合を例に相殺をわかりやすく分析すれば、Aが相殺する場合、AはBから80万円を取り立てるのと同時に、Bに対して80万円弁済することを意味する。この結果、A、Bともに対当額すなわち80万円について債権が消滅し、あとはBのAに対する20万円の債権が残ることになる。

(2) 相殺の機能

なぜ相殺という制度が存在するのであろうか。相殺という制度がなければ、上記の例でいえば、Aは現実に100万円を用意し、Bも80万円を用意して弁済しなければならないのに対し、相殺は意思表示のみで互いの債務を清算することができる（AがBに20万円支払えば済む）。これを相殺の簡易決済機能という。

また、相殺は当事者双方の公平を図るものである。相殺という制度がなければ、当事者の一方は資力がある限り全額弁済しなければならないのに、無資力の相手方からは債権を回収できないことになり、不公平である。相殺は双方の当事者をして互いに債権を回収させることになるので公平な結果をもたらす。これを相殺の公平維持機能という。

さらに、相殺によって他の債権者より事実上優先的に債権を回収できることがあげられる。これを相殺の担保的機能という。詳しくは本章4で説明するが、相殺は簡易な債権担保（回収）手段として特に金融機関で重要な働きをしている（銀行は預金を担保にして貸付けを行っている）。

⑶ 法定相殺・相殺契約・相殺予約

民法505条の相殺を法定相殺ということがある。当事者の一方的な意思表示によって双方の債権を対当額で消滅させることであり、単独行為である。

これに対して、両当事者の合意によって双方の債権を対当額で消滅させることはもちろん可能であり、これを相殺契約という。民法の相殺の要件（505条）を具備する必要はなく、法定相殺ができない場合でも互いの債権を清算することができる。

また、将来一定の条件が生じたとき（受働債権が第三者に差し押さえられたときなど）、相殺ができる旨をあらかじめ合意しておくことがあるが、これを相殺予約という。

2　相殺適状・相殺の禁止

⑴ 相殺適状

相殺適状すなわち2つの債権が相殺できる要件は次のとおりである（505条1項）。

① 当事者間の相対立する同種の債権の存在

同種の債権であれば相殺可能であるが、通常は金銭債権が問題となる（貸金債権と代金債権、預金債権と貸金債権など）。同一の当事者間の相対立する債権であることが必要であるが、他人に対して有する債権あるいは他人が相手方に対して有する債権をもって相殺できる場合もある。前者の例として、債権譲渡において債務者が債権の譲渡人に対する債権による相殺をもって譲受人に対抗すること（469条1項。**12章2**⑴参照）、後者の例として、他の連帯債務者または主たる債務者が債権者に対する債権をもって連帯債務者または保証人が債務の履行を一定の限度で拒めること（439条2項および457条3項。**11章3**⑴②および同**5**⑴

②参照）が挙げられる。

② 双方の債権の弁済期の到来

相殺するためには双方の債権の弁済期が到来していなければならない。相殺は相手方の債務を強制的に履行させるものであるから、弁済期が到来していなければ権利行使できないからである（136条1項。期限の利益は債務者のためにある）。

もっとも、受働債権（相殺する当事者の債務）の弁済期が未到来である場合は、期限の利益を放棄して弁済することができるから（136条2項）、自働債権の弁済期が到来すれば、相殺することができる。反対に、受働債権の弁済期が到来していても自働債権の弁済期が到来していなければ相殺することはできない。

たとえば、AがBに対して売買代金債権100万円を有し、弁済期は4月30日であり、BもAに対して貸金債権100万円を有し、その弁済期は5月31日である場合、Bが4月30日を過ぎても代金を支払わなかったとき、Aは自己の債務（受働債権）について期限の利益を放棄して直ちに相殺することができるが、Bは自働債権の弁済期が未到来であるので相殺することはできない。

③ 債務の性質が相殺を許さないものでないこと

AがBに雇われて10日間労働する債務と、BがAに雇われて同種の仕事を7日間労働する債務を相殺できないのは当然である。債務の性質が相殺を許さないものであるからである（505条1項ただし書）。

(2) 相殺の禁止

次の場合は、相殺が禁止または制限される。

① 当事者の意思表示によって相殺が禁止または制限されているとき

当事者の合意によって相殺を禁止または制限することができる（505条2項）。ただし、相殺を禁止・制限する特約（相殺制限特約）は悪意または善意・重過失の第三者に限り、対抗できるにすぎない（同項ただし書）。したがって、相殺を禁止する特約のあるAのSに対する債権をBが取得した場合、Bがこの特約を知らず、かつ知らないことに重過失がなければ、この債権をもって自己のSに対する債務と相殺できる。

② 受働債権が不法行為等によって生じた債権であるとき

　不法行為等によって生じた損害賠償債務の債務者は、次の場合、相殺をもって債権者に対抗することができない（相殺が禁止される）。

　その第1が、悪意による不法行為に基づく損害賠償債務の債務者である（509条1号）。不法行為の被害者に現実の弁済を受けさせる必要があること、不法行為の誘発を防止することを理由とする。たとえば、AがBに対する貸金債権の取立てをめぐってBに暴行を加えて大ケガをさせた場合、AはBに対する債権をもってBに対する損害賠償債務と相殺することはできない（反対に不法行為の被害者であるBから相殺することは禁止されない）。相殺の禁止は「悪意による不法行為」の場合に限定されるから、悪意によらない不法行為に基づく損害賠償債務と相殺することは可能である（ここでいう「悪意」は、「知っている」という意味の「悪意」や709条の「故意」とは異なり、積極的に他人を害する意図を意味する）。よって、Aが過失によってBの自動車を損壊した場合、AはBに対する貸金債権をもってBに対する損害賠償債務と相殺することは可能である。

　その第2が、人の生命または身体の侵害による損害賠償債務の債務者である（509条2号）。これらは最も重要な法益の侵害であるから、被害者に現実の賠償を得させる必要が特に強いからである。生命・身体の侵害による損害賠償債務は、不法行為ではなく債務不履行（安全配慮義務違反など）を理由とする損害賠償債務（415条）であってもよい。なお、悪意による不法行為によって生命・身体の侵害がなされた場合は、509条1号によって相殺が禁止されるので、同条2号によって相殺が禁止されるのは、それ以外の原因によって生命・身体が侵害された場合である（過失によって生命・身体を侵害した場合など）。

③ 受働債権が差押禁止債権であるとき

　受働債権が差押禁止債権であるとき、相殺することができない（510条）。差押禁止債権とは、民事執行法152条や特別法（生活保護法、厚生年金法など）で定める年金受給権や給料債権などのことである。これらは自己の生活や家計を維持するために不可欠の債権で、現実に弁済されることが必要だからである。ちなみに労働基準法24条1項は、「賃金は、通貨で、直接労働者に、その全額を支払わなければならない」と定めるが、これは使用者の労働者に対する債権と給料債権を相殺することを禁止する趣旨である。

④ 自働債権が受働債権の差押え後に取得した債権であるとき

本章4において詳述する。

3　相殺の方法・効果

(1) 相殺の方法

相殺は、当事者の一方から相手方に対する意思表示によって行う（506条1項前段）。相殺に条件や期限をつけることはできない（同項後段）。条件をつけると相手方の地位を不安定にするから許されないし、相殺は相殺適状時にさかのぼって効果が生ずるから（506条2項）、期限をつけても無意味であるからである。

(2) 相殺の意思表示の効力

相殺により債務が対当額で消滅する（505条1項）。相殺の意思表示をした時ではなく、相殺適状時にさかのぼって効力が生ずる（506条2項）。すなわち相殺適状時において互いの債務が清算され、消滅するものとされるのである（相殺の遡及効という）。

時効によって消滅した債権が消滅以前に相殺適状になっていた場合、その消滅した債権をもって相殺することが可能である（508条）。AおよびBが互いに100万円の債権を有しており弁済期も到来していたが、その後、Aの債権が時効により消滅した場合であっても、Aは消滅時効にかかった自己の債権をもってBの債権と相殺することができる。当事者間で相対立する債権が存在している場合は、相殺適状に至った時点で対当額で決済されているという期待を保護するためである。

4　差押えと相殺

(1) 相殺の担保的機能

銀行などの金融機関は、取引先に定期預金をさせ、それを担保に融資を行うことがある（預金担保貸付）。金融機関は、取引先が債務を弁済しなければ貸付債権と預金債権を相殺することによって債権を回収する。このように相殺

は、債権回収の手段として重要な機能を果たしている。

　しかし、金融機関の取引先が倒産状態に陥った場合、金融機関とそれ以外の債権者の間で債権回収に関する衝突が生じる（債務者の限られた財産からの回収をめぐる債権者間の争い）。金融機関は貸付債権と預金債権との相殺による回収、それ以外の債権者は預金債権を差し押さえ、そこから取り立てることによって自己の債権を回収することになる。

　差押えとは、債務者が強制執行等を免脱する目的で勝手に自分の財産を処分することを防ぐため、債権者の申立てにより裁判所が債務者に対し財産の処分を禁止する命令をすることであり、債務者の債権が差し押さえられた場合、債務者が第三債務者（差し押さえられた債権の債務者）から取り立てること、および第三債務者が債務者に弁済することが禁止され（民執145条および民法481条）、差押債権者は、差押命令が債務者に送達されてから1週間経過後に、差し押さえられた債権から取立てをすることができる（民執155条）。この場合、相殺による債権回収の期待の保護と差押債権者の利益の調整が必要となる。

　ここでの問題は、当事者間で債権を互いに有しているときは相殺によって決済するという当事者の期待、すなわち相殺可能性のある債権を有しているときは相殺によって確実に債権を回収できる利益を差押えという偶然の事実によって奪ってよいかということであり、その一方で債権額に応じた配当を受けられる差押債権者の利益をいかに保護するかが問題となる。

　民法は、相殺による債権回収の期待ないし利益を保護し、差押えがあっても原則として相殺は禁止されないという立場をとる。差押えによって第三債務者は弁済を禁止されるが、相殺（弁済の要素を含む）まで禁止されるわけではなく、差押え前に取得した債権によって相殺することができるのである（511条）。たとえば、AとBが互いに100万円ずつ債権を有し、さらにBに対してCが100万円の債権を有していた場合、AとCにとって引当てとなるBの財産はBのAに対する債権である。債権者平等の原則に従えばこの100万円の債権はAとCに50万円ずつ分配されるはずであるところ、Aは相殺することによってBから100万円を独占的に回収できることになる（この事例ではCは1円も回収できない）。Aの債権はBの債権によって担保され、Aは事実上優先弁済を受けられる立場にあることになる（AはBの債権に質権を有しているようなものである）。

　相殺が可能であることは当事者にとって債権を確実に回収できることを意味する。これが**相殺の担保的機能**である（反対に相殺ができないことは債権回収が困難であることを意味する）。

(2) 受働債権が差押えを受けた場合の相殺の要件

① 差押え前に取得した債権による相殺

　511条1項は、差押えを受けた債権の第三債務者は、差押え後に取得した債権による相殺をもって差押債権者に対抗することはできないが、差押え前に取得した債権をもって対抗することができるとする。差押え後に取得した債権は、相殺によって債権を回収するという期待が存在しないからである。これに対して、差押え前に取得した債権による相殺は可能であり、条文上、特に制限をつけられていない。

　かつては、自働債権の弁済期が受働債権の弁済期より先に到来する場合に限って相殺が可能とする**制限説**に立つ判例（最大判昭和39年12月23日民集18巻10号2217頁）もあったが、最高裁が、自働債権および受働債権の弁済期の先後を問わず相殺が可能とする**無制限説**に判例変更してから（最大判昭和45年6月24日民集24巻6号587頁）、同説が優勢になり、改正法も無制限説を当然の前提としていると理解されている（条文上明言しているわけではない）。

　両説とも、自働債権の弁済期が受働債権の弁済期より先に到来する場合は相殺を認める。受働債権の弁済期が未到来であっても、その債務者は期限の利益を放棄して弁済でき（136条2項）、相殺の意思表示は期限の利益の放棄とみなしてよいから差押え時に自働債権の弁済期が到来していれば相殺適状が生じたとして相殺は可能である。また、差押え時に自働債権の弁済期が未到来で相殺適状になっていなくても、後に自働債権の弁済期が到来すれば相殺は可能である。差押債権者は受働債権を差し押さえてもその債権の弁済期が到来するまでは履行請求できず、履行請求できる状態になったときはそれ以前に自働債権の弁済期が到来しており、受働債権と相殺することができる関係にあり、そうした将来の相殺に対する期待は保護されるべきであるからである。両説の違いは、受働債権の弁済期が先に到来する場合でも相殺が認められるかである。

　相殺を否定する制限説は、相殺による債権回収の期待が合理的または正当な

ものであること（法的保護に値すること）が必要で、受働債権の弁済期の到来により差押債権者の履行請求を拒めないにもかかわらず、債務者が自己の債務の弁済を拒否しつつ将来自己の債権の弁済期が到来するのを待って相殺を主張することは誠実な債務者とはいえず、保護の必要がないからであるとする。

　一方、相殺を肯定する無制限説は、相殺制度は相殺する債権者に担保権を有するような地位を与えるものであって、相殺によって債権を回収できることへの期待は尊重されるべきであり、また、弁済期の先後は偶然の事情によることが多いからであるとする。

　無制限説に立った場合でも、実際に相殺するためには相殺適状に達することが必要であり、511条の文言に制限をつけないという意味で無制限説と呼ばれるにすぎない。差押え時に自働債権の弁済期が未到来であれば相殺することはできず、相殺するには弁済期の到来を待たなければならない。つまり、受働債権の弁済期が先のケースで相殺が問題となるのは、差押債権者が受働債権の弁済期が到来したにもかかわらず取立てもせず、その後、自働債権の弁済期が到来して相殺がなされたというケースである（実際には後述のように相殺予約がなされているのが常である）。

② 差押え後に取得した債権で相殺できる場合

　差押え後に取得した債権であっても、それが差押え前の原因に基づいて生じたものであるときは、相殺ができる（511条2項）。たとえば、差押え前に締結された賃貸借契約に基づいて生じた賃料債権は、差押え前に発生したものだけでなく、差押え後に生じたものについても、これを自働債権として相殺することができる。債権の発生原因が差押え前から存在している以上、相殺に対する合理的な期待があるからである。

　もっとも、差押え前の原因に基づいて生じた債権といえども、差押え後に他人から取得した債権をもって相殺することは許されない（同項ただし書）。差押え後に他人から取得した債権による相殺を認めると、たとえば、BのAに対する100万円の債権をCが差し押さえた後に、Aが第三者からBに対する額面100万円の債権を10万円で買い取り（差押えを受けるようなBであるから、Bに対する債権の価値は低い）、これをもってAがBに対する100万円の債務を消滅させるという弊害が生じるからである。

(3) 相殺予約の効力

① 相殺予約の意義

　将来、ある一定の事由（破産開始決定、差押命令の発令など）が生じた場合、自働債権の債務者は期限の利益を喪失し、相殺適状が生じ、相殺が可能になるという特約を**相殺予約**という。差押え時に弁済期が到来していなければ相殺できないはずであるが、相殺予約に基づき差押えにより弁済期が到来するものとされ、相殺適状が生ずるから、直ちに相殺することができるのである。

　特に金融機関は取引先との間で相殺予約をしておくのが常であり、預金債権が差し押さえられた場合、弁済期のいかんにかかわらず、直ちに相殺して融資債権を回収することができる（前掲最大判昭和45年 6 月24日は相殺予約の有効性が問題となった事例である）。

　相殺予約は、預金を担保にした債権質（364条参照）に類似する担保権設定契約といえる。換言すれば、貸金債権を確実に回収するために相殺という形式を用いた担保が相殺予約である（法定相殺が「結果として」担保的機能を果たすものにすぎないのに対し、相殺予約は最初から担保目的のために作られた仕組みである）。

② 相殺予約の第三者に対する効力

　相殺予約は当然、当事者間では有効であるが、その効力を第三者に及ぼすことができるのか。第三者に対して優先的な効力をもつ権利（所有権や抵当権などの物権）はその存在が対外的に明らかでないと第三者の利益を害するから、その存在を登記、登録、占有などにより公示するのが原則である。仮に相殺予約の効力を第三者に及ぼすのであれば、第三者に対して公示することが必要になろう。受働債権の差押債権者などから見て、明確な公示がないのに金融機関だけに優先的な債権回収を認めてよいのかという疑問が生じるからである。

　この点に関して前掲最大判昭和45年 6 月24日は、契約自由の原則上有効であると述べる以外に特に理由を付すこともなく差押債権者に対する相殺予約の効力を認めた。相殺予約の第三者に対する効力が認められる根拠をあえて挙げれば、金融機関が取引先と相殺予約をしているのは取引の世界では公知の事実であり（預金債権は相殺の対抗を受けることを覚悟しておくべきである）、公示の要請が満たされているからだといえよう。

第 3 部
不法行為ほか

15章 不法行為の意義・要件

1　不法行為の意義

(1) 不法行為とは

　不法行為とは、故意または過失によって他人の権利または法律上保護される利益を侵害し、損害を生じさせる行為で、加害者は被害者に対し、損害を賠償する責任を負う（709条）。被害者は、不法行為を原因として加害者に対して**損害賠償請求権**を取得するので、不法行為は債権の発生原因である（この損害賠償請求権は法律の規定に基づいて発生する法定債権である）。不法行為に関する民法その他の法律の規定を**不法行為法**と呼ぶ。

　不法行為法の対象は、暴行・傷害、交通事故といった単純な事例から、欠陥商品による事故、名誉・プライバシー侵害、学校事故、労働事故、薬害、公害、原発事故等に及び、その対象はきわめて広く、かつ、個人の生活または企業活動等に密接に関連する。

(2) 不法行為法の目的（機能）

　不法行為法は何のために存在するのであろうか。不法行為法の目的の第1は、**被害者の救済**（損害の塡補）である。すなわち、被害者に生じた損害を加害者に賠償させることにより、被害者を不法行為以前の状態に戻すことである。被害者は、加害者が賠償金の支払に応じない場合でも、損害賠償請求権を行使することで賠償金を強制的に取り立てることができる。このことは、不法行為によって破壊された法秩序（社会秩序）または侵害された権利を回復する機能を有する。

　第2の目的は、**事故および損害発生の抑止**である。不法行為をすれば加害者は損害賠償責任を負うことになるので、人々は将来、不法行為をしないよう注

意深く行動するようになり、その結果、事故が減り、損害の発生を抑止することができる。被害者救済そのものは、公的な補償や保険制度によってもその目的を達成することができる。しかし、加害者が不法行為に対して何も責任を負わなければ、将来、不法行為を引き起こすかもしれない潜在的な加害者が事故の発生を抑止しようとするインセンティブ（動機づけ）を欠くことになり、事故および損害発生の抑止の目的を達成できなくなる。また、加害者が一番よく事故の発生を抑止できた者であるから、その者に損害回避の費用を負担させるのが効率的である。こうした点からも加害者に損害賠償責任を負わせる理由がある。

　このように不法行為法は、侵害された権利を回復し、将来の権利侵害を抑止することにより、法秩序を維持し、権利を保護することを目的とする制度である。

　このほか、加害者にとって損害賠償責任を負うことは苦痛・負担となるので、事実上の制裁の意味をもつ。しかし、このような制裁的機能は不法行為法の本来の目的ではない（外国裁判所の懲罰的損害賠償判決に基づく執行を認めなかった最判平成9年7月11日民集51巻6号2573頁は、制裁的機能を反射的・副次的な効果にすぎないとする）。不法行為法は、加害者に対する制裁を目的とする刑法とは制度の趣旨が異なるのであって、損害賠償と刑法における「刑罰」とは厳に区別しなければならない（この損害賠償責任のことを**民事責任**、刑罰を科されることを**刑事責任**という）。

(3) 不法行為法の構成

　不法行為法の学習においては、一般の不法行為の要件と効果を論じ、その後に特殊な不法行為に言及するのが普通である。本章では一般の不法行為の要件を検討し、**16章**で不法行為の効果、**17章**で特殊な不法行為について検討する。その概要は次のとおりである。

① 一般の不法行為の要件

　被害者の加害者に対する損害賠償請求権が成立するためには、不法行為の成立要件を満たさなければならず、第1に故意または過失、第2に他人の権利または法律上保護される利益の侵害、第3に損害の発生および因果関係が存在す

ることが必要である (709条)。さらに一定の場合に不法行為の成立を否定する
事由も存在する。

② 一般の不法行為の効果

　不法行為の効果は、損害賠償請求権 (損害賠償責任) の発生である (709条)。こ
こでは、損害の意義、損害賠償の範囲、損害の算定、賠償請求権者、賠償請求
権の消滅時効などが問題となる。

③ 特殊な不法行為

　一般の不法行為の要件・効果が修正されている不法行為がある。これが特殊
な不法行為である。民法は、責任無能力者の監督義務者の責任、使用者責任、
土地工作物責任、共同不法行為などについて規定している。さらに特別法上の
不法行為として、製造物責任、自動車損害賠償責任などが重要である。

(4) 不法行為法における判例の重要性

　民法典の不法行為に関する規定はわずかに十数条にすぎない。その少ない条
文を補うため、これまで膨大な判例が集積されてきた。不法行為法において
は、民法の条文を補完するルールとして判例が重要な役割を果たしている。著
名な判例にはユニークな呼称が付けられているものも多いので (「雲右衛門事件」
「大学湯事件」など)、名称とともにその内容についても知っておきたい。

2　故意・過失

(1) 過失責任主義

① 過失責任主義の原則と修正

　近代の不法行為法に関する重要な原則が**過失責任主義**である。これは、加害
者の行為により被害者に損害が生じたとしても、故意または過失がなければ加
害者は損害賠償責任を負わないという原則である。過失責任主義は、契約自由
の原則 (521条) と相まって近代社会における経済活動の自由を保障するという
歴史的意義を有してきた。

　しかし、製造物の欠陥や公害によって消費者や住民の生命・健康に被害が生
じたような場合、加害者に過失がないから賠償責任を負わないとするのは被害

者の救済に欠ける。このとき、消費者や住民は、通常の不法行為とは異なり、常に被害者の立場に立たされるからである（立場の互換性がないという）。また、専門家でない消費者や住民に加害者の過失を証明させるのは酷である。製造物の欠陥による事故や公害の場合、加害者に過失がなくても責任を負わせて被害者を救済するのが妥当である。これを**無過失責任**といい、製造物責任法や大気汚染防止法は、製造業者や公害企業の無過失責任を認めている。

　②**過失概念の機能**

　とはいえ、現在でも過失責任主義が原則であることには違いない。過失があれば責任を負わなければならないので、人は過失の前提である行為義務を遵守して注意深く行動する。過失概念は、人が社会生活上の諸場面で適切な行動をとるための指針を与え、それが法規範として取り込まれることによって社会秩序を維持する機能を有しているといえよう。

(2) 過失の意義

　過失とは何であろうか。一般には不注意や落ち度を意味するものである。しかし、不法行為における過失は、結果の発生を予見できたのにそれを回避すべき行為義務に違反すること（予見可能性＋結果回避義務［行為義務］違反）と理解されている。これを**客観的過失概念**という。たとえば、自転車の運転者が歩行者に不注意で気がつかず、自転車の衝突により歩行者に大ケガをさせたとする。運転者は自転車を停止または減速しなければ衝突して歩行者がケガをすることを予見でき（予見可能性があった）、その場合に運転者が停止または減速して事故を回避することができ、かつ、回避すべきであったのにしなかった（結果回避義務に違反した）から、運転者に「過失」があるとされるのである。

　この客観的過失概念を明確にしたとされている判例が、大阪アルカリ事件判決（大判大正5年12月22日民録22輯2474頁）である。同事件は、被告企業の硫酸の製造に伴って排出される硫煙によって農作物が被害を受けたことに対して近隣の地主・小作人が損害賠償を請求した事案である。原審（大阪控訴院）が、損害発生について予見可能であった以上、硫煙の排出を防止できたかどうかにかかわらず責任を負うとして被告企業の損害賠償責任を認めたのに対して（大阪控判大正4年7月29日新聞1047号25頁）、大審院は、損害を予防するために相当な設

備を施した場合は故意または過失はないとして原審判決を破棄・差し戻したものである。

　原審が予見可能性の存在だけで過失を認定したのに対し、大審院は相当の設備を施しても損害が発生した、つまり、予見可能性があっても（相当の設備を施すことにより）結果回避義務（もっとも結果回避義務という言葉は判決には出てこない）を尽くせば、過失はないとしたのである（なお、差戻審（大阪控判大正8年12月27日新聞1659号11頁）は、被告企業が損害発生を予見し、これを防止する方法があったにもかかわらず故意または過失によりその方法を講じなかったことで損害を発生させたとして（結果回避義務違反を認めて）、再び被告企業の賠償責任を認めた）。

　加害者に結果回避義務を負わせるためには、結果発生に対する予見可能性が必要なのは言うまでもない（結果を予見できなければそれを回避できない）。この場合の予見の対象は具体的な危険が生じることであり、漠然と抽象的な危険が生じることの予見可能性では不十分である。しかし、公害訴訟などにおいては、加害企業が具体的危険に対する予見可能性がなかったので過失はないと主張して責任を免れるのは妥当でない。こうした場合、加害企業は抽象的な危険を予見したときには、研究調査を行い、十分注意を尽くして結果発生（具体的危険）を予見する義務があり、この予見義務を尽くさなかった場合は予見可能性があるものとして加害企業の過失責任を肯定すべきであろう（東京地判昭和53年8月3日判時899号48頁・東京スモン事件参照）。

(3) 過失の判断基準

　過失とは行為義務（結果回避義務）の違反であるが、行為者に要求される注意義務は何が基準となるのであろうか。過失は客観的に判断されるべきであり、加害者の能力の違いによって賠償責任の有無が左右されるべきでない。判例・通説は、注意義務の基準を加害者個人ではなく通常人（合理的に判断し行動できる能力を有する者。「合理人」ともいう）に置く。このような基準で認定された過失を**抽象的過失**という（加害者個人を基準として認定された過失を具体的過失という）。

　この注意義務の基準は、加害者の職業や地位によって異なる。特に人の生命および健康を管理すべき業務に従事する医師には、その業務の性質に照らし危険防止のために実験上必要とされる最善の注意義務が要求される（最判昭和36年

2月16日民集15巻2号244頁・輸血梅毒事件。本判決は、梅毒（性感染症の一種）に感染していた職業的給血者から採取した血液を輸血された被害者が梅毒に感染した事案で、血液検査の結果が陰性であっても、医師は給血者に対し、梅毒感染の危険の有無を推知するに足る事項を問診する注意義務があり（陰性証明があれば問診を省略するという慣行は注意義務を否定する理由にはならない）、相当の問診をすれば結果の発生を予見でききたのにそれを怠り、輸血をしたのは、医師としての業務に照らし注意義務違反による過失があるとした）。

　医療機関の注意義務の基準は「診療当時の臨床医学の実践における医療水準」であるので、当時の医療水準としては有効な治療法として確立していなかった治療法までを実施する法的義務はないとされる（最判昭和57年3月30日判時1039号66頁、最判昭和63年3月31日判時1296号46頁など参照）。また、医療機関に要求される医療水準は医療機関の性格等の事情を考慮して決すべきであるが、医療機関が新規の治療法実施のための技術・設備等を有しない場合は、これを有する他の医療機関に転医をさせるなど適切な措置をとる義務がある（債務不履行責任を追及した事例であるが、最判平成7年6月9日民集49巻6号1499頁参照）。

(4) 過失の立証

　故意または過失は不法行為の成立要件なので、その成立を主張する被害者（損害賠償請求訴訟における原告）がこれらの存在について立証責任を負う。債務不履行に基づく損害賠償請求において、債務者が自己の責めに帰することができない事由（免責事由）について主張・立証責任があることとの違いに注意すべきである（415条1項ただし書参照）。

　過失を立証することはしばしば困難を伴う。特に医療過誤等に関する訴訟において、医師等の過失の立証を専門的知識のない被害者に負わせることは酷である。そこで、被害者の立証の負担を軽減することが必要となるが、その方法として「過失の（一応の）推定」という手法がとられている（最判昭和51年9月30日民集30巻8号816頁・予防接種事件）。これは、原告が過失を基礎づける事実(A)を証明できなくても、経験則上それを推測させるような事実(B)を証明できれば、過失を基礎づける事実(A)の存在を推定するというものである。この場合、原告がBの存在を証明できれば、被告はAの不存在を証明できない限り、

過失責任を負う。つまり、過失が推定されることにより、立証責任が原告から被告に転換されるのである。

(5) 故　意

　故意とは、結果が発生することを認識しながらそれを認容して行為をすることをいう（自転車の運転者が前方の歩行者に気づきながら自転車を停止または減速せず歩行者に衝突するような場合である）。刑法が原則として故意犯のみを処罰するのに対して、民法における不法行為責任の成立には過失のみで足りる。なお、失火責任法においては、重大な過失（重過失）がある場合にのみ損害賠償責任を負い、通常の過失（「軽過失」ということもある）によるものであるときは賠償責任を負わないとしている点に注意すべきである（**17章 8 (1)**も参照）。故意による不法行為は、過失だけでは成立しないような不法行為があること（債権侵害など）、過失による不法行為に比べて損害賠償の範囲が広くなる可能性があること、慰謝料額が高額になることなどが指摘されているが、これはあくまで事実上の傾向にすぎないものである。

3　権利侵害（違法性）

(1) 権利侵害の意義

① 権利侵害をめぐる判例の変遷

　不法行為の成立要件として権利または法律上保護される利益の侵害が必要である。加害者の行為によって被害者に損害が発生したとしても当該行為が権利等を侵害するものでなければ、加害者は損害賠償責任を負わないのである。この権利等の侵害（以下「**権利侵害**」という）の要件に関して、判例は変遷を重ねた。

　もともとの709条の文言は単に「他人ノ権利ヲ侵害シタル者」であり（2004年改正以前）、判例は当初この権利の概念を文字どおり厳格に解していた。それを明言した有名な判決が桃中軒雲右衛門事件（大判大正 3 年 7 月 4 日刑録20輯1360頁）である。同事件は、有名な浪曲師の公演を録音したレコードを無断で複製して頒布した事件であるが、判決は、浪花節（浪曲）のような即興音楽は著作権の対象でなく、保護に値しないとした。

　しかし、雲右衛門事件判決のように権利の侵害の場合にしか不法行為は成立しないというのは余りに狭すぎ、被害者の保護に欠ける。判例はその後、大学<ruby>湯<rt>ゆ</rt></ruby>事件（大判大正14年11月28日民集4巻670頁）において、709条の権利には○○権というような狭い意味での権利に限られず、法律上保護される利益も含むとした。本事件で争われた「大学湯」という<ruby>老舗<rt>しにせ</rt></ruby>と呼ばれる（権利とまではいえない）利益を侵害した場合も不法行為となるとされたのである。このように判例は「権利」の内容を幅広く解していたが、2004年（平成16年）の民法改正（民法典の現代語化）では、709条に「法律上保護される利益」という文言が挿入された。

② 権利侵害と違法性

　他人の権利または利益を侵害する行為のすべてが不法行為となるわけではない。特にその行為が社会的に有用な行為である場合、不法行為の成否が問題となる。すなわち、権利または利益どうしが衝突し、侵害される権利・利益が侵害する側の権利・利益に劣後するような場合であり、判例はこのような場合、しばしば「**違法性を欠く**」として不法行為の成立を否定してきた。権利侵害ないし違法性の要件は、相対立する権利・利益を<ruby>比較衡量<rt>ひかくこうりょう</rt></ruby>し、その優劣を決し、序列化する機能を果たしているともいえよう。

　次に述べるように権利または利益には様々なレベルのものがあり、保護の必要性の高いものからそうでないものまである。権利侵害または違法性の判断基準として、不法行為によって侵害される権利ないし利益（以下「被侵害利益」という）の種類・性質と侵害行為の態様を相関的に衡量して判断すべきであるという考え方（「相関関係説」という）が支持されてきた。この考え方に基づいて被侵害利益ごとに不法行為の成否（権利侵害・違法性の有無）について検討する。

(2) 権利侵害の類型

① 被侵害利益の分類

　不法行為によって侵害される権利ないし利益すなわち被侵害利益にはどのようなものがあるのであろうか。被侵害利益の種類ごとに不法行為が成立するかどうかについて検討してみよう。財産権（財産的利益）と財産権以外の権利（人格的利益）に分けて考察する。

② 財産権（財産的利益）の侵害

（a）物権・知的財産権の侵害

　財産権のうち所有権に代表される物権は、物に対する直接的・排他的支配権であり、強固な権利なので、その侵害は原則として不法行為になる。ただし、抵当権のような担保物権は物の交換価値を支配する権利であるので、侵害行為によっても交換価値が被担保債権額を下回らない限り、権利侵害にはならないといってよい。著作権、特許権などの知的財産権も物権に準じて扱うことができ、その侵害は不法行為を構成する。

（b）債権の侵害

　債権の侵害については慎重な考察が必要である。債権も不法行為法上の保護されるべき権利であることは言うまでもない（大判大正 4 年 3 月10日刑録21輯279頁）。しかし、債権は物権と異なり、ある特定の人に対する請求権にすぎず、排他性がなく、かつ外部から認識するのが困難であるという性質を有する。このように権利としての強さは物権に劣っていると一般的にいうことができ、その侵害が不法行為となるためには過失だけでは不十分な場合も多い。もっとも、不動産賃借権のように物権に匹敵するような債権もあり、権利保護の必要性の程度は様々である。そこで、債権一般として判断するのではなく、具体的なケースごとに検討する必要がある。

　たとえば、受領権限がないにもかかわらず受領権者としての外観を有する者が弁済を受け、債権を消滅させた場合（478条）、債権の帰属自体を侵害し、債権者に損害を与えているので、他の不法行為と同様に弁済を受けた者に過失があれば損害賠償責任を認めてよいであろう（債権者は不当利得返還請求もできる）。

（c）従業員等の引抜き

　ある会社Ａの幹部従業員Ｂをライバル会社Ｃが引き抜いて、Ａの業績が著しく低下した場合、ＡはＣに対して損害賠償を請求することができるであろうか。この場合、使用者であるＡは労働者であるＢに対して労働の従事を求める請求権を有しており（623条参照）、ＣがＡのＢに対する債権を侵害したか否かが問題となる（東京地判平成 3 年 2 月25日判時1399号69頁は、会社の従業員は使用者に対して労働契約上の債務を忠実に履行し、使用者の正当な利益を不当に侵害してはならない雇用契約上の誠実義務を負うとする）。しかし、Ｃによる引抜きとＡの業績悪化

の間に因果関係が認められたとしても、このような行為は社会通念上許容される行為といえないだろうか。換言すれば、これは自由競争（競争秩序）の範囲内の行為といえるだろう。また、Cの勧誘に応じてBが転職することは職業選択の自由（憲法22条1項）の観点から尊重されなければならない。したがって、従業員等の引抜き行為は権利侵害（違法）とはいえず、Cは不法行為責任を原則として負わないというべきである（東京地判平成5年8月25日判時1497号86頁参照）。もっとも、従業員を大量に引き抜くなど社会的相当性を逸脱して背信的な方法でなされた場合は違法性を帯び、賠償責任を認めてもよい（前掲東京地判平成3年2月25日参照）。

（d）不動産の二重譲渡

AがBから建物を購入したが、未登記であったのを奇貨としてBがCに建物を売却して登記を移転した場合、177条に基づきCが悪意であってもAはCに建物の所有権取得を対抗できない（所有権はCに帰属する）。では、AはCに対して不法行為を理由として損害賠償請求をすることはできないだろうか（Bに対しては債務不履行による損害賠償（415条）を請求できる）。この場合の被侵害利益は、対抗力のある所有権を帰属させるよう請求する権利であると考えられるが（560条により売主は買主に登記などの対抗要件を具備させる義務を負う）、判例は、Cが悪意であっても完全に所有権を取得できる以上、Cは不法行為責任を負わないとする（最判昭和30年5月31日民集9巻6号774頁）。Cの行為は自由競争の範囲内の行為であり、違法性がないからだと説明することができよう（Cがいわゆる「背信的悪意者」である場合、Aは登記なしにCに所有権取得を対抗できる（最判昭和43年8月2日民集22巻8号1571頁）。このような場合（Aが登記を具備することをCが妨害した場合など）、Cの行為は違法性を帯び、不法行為責任を負う余地がある）。

③ 財産権以外の権利（人格的利益）の侵害

（a）生命・身体・健康・自由の侵害

財産権以外の権利で最も重要なのは、生命・身体・健康・自由を保持する権利である。その侵害は、その目的・態様にかかわらず、基本的に不法行為となる（違法性が阻却されるのは後述の正当防衛・緊急避難などの場合のみである）。

（b）名誉・プライバシーの侵害

「すべて国民は、個人として尊重される」という憲法13条を取り上げるまで

もなく、人の尊厳も人格的利益として不法行為法において保護される。したがって、人の尊厳を貶めるような行為すなわち人格的利益の侵害は不法行為を構成する。ただ、他方でそれによって犠牲にされる利益がある場合、人格的利益の保護との調整が問題となる。

　人格的利益の第1は、**名誉**である。名誉とは人の社会的評価のことであり、名誉の侵害すなわち社会的評価を低下させる行為は、不法行為となる。その救済として、損害賠償のほか謝罪広告などの原状回復（723条）が認められるのが特徴である。ある名誉侵害行為が不法行為になるかどうかは、表現の自由（憲法21条）との関係で問題となる。メディアが政治家の不祥事を報道し、その結果、政治家の名誉が侵害された場合を想定してみよう。表現の自由は憲法で保障された人権であり、なかんずく報道の自由および国民の知る権利は、民主主義社会を成立させる上で不可欠の前提である。このように表現の自由の保障と名誉の保護は互いに対立する。これに関して刑法230条の2は、名誉毀損行為は、それが公共の利害に関するものであって、公益を図る目的でなされ、かつ、真実の証明がある場合は、刑事責任を負わないとして、表現の自由と名誉の保護の調整を図っている。民法にはこのような規定はないが、同様に考えてよく、上記の要件を満たす場合、判例は、民事上も違法性を欠くとして不法行為の成立を否定している（最判昭和41年6月23日民集20巻5号1118頁。本判決はさらに、真実性の証明がなくても真実と信ずる相当の理由があれば不法行為は成立しないとする）。

　私生活をみだりに公開されない権利としての**プライバシー**も人格的利益として不法行為法上の保護を受ける（プライバシーに言及した著名な判決として「宴のあと」事件判決がある。東京地判昭和39年9月28日判時385号12頁）。前科のある原告の実名を使用してノンフィクション作品を執筆・刊行した著者に対してプライバシーの権利の侵害を理由に損害賠償請求した事案につき、最高裁は、みだりに前科等を公表されないことについて法的保護に値する利益があるとする一方、その公表が許される場合もあり、前科等に係る事実を実名を使用して著作物を公表したことが不法行為を構成するか否かは、その者のその後の生活状況、事件の歴史的・社会的な意義などについて、その著作物の目的・性格等に照らした実名使用の意義および必要性を併せて判断すべきで、前科等を公表されない

法的利益が優越する場合は、公表によって被った精神的苦痛の賠償を求めることができるとした（最判平成 6 年 2 月 8 日民集48巻 2 号149頁・ノンフィクション「逆転」事件）。

　また、氏名・性別・住所・電話番号などの個人情報もプライバシーに係る情報として法的保護の対象となり、講演会参加者の名簿を同意なしに警察に提供したり、顧客情報をインターネットで漏洩したりすることはプライバシーの侵害に当たる（前者につき最判平成15年 9 月12日民集57巻 8 号973頁・早稲田大学江沢民講演会事件、後者につき最判平成29年10月23日判時2351号 7 頁参照）。

（ c ）婚姻関係の侵害

　配偶者のある者と肉体関係をもつ行為（不貞行為という）は、その者の配偶者（他方配偶者）に対して不法行為となるのであろうか。妻Ａがいるのを知りながらＡの夫Ｂと不貞の関係になったＣは、Ａに対して損害賠償責任を負うのであろうか。負うとすればＡのどのような権利または利益を侵害するのであろうか。判例は、不貞行為は他方配偶者の「夫又は妻としての権利」を侵害するもので不法行為になるとする（最判昭和54年 3 月30日民集33巻 2 号303頁）。「夫又は妻としての権利」というのはあいまいであるが、別の最高裁判決（最判平成 8 年 3 月26日民集50巻 4 号993頁）は、「婚姻共同生活における平和の維持」が被侵害利益であるとする。よって、婚姻関係が破綻している者と不貞の関係になっても、保護に値する利益が存在しないので、不法行為とはならない。

　また、上記の例でＡ・Ｂ間に未成年の子がいる場合、この子がＣに対して損害賠償を請求することができるのかということについて、前掲最判昭和54年 3 月30日は原則としてできないとする。Ｃの行為によりＢが仮に子供と別居するに至ったとしても、父親自らの意思で愛情を注ぎ、監護・教育を行うことができる以上、Ｃの行為と子の不利益の間には相当因果関係がないからである。

（ d ）環境・景観利益の侵害

　人が快適に生活する前提としての環境も法律上保護される利益といってよい。煤煙、水質汚濁、悪臭、騒音といった典型的な公害はもとより、日照や通風の阻害も環境利益の侵害である。しかし、日照や通風が阻害されたからといって直ちに不法行為となるわけではない。人が生活していく上で互いにある程度の不便は我慢しなければならない。それが社会生活上忍容しなければなら

ない程度（受忍限度という）を超えて初めて違法となるのである（最判昭和47年 6
月27日民集26巻 5 号1067頁・世田谷日照権事件）。

　「良好な景観の恵沢を享受する利益」を景観利益といい、法律上保護に値す
る。もっとも最高裁は、建物の建築が景観利益の違法な侵害となるかは、景観
利益の性質・内容、地域環境、侵害行為の態様・程度、侵害の経過等を総合的
に考察して判断すべきであり、刑罰法規や行政法規による規制に違反するもの
であるなど、侵害行為が社会的に容認された行為としての相当性を欠くことが
必要であるとして、良好な景観を有する地域における大規模マンションの建設
につき、原告である近隣住民の景観利益を違法に侵害する行為に当たらないと
した（最判平成18年 3 月30日民集60巻 3 号948頁・国立景観訴訟）。

4　因果関係

(1) 不法行為の成立要件としての損害発生および因果関係

　加害者に損害賠償責任を負わせるためには、損害が発生したことおよび加害
行為と損害発生の間の因果関係の存在が必要である。損害賠償を請求する以
上、損害の発生が必要なのは当然であるが、損害の意義は後述し、ここでは因
果関係についてのみ言及する。

(2) 事実的因果関係

① 因果関係の意義

　因果関係は 2 つの意味で用いられることがある。第 1 が、「あれなければこ
れなし」という意味での因果関係をいい、**事実的因果関係**または条件関係と呼
ぶ。事実的因果関係の存在が不法行為の成立要件なので、これがなければ不法
行為の効果である損害賠償請求権は生じない。第 2 が、加害行為と損害発生の
間に事実的因果関係が存在することを前提として、発生した損害についての損
害賠償の範囲を決定するものとしての因果関係であり、相当因果関係というこ
ともある。これは、加害者にどこまで賠償させるのが妥当かという法的評価に
関わる問題であり、損害の意義および損害賠償の範囲を扱う**16章 3** で検討す
る。ここで扱うのは第 1 の意味の因果関係すなわち事実的因果関係である。

② 因果関係の証明の程度

因果関係の立証責任（証明責任）は被害者である原告が負う。その証明の程度は（医療過誤事件に関するものであるが）、一点の疑義も許されない自然科学的な証明ではなく、経験則に照らして全証拠を総合検討し、特定の事実が特定の結果発生を招来した関係を是認しうる**高度の蓋然性**を証明することであり、通常人が疑いを差し挟まない程度に真実性の確信をもちうるものであることを必要とし、かつ、それで足りるというのが判例である（最判昭和50年10月24日民集29巻9号1417頁・ルンバール・ショック事件）。

③ 公害訴訟における因果関係の立証

交通事故のような単純な事案では、加害行為と損害発生の事実的因果関係の証明は容易であるが、公害訴訟、医療過誤訴訟、薬害訴訟などでは事実的因果関係を証明することが困難な場合が多い。このうち公害訴訟における因果関係の立証負担を軽減する方法として次のようなものがある。

新潟県の阿賀野川流域で発生したメチル水銀による中毒症が被告企業の廃液によるものかが争われた新潟水俣病事件判決は、(a)被害疾患の特性とその原因物質、(b)原因物質が被害者に到達する経路、(c)加害企業における原因物質の排出が証明されたときに、原因物質の排出と被害疾患の間の因果関係が肯定されるとした上で、原告が(a)(b)を証明したときは、被告企業が(c)のないことを証明できない限り、因果関係が推認されるとした（新潟地判昭和46年9月29日判時642号96頁）。この方法は、原告が原因物質と汚染経路を証明し、被告企業の門前まで到達すれば、原因物質を被告企業が排出したことを「推定」するもので、被害者の立証負担を事実上軽減するものである（この考え方を「門前到達理論」と呼ぶことがある）。

5　不法行為の成立を阻却する事由

(1) 不法行為の阻却事由

709条に掲げる要件が具備された場合、加害者は損害賠償責任を負うが、一定の事由がある場合は不法行為の成立が否定される。これを不法行為の**阻却事由**という。民法が規定する阻却事由は、責任能力の不存在（712条、713条）およ

び正当防衛・緊急避難（720条）である。

　原告である被害者は、故意または過失、権利侵害、因果関係等を立証すれば足り、不法行為の成立を否定する側である加害者（被告）が阻却事由の存在を主張・立証する責任を負う。

(2) 責任能力のないこと

① 責任能力とは

　責任能力とは、自己の行為の責任を弁識する能力のことであり、責任能力のない者が加害行為をしても損害賠償責任を負わない（712条、713条参照）。不法行為は加害者に損害賠償責任を負わせる制度であるので、自己の行為が法的に正しいかどうかを判断する能力が必要となるからである。

　この能力は、契約その他の法律行為をするために必要となる行為能力（4条以下参照）とは関係ない。行為能力は単独で取引を行うために必要な能力であり、損害賠償責任を負うにふさわしい責任能力とは一致しないからである。

② 責任無能力者

　責任能力のない者（**責任無能力者**という）の第1の類型は、自己の行為の責任を弁識するに足りる知能（「加害行為の法律上の責任を弁識するに足るべき知能」を意味する。大判大正6年4月30日民録23輯715頁・光清撃ツゾ事件）を有しない未成年者である（712条）。未成年者イコール責任無能力者ではないことに注意すべきである。では、具体的に何歳以上であれば責任能力を有するといえるだろうか。民法は明確な基準を設けておらず、個々の事例ごとに判断する必要がある。

　これに関する判例として有名なのが次の2例である。まず、少年店員豊太郎事件（大判大正4年5月12日民録21輯692頁）において、加害者は行為当時、11歳11カ月であったが、責任能力が肯定されている。次に光清撃ツゾ事件（前掲大判大正6年4月30日）において、加害者は行為当時12歳2カ月であったが、前者と異なり、責任能力を否定している。

　明確な基準はないが、概ね12歳程度が責任能力を認める目安となろう。ちなみに上記判例において11歳11カ月の未成年者の責任能力を肯定したのは、加害者の雇用主の使用者責任（715条）を追及する前提として被用者自身の不法行為が成立する必要があったからである。他方、12歳2カ月の未成年者の責任能力

を否定したのは、監督義務者の責任（714条）を追及する前提として加害者が責任無能力者である必要があったためである。

責任無能力者の第2の類型は、精神上の障害により自己の行為の責任を弁識する能力を欠く状態にあった者である（713条）。恒常的に弁識能力を欠く場合でも、行為当時、一時的に弁識能力を欠いていた場合であってもかまわない。ただし、故意または過失によって一時的にその状態を招いた場合（酔いつぶれた状態で他人を傷害した場合など）は、賠償責任を免れない（同条ただし書）。

(3) 正当防衛・緊急避難その他

① 正当防衛

他人の不法行為に対し、自己または第三者の権利・利益を防衛するため、やむを得ず加害行為をした者は、損害賠償責任を負わない（720条1項）。たとえば、自宅に侵入した強盗を撃退するために、バットをもって反撃し、強盗に大ケガを負わせたような場合である。自分や家族の生命・身体および財産を守るためのやむを得ない行為であり、違法性を欠くので不法行為の成立が否定される。これを**正当防衛**という。

加害行為が正当防衛として違法性が阻却されるためには、自己または第三者の権利・利益の防衛の必要性・緊急性と加害行為の相当性が必要である。したがって、過剰防衛は違法性が阻却されず、不法行為となる。また、加害行為が不法行為をした者以外の第三者に向けられた場合であっても、正当防衛は成立しうる。たとえば、上記の例で強盗から逃げるためにやむを得ず隣家の庭を踏み荒らしたような場合である。この場合、被害者である隣家の主人は強盗に対して損害賠償を請求することができる（同項ただし書）。

② 緊急避難

他人の物から生じた急迫の危難を避けるためその他人の物を損傷する行為を**緊急避難**といい、損害賠償責任が否定される（720条2項）。たとえば、他人の飼い犬に襲い掛かられたので、やむを得ず犬を蹴飛ばしてケガをさせたような場合である。

③ その他の阻却事由

正当防衛や緊急避難以外にも違法性が阻却されて不法行為とならない場合が

ある。刑の執行、医療行為などは正当な業務行為として違法性がないのは当然である。自力救済は原則として許されないが、法律の定める手続によっては権利救済が著しく困難になるような緊急でやむを得ない特別の事情がある場合に限り、必要な限度内で許されることがあり、この場合は違法性が阻却されるといってよい（最判昭和40年12月 7 日民集19巻 9 号2101頁参照）。自転車が盗まれたのに気づき、加害者を追いかけて実力で奪い返すような場合である。

16章 不法行為の効果

1 不法行為の効果とは

　不法行為の成立要件が具備されると、被害者の加害者に対する**損害賠償請求権**が発生し、加害者は被害者に対して**損害賠償責任**を負う（709条）。これが不法行為の効果である。不法行為の効果に関する主要な論点は、第1に損害とは何か、損害のうちどこまでが賠償の対象となるか、第2に損害賠償はどのように算定するのか、第3に損害賠償は誰がいつまで請求することができるかということである。

2 金銭賠償の原則と差止め

(1) 金銭賠償の原則

　不法行為法の目的は、損害の塡補であり、被害者を不法行為以前の状態に戻すことにある（**15章**1参照）。したがって、損害賠償は原状回復（壊れたものを修理させる、健康な身体に回復させることなど）という方法も考えられるが、コストが著しくかかったりして現実には困難であり、むしろ損害を金銭で補償する方が被害者にとっても都合がよい。そこで民法は、金銭による賠償（金銭賠償）を原則としている（722条1項による417条の準用）。ただし、名誉の侵害においては、金銭賠償だけでは被害者の救済にならない場合があるので、裁判所は、この場合は原状回復（具体的には記事の訂正、撤回、謝罪広告など。謝罪広告の強制執行と良心の自由との関係については**2章**2(3)①を参照）を命じることができる（723条）。

(2) 差 止 め

　損害賠償が認められても、加害行為がその後も残り続けるのであれば、被害者の根本的な救済とはならない。このことは、公害のように加害行為が将来にわたって継続的になされるような場合に顕著である。この場合、加害行為そのものを停止させること、すなわち差止めが効果的である。しかし、加害行為に公共性があり、社会的に有用な行為である場合（近隣住民への騒音被害を伴う航空機の発着など）、加害行為を差し止めることによって多くの損失その他の不利益が生ずることがある。そこで、差止めが認められるためには、損害賠償が認められる場合より強い違法性が必要であるとする見解がある。つまり、ある不法行為について損害賠償が認められる程度の違法性はあっても、差止めを認めるには足りないというように、損害賠償と差止めでは違法性の要件が異なる（違法性には段階がある）という考え方である（最判平成 7 年 7 月 7 日民集49巻 7 号2599頁（国道43号線訴訟）は、自動車の騒音・振動・大気汚染を理由に道路の供用の差止めと損害賠償を求めた事案につき、差止めを認めるための違法性を厳格に解して、損害賠償は認めたが差止め請求は棄却した）。

　差止めは、名誉やプライバシーが侵害された場合にも問題となる。名誉の侵害に関して判例は、名誉は重大な保護法益であり、人格権としての名誉権は物権と同様に排他性を有するから、名誉を違法に侵害された者は、人格権としての名誉権に基づき、現に行われている侵害行為を排除し、または将来生ずべき侵害を予防するため、侵害行為の差止めを求めることができるとする（最大判昭和61年 6 月11日民集40巻 4 号872頁・北方ジャーナル事件）。また、モデル小説の出版等によって原告の名誉、プライバシー、名誉感情が侵害され、重大で回復困難な損害を与えるおそれがあるとしてその差止めを認めた最高裁判決がある（最判平成14年 9 月24日判時1802号60頁・「石に泳ぐ魚」事件）。

3　損害の意義と損賠賠償の範囲

(1) 損害の意義

　損害とは何であろうか。債務不履行による損害賠償でも問題となるが（**2 章** 4 (1)参照）、一応の定義をすれば、不法行為によって被害者が受けた不利益とい

えるだろう。

　損害をどうとらえるかには、差額説（損害金銭説）と損害事実説という２つの考え方がある。差額説（損害金銭説）は、不法行為によって自己の財産がどれだけ減少したかという点に焦点をあて、損害とは不法行為前の財産状態と不法行為後の財産状態の差であり、かつ、それを金銭で評価したものと定義する。

　これに対して**損害事実説**は、損害とは被害者が不法行為によって受けた不利益そのものであり、それを金銭で評価することは別の問題であるとする考え方である。不法行為によって労働能力を喪失した場合、労働能力の喪失自体が損害であるという**労働能力喪失説**もこの考え方に近い。

　差額説と損害事実説（労働能力喪失説）の違いは次のような場合に現れる。たとえば、交通事故で被害者が重傷を負い、１カ月入院するとともに身体的機能の一部を喪失したが、仕事に復帰した後は事故前と収入に変化がなかったとする。差額説によれば、休業損害を除き、被害者の財産的損害（逸失利益）はないことになる（精神的損害は存在する）。これに対して損害事実説（労働能力喪失説）によれば、重傷を負い、身体的機能の一部を喪失したこと自体が損害なので、それに対する損害賠償が認められることになる。

　判例は差額説に立脚しているといわれてきたが（最判昭和56年12月22日民集35巻９号1350頁は、身体的機能の一部を喪失したことを損害と観念できるとしつつも、収入の減少がなければ労働能力の一部喪失を理由とする財産上の損害を認める余地はないとする）、近年では労働能力喪失説によったとみられる事例も現れている。最判平成８年４月25日民集50巻５号1221頁は、交通事故で身体的機能の一部を喪失した者がその後に別の事故で死亡したという事案における右交通事故の加害者等に対する損害賠償請求事件につき、労働能力の一部喪失による損害は交通事故の時に一定の内容のものとして発生しているので交通事故の後に生じた事由によってその内容に影響を与えないとして、就労可能期間の終期である67歳（本章4(2)③参照）までの逸失利益の賠償を認めた。最判令和２年７月９日民集74巻４号1204頁も、交通事故で重い後遺障害を負い、労働能力の全部を喪失した幼児の逸失利益の算定につき、被害者が就労可能期間の終期（67歳）の前に死亡したとしても、就労可能期間の終期までの逸失利益の賠償が認められるとした（本判決は定期金賠償を認めた事例としても重要であるが、後述する）。

(2) 損害賠償の範囲

　加害行為と事実的因果関係 (**15章 4** 参照) のある損害のすべてについて賠償が認められるかというとそうではない。債務不履行による損害賠償の場合と同様に、賠償の範囲が無限に拡大することは妥当でないからである。また、被害者が容易に損害を回避・軽減できる場合もあり、このような損害まで加害者に負担を転嫁する必要がないからである。しかし、債務不履行による損害賠償の場合は賠償の範囲を制限するルールである416条があるのに対し、不法行為による損害賠償の場合はこれに相当する規定はない。

　これに関して大審院は、不法行為による損害賠償の範囲は加害行為と相当因果関係のある損害に限定され、416条は相当因果関係の範囲を明らかにしたものであり、不法行為にも同条が類推適用されるとした (大連判大正15年 5 月22日民集 5 巻386頁・富喜丸事件)。すなわち、加害者が賠償責任を負う損害の範囲は、加害行為から通常生ずべき損害であり、それ以外の損害については加害者に予見可能性があるものに限られることになる。最高裁もこの法理を踏襲しており、不当な仮処分により東京進出が遅れたことによる損害の賠償を請求した事例につき、不法行為による損害賠償に416条が類推適用され、加害者には予見可能性がなかったとして賠償を否定している (最判昭和48年 6 月 7 日民集27巻 6 号681頁)。一方、交通事故で重傷を負った者の看護のために留学先から帰国を余儀なくされた近親者が支出した旅費を通常損害に当たるとして賠償を認めた事例もある (最判昭和49年 4 月25日民集28巻 3 号447頁)。

　416条は、主に契約上の債務の不履行に基づく損害賠償の範囲を定めるルールであり、予見可能性の有無をもって不法行為による損害賠償の可否を問うことには疑問が残る。また、相当因果関係が、賠償の範囲を制限する根拠として同義反復 (トートロジー＝同じ意味のことを繰り返して言うこと) 的に使用されることも多い。しかし、トートロジーとはいえ賠償額の制限を正当化する何らかの根拠が必要であり、さらに賠償額を制限する実定法上の根拠が416条以外に見当たらない以上、判例が「相当因果関係」という言葉を使用し続け、416条を類推適用するのもやむを得ないかもしれない (相当因果関係 (416条類推適用) 説によらないで賠償範囲を制限する考え方 (「保護範囲説」など) も提唱されている)。

4　損害賠償額の算定 (損害の金銭的評価)

⑴ 損害の算定の必要性

　金銭賠償主義の下では、賠償の対象となる損害は最終的に金銭で算定されなければならない。これを損害の金銭的評価という。差額説はもちろん、損害事実説に立っても金銭で賠償する以上、損害の金銭的評価は必要である。ここでは、これまで判例・実務で確立された損害 (賠償額) の算定方法につき、人の生命・身体が侵害された場合の損害 (人身損害) を中心に述べることにする。

⑵ 損害算定の方法

① 損害算定の基本的考え方

　一般に判例・実務では、損害を「財産的損害」と「非財産的損害 (精神的損害)」に分け、財産的損害を「積極的損害」と「消極的損害」に細分し、それぞれの損害項目ごとの金額を計算して積み上げていく方法 (個別損害項目積上げ方式) を採用している。

② 財産的損害の分類

　財産的損害とは、不法行為によって被害者が受ける財産的または経済的な不利益のことである。「財産的損害」は「財産権の侵害」と混同されやすいが、財産権の侵害の場合にのみ財産的損害が生じるのではなく、財産権以外の権利の侵害についても財産的損害が生ずるのであり、両者の混同は厳に避けなければならない。たとえば、所有権が侵害された場合に財産的損害が生じるのは当然であるが、財産権以外の権利である人の生命・身体や人格権が侵害された場合にも、以下に述べるように財産的損害 (経済的な不利益) が生じるのである。財産的損害は、さらに積極的損害と消極的損害に分類することができる。

　積極的損害とは、不法行為によって出費を余儀なくされることのように、被害者の財産が現実に減少することである。生命・身体の侵害 (人身損害) の場合、治療費、入院費、投薬費、通院交通費、介護費用などがそれに当たる。所有権の侵害 (物損) の場合、修繕費、再調達費用 (代替品の購入費用) がそれに当たる。

　消極的損害は、**逸失利益**ともいい、不法行為がなければ将来得られたであろう利益の喪失のことである。被害者が労働者である場合は、将来にわたって取得できたはずの賃金等の収入を得られなくなることであり、年金生活者であれば、年金相当額がそれに当たる（最大判平成5年3月24日民集47巻4号3039頁は、地方公務員等共済組合法に基づく退職年金の逸失利益性を認めている。同判決は本節(3)②のとおり損益相殺にも言及する）。

③ 人身損害における逸失利益の算定

　不法行為によって人の生命・身体が侵害された場合における逸失利益の算定、特に人の死亡という事実をいかに金銭で評価するかは、擬制的な側面を免れることができず、問題点を内包する。以下、判例・実務の考え方を基礎に検討する。

　判例・実務における人の死亡による逸失利益の算定は、被害者が就労者である場合、被害者の死亡時の年収を基礎としてなされ、それに就労可能な年数（現在の実務では通常は67歳までを就労可能期間とする）を乗じたものが総収入となる。しかし、そのすべてが賠償額として認められるわけではない。第1に、死亡によって生活費が不要となるので、生活費相当分を控除しなければならない（一般に収入の30％〜50％を控除する）。

　第2に、逸失利益を損害賠償として請求することは、将来継続的に得られる収入等の利益を現在において一時金として一括請求するものであるので、これを現在価値に計算し直さなければならない。金銭や金融資産は運用することにより利益をあげることができるように、資産としての金銭は1年後には少なくとも利息分だけ増加し、逸失利益の請求においては利息分だけ増加した1年後の収入等を前払の形で取得するわけであるから、1年間分の利息を控除する必要があるからである。この控除されるべき利息相当分を**中間利息**といい、これを控除することを**中間利息の控除**という。そして、2年後、3年後に取得するはずであった収入についても就労可能期間の終期（67歳）に達するまで、その間の中間利息を控除することになる。では、控除する利息の割合すなわち利率はどのように決められるか。判例（最判平成17年6月14日民集59巻5号983頁）およびそれを承継した改正法は、法定利率（404条）によって定めるとしている（722条1項による417条の2第1項の準用）。したがって、ある者が不法行為によって

死亡し、その遺族が被害者の逸失利益について損害賠償請求する場合、損害賠償請求権が生じた時点すなわち不法行為時における法定利率（当面は年3％）で計算した中間利息を控除しなければならない（法定利率については**9**章3(4)参照）。中間利息の控除方法にはホフマン式とライプニッツ式がある（前者は単利で後者は複利で計算するもの）。なお、後遺障害において必要となる介護にかかる費用（介護費用）は積極的損害であるが、将来において負担すべき費用であるので、一時金として賠償請求する場合、逸失利益と同様に中間利息を控除する必要がある。改正法はこの場合も法定利率による中間利息を控除すべきものとしている（417条の2第2項）。

　逸失利益の算定は以上のとおり被害者の収入を基礎として行われるので、困難な問題が生じる。まず、無収入者に逸失利益が認められるのか、また、それをどのように算定するかである。この場合、無収入だから逸失利益がないと考えるのではなく、あらゆる証拠資料に基づき統計資料等を用いて（つまり労働者の平均賃金を基に）可能な限り逸失利益を算定しなければならない（最判昭和39年6月24日民集18巻5号874頁（8歳の少年の死亡事例）参照）。被害者が未就労の年少者の場合は、被害者が就労可能になった時から（通常は高校卒業以後）逸失利益が発生するものとして計算する。

　しかし、労働者の平均賃金を基準とすると、男女間に平均賃金の差が存在する現状からは、逸失利益の算定において男女間で大きな差が出てくる。これはとりわけ年少者が死亡した場合に深刻な問題を露呈することになる（たとえば、小学生の児童が交通事故で死亡した場合、男児と女児で逸失利益を含めた損害賠償額に差を設けることを正当化することは困難である）。この問題に対しては、生活費の控除割合を女子の場合に男子より少なくすることや慰謝料額を割り増すことで賠償額を調整する方法のほか、女子の家事労働分を加算すること（最判昭和62年1月19日民集41巻1号1頁は否定）などが考えられるが、根本的な解決とはいえない。これに関して、「女子労働者の平均賃金」ではなく「全労働者の平均賃金」を基準として年少女子の逸失利益を算定した東京高判平成13年8月20日判時1757号38頁が参考となろう（上告審において最高裁はこの高裁判決の判断を維持した）。

④ 後遺障害における損害の算定

　不法行為により被害者に後遺障害が残った場合、労働能力の全部または一部喪失による逸失利益が生ずるが、一般に被害者の収入（または平均賃金）に労働能力喪失率と就労可能年数を乗じて算定する（将来負担すべき介護費用も損害として賠償請求できる）。逸失利益および将来の介護費用を一時金として請求する場合、中間利息の控除が必要となるが（上記③参照）、死亡の場合と異なり、生活費は控除されない。なお、前掲最判令和2年7月9日民集74巻4号1204頁は、交通事故で後遺障害を負った被害者の逸失利益の賠償方法に関し、被害者が被った不利益を補填して不法行為がなかったときの状態に回復させ、損害の公平な分担を図るという不法行為制度の目的・理念に照らし、相当と認められるときは、（毎月ごとに賠償金を支払う旨の）**定期金賠償**を命じることができるとした。後遺障害による損害は、不法行為時から相当期間経過後に逐次現実化するものであり、不確定な要素が大きいこと、一時金として請求する場合、賠償額が中間利息の控除により定期金賠償に比べてかなり少額になること等を考慮すれば、定期金賠償を認めた意義は大きい。

⑤ 財産権侵害における損害（物損）の算定

　財産権の侵害のうち、物を物理的に滅失・損傷した場合の損害は、滅失・損傷行為前の評価額（交換価値）と滅失・損傷後の評価額の差額により算定する。滅失の場合の損害は、再調達価格（同種・同量の物の購入価格や再製造価格）によっても算定できよう。損傷の場合は、その修補費用によっても算定できる。市場価格が変動する場合は416条を類推適用し、不法行為時の価格をもって通常損害とし、その後の騰貴した価格による賠償は不法行為時に予見可能であった場合にのみ請求することができる（前掲大連判大正15年5月22日・富喜丸事件）。土地の不法占有や動産の盗取のように占有を妨げた場合は、その間の賃料相当額を損害として賠償請求できる。

⑥ 非財産的損害

　非財産的損害とは、財産的損害以外のすべての損害のことである（710条）。特に不法行為によって受けた恐怖や悲痛などの精神的損害（これに対する損害賠償を慰謝料という）に代表されるが、これに限られず、法人が受けた無形の損害も非財産的損害として賠償の対象となる。また、生命・身体・名誉その他の人

格的利益が侵害された場合だけでなく、財産権に対する侵害についても非財産的損害が生じ、慰謝料が認められることに注意すべきである（710条）。ペットである愛犬が殺害されたような場合である。

非財産的損害に対する賠償額は、裁判官の裁量によって定められる。

(3) 損害賠償額の調整

損害賠償の範囲が確定し、賠償額が算定された場合でも、色々な事情で賠償額が減額されることがある。その1つが過失相殺であり、もう1つは損益相殺である。

① 過失相殺

被害者に過失があったときは、裁判所はこれを考慮して賠償額を定めること、すなわち賠償額を減額することができ、これを**過失相殺**という（722条2項）。被害者が赤信号にもかかわらず横断歩道を無理に渡ろうとして走行中の自動車にひかれて重傷を負ったような場合である。加害者が賠償責任を負う場合であっても、被害者にも落ち度があれば公平の観点から賠償額が減額されるものである。

722条2項は、債務不履行による損害賠償における過失相殺（418条）と同趣旨の規定であるが、418条が賠償額の減額のみならず賠償責任を否定することも可能であるのに対し、722条2項が賠償額の減額のみにとどまること、418条は債権者の過失を認定した場合に裁判所が必ず過失相殺しなければならないのに対し、722条2項は被害者の過失を認定しても過失相殺するかどうかは裁判所の裁量にゆだねられる点で異なる（418条による過失相殺については**2章4(3)①**参照）。

過失相殺における被害者の「過失」は、不法行為の成立要件（709条）としての加害者の過失と同じ意味であろうか。709条の過失は加害者に損害賠償責任を負わせるために必要な要件であるのに対し、過失相殺における過失は、損害賠償額を定めるについて考慮すべき被害者の不注意という程度の意味に過ぎず、両者は同じものではない。したがって、709条の不法行為責任（過失責任）を問うために加害者に責任能力が要求される（712条）のに対し、被害者の過失を認定するためには責任能力までは要求されず、事理を弁識する能力（**事理弁**

識能力）があれば足りる（最大判昭和39年 6 月24日民集18巻 5 号854頁［8 歳の少年が
死亡した場合に逸失利益を認めた本節(2)③掲記の最判昭和39年 6 月24日民集18巻 5 号
874頁と同一事案である］）。よって、被害者が責任能力のない未成年者（小学生な
ど）であっても、事理弁識能力がある限り、被害者の過失を考慮して賠償額を
減額することができる。もっとも、幼児のように被害者が事理弁識能力すら有
していない場合は過失相殺の対象とならないことになるが、被害者の父母のよ
うな被害者と生活関係上一体をなす者の過失がある場合は、被害者側の過失と
して考慮される（最判昭和42年 6 月27日民集21巻 6 号1507頁）。したがって、親の不
注意で幼児が道路に飛び出して自動車にひかれて大ケガを負った場合、被害者
側の過失を理由に賠償額が減額されることになる。

　なお、被害者がもともと有する特異体質、既往症、特異な性格など、損害発
生・拡大の原因となる被害者の素質を**素因**（心因的素因と身体的素因がある）とい
うが、被害者の素因が相まって損害が発生・拡大した場合、判例は公平の観点
から、722条 2 項を類推適用して賠償額の減額を認めている（最判昭和63年 4 月
21日民集42巻 4 号243頁など）。これに対して、被害者の身体的特徴（人より首が長
い、太っている等々）が損害の発生・拡大に寄与したとしても、それを理由とす
る賠償額の減額は認められないというのが判例である（最判平成 8 年10月29日民
集50巻 9 号2474頁）。

② 損益相殺

　不法行為によって被害者には損失が生じるが、他方において不法行為を原因
として利益を受ける場合がある。この場合、公平の観点から被害者が受けた利
益を控除することを**損益相殺**という（明文の規定はない）。不法行為による損害
賠償は、不法行為によって減少した財産状態を損害賠償によって回復させるも
のであるから（差額説に基づく説明）、損害賠償に加えて利益も取得することに
なれば、被害者にとって過剰な救済になるからである。この場合、損益相殺の
対象になるためには、利益が不法行為を原因として発生したこと、および損失
と利益が同質のものであることが必要である。

　被害者が死亡した場合の逸失利益を算定する際に生活費を控除することが必
要となるが、これも一種の損益相殺である。被害者の死亡により、収入が得ら
れないという損失が生ずるとともに生活費の支出が不要になるという利益が発

生するので、逸失利益から生活費相当分を控除しなければならないのである。

　また、不法行為を原因として被害者（または被害者の遺族等）が損害賠償以外に給付を受けることがある。たとえば、生命保険金、損害保険金、遺族年金などである。このうち、生命保険金は、保険料支払の対価として受け取るものであるから、損益相殺の対象とはならない（損失と同質性がない）。損害保険金も同様であるが、損害保険金の支払によって保険会社が被保険者である被害者に代位し、保険会社に損害賠償請求権が移転するので、実質的には損益相殺がなされたのと同一の結果になる。これに対し、公的年金の受給権者が不法行為によって死亡した場合、遺族が支給を受けた遺族年金（支給を受けることが確定しているものも含む）は損害の塡補に当たるので（損失と同質性がある）、損益相殺として賠償額から控除される（前掲最大判平成5年3月24日は、逸失利益として認められた被害者の退職年金相当額の賠償額から遺族が受けた遺族年金額を控除した）。

5　損害賠償請求権

(1) 損害賠償の請求権者
① 問題点
　損害賠償の請求権者は不法行為の被害者本人である。しかし、被害者本人が死亡した場合、誰が損害賠償請求権を行使するのであろうか。また、直接の被害者ではなく、間接的に被害を受けた者（間接被害者）も賠償請求ができるのであろうか。
② 被害者死亡における近親者の慰謝料請求権
　他人の生命を侵害した者は、被害者の父母・配偶者・子に対しては、その財産権が侵害されなかった場合であっても、損害賠償責任を負うとしている（711条）。わかりにくい規定であるが、被害者の死亡によりその近親者に固有の精神的損害が発生し、これらの者が加害者に対して慰謝料請求権を取得する趣旨であると理解されている（財産的損害に対する近親者の賠償請求権は次に述べるように709条でカバーされる）。
③ 被害者死亡における相続人等の損害賠償請求権
　しかし、被害者の近親者は、711条に基づく損害賠償のほかに、被害者が死

亡した場合、709条に基づき加害者に対して（慰謝料に限らず財産的損害に対する賠償も含めて）損害賠償を請求することができるとされている。ただし、その請求権の根拠に関しては、相続説と非相続説（固有損害説）という2つの考え方がある。

　相続説とは、被害者本人に不法行為による損害賠償請求権が発生し、それを被害者の相続人が承継するという考え方である。たとえば、Aの不法行為によりBが死亡し、Bに妻Cと子Dがいる場合、Bの損害額が2000万円であったとき、Bに生じた損害賠償請求権をCとDが相続分に応じて（この場合は各2分の1）承継し、Aに対して1000万円ずつ請求できるというものである。被害者本人が死亡しているにもかかわらず損害賠償請求権の権利主体となりうるのかが問題となるが、判例は、即死の場合であっても瞬間的に被害者本人に損害賠償請求権が発生し、死亡と同時に相続人がその賠償請求権を承継するとする（大判大正15年2月16日民集5巻150頁・重太郎即死事件）。

　相続説は、判例・実務に広く受け入れられており、上記の人身損害における賠償額の算定はこの考え方を前提とするものである。相続説のメリットは、請求できる者の範囲が明確で損害の算定が比較的容易であること、賠償額が大きくなりがちで被害者に有利であることなどが挙げられる。デメリットとしては、相続人ではないが被害者と密接な関係にあった者（内縁の妻など）の保護に欠けること、被害者と疎遠な関係にある者まで賠償請求権者になりうること（いわゆる「笑う相続人」の出現を阻止できないこと）、子の死亡により親が相続人になる場合において賠償請求権者が自分の平均余命より長い期間の逸失利益分の賠償金を取得できることの不合理さなどが指摘されている。

　さらに判例は相続説に基づき、死亡した被害者の慰謝料請求権も相続の対象になるという（最大判昭和42年11月1日民集21巻9号2249頁）。被害者の相続人で711条の慰謝料請求権を有する者は、同条に基づく慰謝料請求権のほかに被害者本人から相続した慰謝料請求権を行使することができることになる。

　一方、**非相続説**（固有損害説）は、死亡した被害者の近親者（相続人に限られない）は、被害者の死亡により固有の損害を受け、それに対する賠償を加害者に請求することができるとする。この場合の近親者の固有の損害とは、具体的には被害者によって扶養されていた場合の将来の扶養利益その他の生活利益の喪

失である。この考え方は、相続人であるかどうかにかかわらず、被害者と密接な関係にあった者に賠償金を得させるメリットがあり、かつ、相続説が内包する上記の欠点を克服するものであるが、損害の算定が相続説に比べて複雑であることや、賠償額が少なめに算定されることなどが指摘されている。こうした理由から、判例・実務は相続人が賠償請求権者である場合は依然として相続説によるが、相続人以外の者が賠償請求権者になる場合は、固有損害説に基づいて賠償請求をすることを否定していない（最判平成5年4月6日民集47巻6号4505頁は、内縁の妻が自賠法72条に基づく請求をした事案において将来の扶養利益を失った損害につき賠償を認めている）。

④ 胎児の地位

不法行為による損害賠償請求権について、胎児（たいじ）は生まれたものとみなされる（721条）。親が不法行為によって死亡した場合、死亡当時は胎児であっても、出生した後、711条に基づく損害賠償請求権を取得する。もっとも、胎児は相続に関して生まれたものとみなされるので（886条）、相続説に立つ限り、胎児は出生後、被害者の損害賠償請求権を相続により取得し、これに基づき（財産的損害も含めて）賠償請求をすることができる。

⑤ 間接被害者の損害賠償請求権

ある会社の経営者が交通事故で死亡したため、会社の業績が著しく悪化するなどの損害が生じた場合、その会社は加害者に対して会社の受けた損害について賠償を請求することができるであろうか。被害者である会社は不法行為によって直接的に被害を受けているわけではなく、経営者の死亡を介して間接的に損害を受けているにすぎないので、このような会社のことを間接被害者ということができる（役員や従業員のような企業の構成員が被害を受けたことによって企業が被る損害を企業損害という）。

企業損害については、企業の側で保険をかけるなど損害の軽減・回避の策を講じておくことができるので、加害者に損失を転嫁するのは妥当でない。これに関して、個人経営していた会社の経営者が交通事故で負傷した事例において会社の営業利益の逸失について損害賠償を認めた判決があるが（最判昭和43年11月15日民集22巻12号2614頁）、この事例は、個人会社で経営者に会社の機関としての代替性がなく経営者と会社が経済的に一体である事例であり、実質的には

個人が受けた損害を形式的に企業損害の名目で賠償請求したものであった。このような場合を除き、間接被害者である企業は、その役員または従業員が被害を受けたことに対する損害について賠償請求することはできないというべきである。なお、間接被害者による損害賠償請求は、損害賠償の範囲の問題に置き換えることもできよう（本章3(2)参照）。間接被害者の損害は、加害行為と相当因果関係のある損害には当たらないから賠償の対象とはならないともいえるからである。

(2) 損害賠償請求権の消滅時効

① 不法行為法における規律

不法行為による損害賠償請求権も債権であるので、時効によって消滅する。しかし、不法行為の場合は、一般の債権と異なり、724条において独自の起算点と時効期間が定められている（一般の債権は、債権者が権利を行使できることを知った時から5年間（166条1項1号）または権利を行使できる時から10年間（同項2号）、行使しない場合に時効によって消滅する）。時効の援用・放棄および時効の完成猶予・更新は、時効の一般規定に従う。

② 短期の消滅時効の起算点と時効期間

不法行為による損害賠償請求権は、**被害者が損害および加害者を知った時から3年間行使しないとき**に時効によって消滅する（724条1号）。その趣旨は、証拠が散逸し、損害等の証明が困難になること、被害者が損害および加害者を知れば速やかに権利行使することが期待できること、不安定な立場に置かれる加害者の法的地位を安定させること等が挙げられる（最判昭和48年11月16日民集27巻10号1374頁参照）。この短期の時効期間の起算点である「加害者を知った時」とは、「加害者に対する賠償請求が事実上可能な状況のもとに、その可能な程度にこれを知った時」を意味する。したがって、被害者が不法行為当時に加害者の住所氏名を的確に知らず、当時の状況において賠償請求権を行使することが事実上不可能な場合においては、その状況が止み、被害者が加害者の住所氏名を確認したとき、初めて「加害者を知った時」に当たるとされる（前掲最判昭和48年11月16日）。

一方、「損害を知った時」とは、被害者が損害の発生を現実に知った時をい

う（最判平成14年1月29日民集56巻1号218頁）。土地の不法占有のような継続的不法行為に基づく損害賠償請求権の消滅時効は、その不法行為によって日々発生する損害につき被害者がこれを認識した時から別個に進行する（大連判昭和15年12月14日民集19巻2325頁）。

③ 長期の消滅時効の起算点と時効期間

不法行為による損害賠償請求権は、**不法行為の時から20年間行使しないとき**に「時効によって」消滅する（724条2号）。その趣旨は、被害者の認識の有無にかかわらず一定期間経過後に請求権を消滅させることによって法律関係を確定させることにある。旧法ではこの期間の性質は明確ではなく、判例・通説は時効期間ではなく除斥期間であるとしていたが（最判平成元年12月21日民集43巻12号2209頁）、改正法はその考え方を採用せず、時効期間であることを明らかにした（除斥期間については総則・**8**章3(4)参照）。その結果、長期の期間についても時効の完成猶予や更新が可能になり、被害者保護が図られることになった。

では、加害行為時に直ちに損害が発生せず、長期間経過後に損害が発生した場合はどうであろうか。「不法行為の時」を加害行為時であるとすると、身体に蓄積して健康を害する物質による損害や、一定の潜伏期間を経過した後に症状が現れる損害の場合において、被害者の救済に欠けることになる。これに関して判例は、不法行為により発生する損害の性質上、加害行為が終了してから相当の期間が経過した後に損害が発生する場合には損害の全部または一部が発生した時が起算点となるとした（最判平成16年4月27日民集58巻4号1032頁・筑豊じん肺訴訟）。この法理は旧法の20年の期間を除斥期間であるという前提でなされた判決に基づくものであるが、時効期間と定める改正法においても維持される。

④ 生命・身体を害する不法行為による損害賠償請求権の消滅時効期間

不法行為による損害賠償請求権は、損害および加害者を知った時から3年間行使しないときに時効によって消滅するが（724条1号）、人の生命または身体を害する不法行為による損害賠償請求権の消滅時効期間は、5年間に伸長される（724条の2）。人の生命・身体という最も重要な法益の侵害であるからである。

なお、損害賠償請求権の原因が不法行為でなく、債務不履行である場合、人の生命または身体の侵害による損害賠償請求権の時効期間は、権利を行使する

ことができる時から20年と、一般の債権の時効期間（10年）より伸長されており（167条）、請求原因によって時効期間に違いが出ないよう配慮されている。

　したがって、使用者の安全配慮義務違反によって労働者が大ケガをし、労働者が使用者に対して損害賠償請求権を行使する場合、債務不履行（415条）に基づいて請求しても、不法行為（709条）に基づいて請求しても、消滅時効期間には違いが生じないことになる。

17章 特殊な不法行為

1 特殊な不法行為とは

　民法714条から719条までは特殊な不法行為を定める。特殊な不法行為とは、709条の一般の不法行為の要件または効果が修正された特別の不法行為のことである。714条の監督義務者の責任から718条の動物占有者の責任は、709条の過失責任の原則を修正するものであり、過失の立証責任を転換したり、無過失責任を採用したりすることで被害者の救済を容易にすることを目的とする。719条の共同不法行為は、共同行為者に連帯責任を負わせることにより、被害者の加害者に対する責任追及を容易にするものである（716条は、注文者は原則として責任を負わないと定めるもので、やや趣旨が異なる）。

　また、特別法において不法行為責任が規定されている場合がある。本章では、失火責任、自動車損害賠償責任および製造物責任を扱う（失火責任は加害者の責任を軽減するものであるが、後2者は加害者の責任を加重するものである）。これ以外にも、国家賠償法（国賠法）、大気汚染防止法・水質汚濁防止法・原子力損害賠償法などの公害法・環境保全法は不法行為責任の特則を定めるものとして重要であるが、割愛する。

2 責任無能力者の監督義務者の責任

(1) 監督義務者の責任とは

　前述したように（**15章 5**(2)参照）、責任無能力者が他人に損害を与えても、賠償責任を負わない（712条、713条）。その場合、他に賠償責任を負う者がなければ、被害者の救済に欠けるので、民法は責任無能力者を監督する法定の義務を負う者（監督義務者）に賠償責任（**監督義務者責任**）を負わせた。

⑵ 監督義務者責任の要件・効果

　責任無能力者が損害賠償責任を負わない場合において、その法定の監督義務者は、監督義務を怠らなかったこと、または監督義務を怠らなくても損害が生ずべきであったことを証明しない限り、賠償責任を負う（714条1項）。

　法定の監督義務者とは、未成年者の責任無能力者の場合は、親権者（父母）、未成年後見人である。なお、認知症患者が起こした鉄道事故について、保護者や成年後見人であることだけでは法定監督義務者には該当せず、保護者である同居配偶者（妻）は法定監督義務者ではないとして賠償責任が否定された事例がある（最判平成28年3月1日民集70巻3号681頁・JR東海事件）。

⑶ 監督義務者の免責

　監督義務者は監督義務を怠らなかったことを証明できれば免責されるので、714条は無過失責任を定めるものではないが、監督過失に関する証明責任が加害者側に転換されている点で「中間責任」と呼ばれる。監督義務者の監督義務は広範かつ包括的なので、免責されるケースはあまりない。

　ただし、小学生が小学校のグラウンドでサッカーの練習中に蹴ったボールがゴールポストを超えて道路を通行中の被害者に当たって重傷を負った事例において親の責任が問われた事案につき、最高裁は、「通常は人身に危険が及ぶものとはみられない行為によってたまたま人身に損害を生じさせた場合は」「特別の事情が認められない限り、子に対する監督義務を尽くしていなかったとすべきではない」として監督義務者の免責を認めている（最判平成27年4月9日民集69巻3号455頁・サッカーボール事件）。

⑷ 責任能力がある未成年の加害者の親権者の責任

　監督義務者の責任は、加害者が責任無能力者の場合に負う責任なので、責任能力がある未成年者の行為によって第三者が損害を被った場合は、その未成年者の親権者が714条の責任を負うことはない（未成年者本人が賠償責任を負う）。しかし、一般に未成年者には賠償する資力はなく、その親権者の責任を問えなければ、被害者は事実上賠償を受けられない。そこで、未成年者の責任能力の有無にかかわらず、親権者にも損害賠償責任を負わせることができれば被害者

救済に資することになる。

　判例は中学3年生の男子による殺人事件において、未成年者に責任能力がある場合であっても監督義務者の義務違反と未成年者の不法行為によって生じた結果の間に相当因果関係が認められるときは、709条に基づく不法行為が成立するとして責任能力のある未成年者の親権者の賠償責任を認めている（最判昭和49年3月22日民集28巻2号347頁）。

　ただし、この判決により、責任能力がある未成年者のすべての不法行為について監督義務者（親権者）の責任が認められるようになったと即断してはならない。判例はあくまで監督義務者の義務違反と未成年者の不法行為の結果の間に相当因果関係がある場合に限って監督義務者の責任を認めているにすぎないので、監督義務者の義務違反がない場合や相当因果関係がないような場合は、監督義務者は未成年者の不法行為について責任を負わないのである。未成年者であっても成年に近い少年の場合や、過失による不法行為の場合などは、責任能力のある未成年者の親の監督義務違反を理由として責任を問うことは困難であろう（最判平成18年2月24日判時1927号63頁は、19歳の少年による傷害行為につき、親権者としての影響力が限定的であったとして少年の両親の責任を否定している）。

3　使用者責任

(1) 使用者責任とは

　A社の従業員Bが台車で運んでいた商品がBの不注意で崩れて傍にいたCに大ケガを負わせた、A銀行の行員Bが得意先Cに架空の投資話を持ち掛けて損害を与えた、というような場合、被用者であるB自身がCに対して責任を負うのはもちろん、Bの使用者であるAもまた賠償責任を負わなければならない。この被用者の加害行為について使用者が負う責任が**使用者責任**である。

　すなわち、被用者（使用者に使用されている者）が事業の執行について第三者に加えた損害の賠償責任を使用者が負う。使用者は被用者に対する選任監督に過失がなかったことを立証しない限り、免責されない（715条1項）。

　被用者の行為に対して使用者が責任を負う理由は、被用者の活動によって使用者が利益を獲得していることに求められる。このような理由から認められる

責任を**報償責任**という。また、被用者の選任監督の過失がないことについて使用者側に立証責任が転換されていることから、714条の監督義務者責任と同様に中間責任であるといえる。

(2) 使用者責任の要件

　使用者責任が成立するためには、被用者の行為が不法行為の成立要件を満たすことに加えて、使用者と被用者の間に使用関係が存在することと、被用者の加害行為が事業の執行について行われたという事業の執行性が必要である。

① 使用関係

　使用関係とは、一般に使用者と被用者の間に雇用関係があることをいうが、実質的に指揮監督の関係があればよい。判例は、下位団体の暴力団の組員が対立する暴力団の組員と誤認して警察官を殺害した事例において、上部団体の暴力団組長の使用者責任を認めている（最判平成16年11月12日民集58巻 8 号2078頁）。

② 事業の執行性

　事業の執行性が必要であるので、被用者の加害行為が事業の執行とは無関係になされた場合は、使用者責任は成立しない。被用者が休日に自家用車で家族旅行をした最中に交通事故を起こし、第三者に損害を与えても、使用者が責任を負わないのは当然である。

　事業の執行性の判断につき、判例は「**外形標準説**」を採用している（最判昭和40年11月30日民集19巻 8 号2049頁など）。これは、被用者の職務執行行為には属していないが、その行為の外形から観察して、あたかも被用者の職務の範囲内の行為に属するものとみられる場合をも包含するという考え方である。たとえば、被用者に手形振出しの権限がないのに手形を振り出して第三者に損害を与えた事例（取引的不法行為）において、被用者の行為が外形上職務の範囲内に属すると見られる場合、使用者は責任を負う（前掲最判昭和40年11月30日）。また、被用者が退社後に会社の自動車で帰宅途中に交通事故を起こし、第三者に損害を与えたような事実的不法行為の場合も、会社は使用者責任を負う（最判昭和39年 2 月 4 日民集18巻 2 号252頁）。

(3) 使用者責任の効果

　使用者責任が成立する場合、使用者と被用者は被害者に対して損害賠償責任を負い、双方の債務は連帯債務 (436条) の関係に立つと考えられるが、求償の可否が問題となる。使用者が被害者に損害賠償をした場合、被用者に対して求償をすることができる (715条3項)。その求償権の範囲は、損害の公平な分担という観点から、信義則上相当と認められる限度に制限されることがある (最判昭和51年7月8日民集30巻7号689頁)。また、最高裁は近時、貨物運送業者である使用者の事業の執行として被用者が運転するトラックによる交通事故において、被用者が被害者に賠償した場合、事業の性格・規模、被用者の業務の内容、労働条件、加害行為の態様、加害行為の予防・損失の分散についての使用者の配慮の程度その他諸般の事情に照らし、損害の公平な分担の見地から相当と認められる額について被用者は使用者に求償 (いわゆる逆求償) することができるとした (最判令和2年2月28日民集74巻2号106頁)。

4　注文者の責任

　請負人が第三者に対して損害を与えた場合、原則として注文者が責任を負うことはない (716条)。たとえば、工務店が請け負った住宅の建築工事中、運搬していた建築資材が歩行者に当たって重傷を負わせたような場合、工務店が賠償責任を負い、注文者である施主が責任を負うことはない。請負人は注文者と独立の立場で自らの裁量で仕事を行うものであるからである。ただし、注文または指図に注文者の過失がある場合は、注文者も責任を負う (同条ただし書)。

5　土地工作物責任

(1) 土地工作物責任とは

　建物や施設のような土地の工作物の占有者は、その設置または保存の瑕疵によって他人に損害を加えた場合に賠償責任を負う。占有者に過失がないときは、所有者が責任を負う (717条)。たとえば、A宅のコンクリート擁壁が崩落して隣接する道路を歩行していたBが死傷した場合、そのコンクリート擁壁の

占有者であり、所有者でもあるＡはＢの損害について賠償責任を負う。

　　土地工作物責任は、建物や施設が有する危険性に基づき、工作物を管理する占有者または所有者が負う責任である。このような責任を**危険責任**といい、過失責任主義を修正するものである。占有者は自己に過失がないことを証明して責任を免れることができるが（中間責任）、所有者はその場合でも責任を負わなければならないので、所有者の責任は無過失責任である。占有者は一時的支配者であるのに対し、所有者は、危険物の全面的・最終的な利益帰属者であり、また、所有者の方に資力があると考えられるからである。

(2) 土地工作物責任の要件

① 土地の工作物

　　土地の工作物とは、土地に接着して人工的作業によって成立した物とされるが（大判昭和 3 年 6 月 7 日民集 7 巻443頁）、弾力的に解されている。個々の建物だけでなく、付属設備を伴った施設全体も含む（鉄道の軌道施設など）。スキー場のゲレンデやゴルフコースも、自然地形を利用するとはいえ人工的作業が加えられているので工作物となる。

② 設置または保存の瑕疵

　　設置または保存に瑕疵があることが必要である。瑕疵とは、工作物が通常有すべき安全性に関する性状や設備を欠いていることである。瑕疵は、工作物自体に物理的欠陥がある場合に限られない。警報機の保安設備を欠いていた鉄道の踏切で幼児が電車にひかれて死亡した事例において、鉄道会社の土地工作物の責任が認められている（最判昭和46年 4 月23日民集25巻 3 号351頁・井頭線踏切事件）。土地の工作物である踏切道の軌道施設は、保安設備と併せて一体として考察すべきであり、保安設備を欠く場合は、踏切道における軌道施設として本来備えるべき設備を欠き、踏切道としての機能が果たされていないので、設置上の瑕疵があるというべきであるからである。

③ 瑕疵と損害発生との因果関係

　　土地工作物責任を問うためには、瑕疵を原因として損害が発生したことが必要であるが、自然力が競合して損害が発生した場合はどうか。瑕疵がなくても損害が発生するほどの異常な自然事象（大地震、猛烈な台風など）によるもので

あれば因果関係はない（免責される）といえるが、そうでない場合は責任を認めるべきである。工作物はそのような危険に対して通常備えるべき安全性が要求されているので、通常の規模・強さの自然力により損害が生じた場合は因果関係が肯定され、賠償責任を負わなければならない。

(3) 土地工作物責任の効果

　工作物の占有者が１次的に賠償責任を負う。ただし、占有者が損害の発生を防止するのに必要な注意をしていたときは、所有者が賠償責任を負う（717条１項）。ある建物の占有者が賃借人であるときは建物の賃借人が工作物責任を負い、賃借人に過失がなければ建物所有者が責任を負うことになる。

　占有者または所有者が717条の責任を負う場合、これらの者は損害の原因に責任を負う者に対して求償することができる（同条３項）。設置・保存の瑕疵が、以前の所有者や工作物を設置した請負人に起因するような場合である。

6　動物占有者の責任

　動物の占有者は、その動物が他人に加えた損害を賠償する責任を負う（718条１項）。動物が人に危害を与える危険性からその占有者に責任を負わせるものである。危険責任の一種である。ただし、占有者が動物の種類および性質に従い相当な注意をもって管理したときは、責任を免れる。土地工作物責任の場合（717条）と同様に立証責任が転換されており、動物占有者の責任は中間責任である。占有者に代わって動物を管理する者も占有者と同じ責任を負う（718条２項）。

7　共同不法行為

(1) 共同不法行為とは

　数人が共同の不法行為によって他人に損害を加えたときは、各自が連帯して損害賠償責任を負う（719条１項前段）。共同行為者のうち加害者が不明の場合（同項後段）や教唆者・幇助者（719条２項）も同様に賠償責任を負う。これらを共

同不法行為という。

　共同不法行為の例として、A、B、Cが共謀してDに暴行を加える、A、B、Cの工場から排出される煤煙によって住民Dらが健康被害を受けるというケースを挙げることができる。これらの場合、AらゐらＡらの加害行為がDらの損害発生に寄与した程度は必ずしも同じではないかもしれないが、加害者全員に連帯責任を負わせるのが共同不法行為の趣旨である。共同行為者（加害者）の各自が連帯責任すなわち全部賠償義務を負うので、被害者の救済に資するものである（被害者は資力のある加害者から賠償金を取れる）。

　719条の性格については以下に述べるように最高裁判例と学説等（下級審判決を含む）の間に理解の相違があり、錯綜している。

(2) 共同不法行為の要件

① 719条 1 項前段の共同不法行為

（a）最高裁の考え方

　最高裁は、719条 1 項前段の共同不法行為が成立するには、共同行為者の各自の行為がそれぞれ独立に不法行為の要件を備えることと、各自の行為が客観的に関連し共同して違法に損害を加えること（客観的関連共同性）が必要であるとする（最判昭和43年 4 月23日民集22巻 4 号964頁・山王川事件）。その一方で、交通事故と医療過誤が競合して被害者の死亡という不可分の一個の結果が生じ、この結果について相当因果関係がある場合、運転行為と医療行為は共同不法行為に当たり、各不法行為者は損害の全額について連帯責任を負い、このような独立して成立する複数の不法行為が順次競合した共同不法行為でも同じであるとする（最判平成13年 3 月13日民集55巻 2 号328頁）。最高裁の考え方は、共同行為者間の主観的な関連性はもちろん、事例によっては関連共同性すら要求しておらず、共同不法行為の成立を緩やかに認める一方、各自の行為と損害の間の因果関係を要求している点に特徴がある。

（b）最高裁とは異なる考え方

　このように解すると、719条は、たまたま同一の結果をもたらす複数の競合する不法行為について連帯責任（全部賠償義務）を課すことを定めるのみで、その存在意義は乏しいことになる。なぜなら、719条がなくても不法行為者各自

の損害賠償債務を連帯債務と解して全額の賠償責任を負わせることも可能だからである。また、各自の行為と損害の間の因果関係がなければ、その者は共同行為者としての責任を負わないことになる。

そこで近時は、共同行為者間の何らかの関連共同性を要件として（共同行為者間の「共同行為」を観念することで）、各自の行為と損害の間の個別的因果関係を証明できなくても、共同行為と損害の間の因果関係があれば、共同行為者は連帯して責任を負うという考え方が有力である。

この関連共同性については、共謀あるいは意思的な関与といった主観的関連共同性を必要とする考え方や、公害訴訟（津地四日市支判昭和47年7月24日判時672号30頁・四日市公害訴訟、大阪地判平成3年3月29日判時1383号22頁・西淀川公害第1次訴訟など）を契機として、共同不法行為を共同行為者間に緊密な一体性がある「強い関連共同性」がある場合と「弱い関連共同性」のみ有する場合に類型化する考え方が提唱されている。

これらの説によれば、主観的関連共同性あるいは強い関連共同性がある場合には、共同行為と損害の間に因果関係が認められる限り、各自の行為と損害の間の個別的因果関係が擬制され、免責等の主張が許されないのに対し、そうでない場合は、各自の行為と損害の間の因果関係のないことを立証すれば、免責または減責（損害に対する寄与度に応じて責任の一部を免除すること）が認められることになる。

② 加害者不明の共同不法行為（719条1項後段）

719条1項後段は、加害者不明の場合にも共同行為者に連帯して賠償する責任を負わせるものである。たとえば、上記の例において住民の健康被害の原因となったのが、A、B、Cのいずれの工場から排出された煤煙によるものか不明であっても、Aらは連帯して賠償責任を負わなければならない。もっとも、共同行為者のうち、自己の行為が損害発生とは因果関係がないことを証明できれば、免責を認めることができよう。すなわち、719条1項後段は、共同行為者の因果関係の推定規定と位置づけることができる。

(3) 共同不法行為の効果

① 連帯責任

共同行為者は各自連帯して損害賠償責任を負う。この各自の損害賠償債務は連帯債務の関係に立つので (436条)、共同行為者は被害者に対して損害の全部について賠償義務を負う。この共同行為者間の債務の性質は、かつては不真正連帯債務 (原則として弁済など債務を消滅させる行為以外は相対的効力しか有しない連帯債務) であるとされていたが、改正法は連帯債務の絶対的効力事由を大幅に限定したので、不真正連帯債務という概念を用いる必要はなくなったといえる (連帯債務は**11章 2 、3** 参照)。たとえば、免除は相対的効力しか有しないので (441条参照)、被害者が共同行為者の 1 人の賠償責任を免除したとしても原則として他の共同行為者は賠償責任を免れない (他の共同行為者の免責の有無は被害者がその者を免責する意思を有していたかどうかによる)。

② 求　償

共同行為者の 1 人が被害者に損害賠償をした場合は、他の共同行為者に対して負担部分に応じて求償することができる (442条)。この場合の負担部分は共同行為者各自の過失割合 (責任の割合) によるというのが判例である (最判昭和41年11月18日民集20巻 9 号1886頁)。

8　特別法上の不法行為

(1) 失火責任 (失火責任法)

① 失火責任法の趣旨

ある者の不注意で自宅が火事になり、それが隣の家に延焼した場合、失火者に過失があれば、隣家の住人に対して損害賠償責任を負うはずである。しかし、木造家屋の多いわが国ではいったん火事になると延焼が拡大し、多額の賠償金の支払義務を背負わされることになる。こうした事情を考慮して、失火には民法709条が適用されず、失火者に重大な過失がある場合に限り、賠償責任を負うとするのが**失火責任法** (「失火ノ責任ニ関スル法律」) である。失火者の責任を軽減するものであり、民法の特別法である。

② 債務不履行責任との関係

　しかし、賃借人が自己の過失で賃借家屋を焼失させたとき、重過失がなければ失火責任法による責任は負わないが、賃借人は賃貸借契約に基づいて善管注意保存義務を負うので（400条）、この義務の違反（実質的に過失に相当する）によって賃借家屋が焼失すれば、賃貸人に対して債務不履行による損害賠償責任（415条1項）を負わなければならない。失火責任法は不法行為責任（709条）の特則であり、債務不履行責任（415条）には適用されないので、失火者である賃借人に重過失がない場合であっても、賃貸人に対する債務不履行責任は免れないからである（大判明治45年3月23日民録18輯315頁）。

(2) 自動車損害賠償責任（自動車損害賠償保障法）

① 自動車損害賠償保障法の趣旨

　自動車損害賠償保障法（以下「自賠法」という）は、自動車の運行による人身損害において損害賠償を保障する制度を確立することにより自動車事故の被害者の保護を図る目的で制定された（自賠法1条）。同法は、自動車の運行の危険性に基づき、自動車の運行供用者に**自動車損害賠償責任**（運行供用者責任ともいう）を負わせるとともに、責任保険（自動車損害賠償責任保険）の契約締結を強制することによって損害の填補を実効化するものである。なお、自賠法が対象とするのは人身損害のみであって、財産権侵害による損害（物損）は責任の対象外である。

② 自動車損害賠償責任（運行供用者責任）

　自己のために自動車を運行の用に供する者（**運行供用者**）は、その運行によって他人の生命・身体を害したときは、損害賠償責任を負う（自賠法3条）。ただし、運行供用者および運転者が自動車の運行に関し注意を怠らなかったこと、被害者または運転者以外の第三者に故意または過失があったこと、自動車に構造上の欠陥または機能の障害がなかったことを証明できた場合は、賠償責任を免れる（同条ただし書）。自賠法3条ただし書の3要件を証明できない限り、運行供用者は賠償責任を免れないので、実質的に無過失責任に近い責任である。この賠償責任は上記のとおり責任保険によってカバーされるので、被害者救済の実効性が担保されている。

③「運行供用者」「運行」の意義

自賠法3条の賠償責任を負うべき「運行供用者」とは、自動車の運行を支配し、運行によって利益を得ている者、すなわち「運行支配」と「運行利益」が帰属する者のことである。自動車の保有者（所有者または使用権者で自己のために自動車を運行の用に供する者）は原則として運行供用者であるが（自賠法2条3項）、運行供用者性の判断は、運行支配および運行利益の帰属の有無の観点からなされる。

判例は、子が所有する自動車の購入代金または維持費の負担者が父親であった場合において父親を（最判昭和49年7月16日民集28巻5号732頁など）、レンタカーによる事故においてレンタカー会社を運行供用者と認めている（最判昭和50年5月29日判時783号107頁）。これに対して自動車が窃取された場合（泥棒運転）は、保有者は運行支配・運行利益を失うので、窃取者が起こした事故について運行供用者としての賠償責任を負わない（最判昭和48年12月20日民集27巻11号1611頁）。もっとも、エンジンキーを入れたまま駐車していた自動車が盗まれて起きた事故のような場合は、運行支配は失われていないとして保有者の運行供用者性を認める余地はある。

「運行」とは、「人又は物を運送するとしないとにかかわらず、自動車を当該装置の用い方に従い用いること」である（自賠法2条2項）。これは、自動車を走行状態におく場合だけでなく、自動車の固有装置の目的に従って操作する場合も含む（これを「固有装置説」という）。したがって、クレーン車を走行停止の状態におき、固有装置であるクレーンをその目的に従って操作する場合も「運行」に当たるので、クレーンの誤操作による事故においても自賠法3条の責任が認められる（最判昭和52年11月24日民集31巻6号918頁）。

④ 被害者の直接請求ほか

自賠責保険は責任保険であるので、賠償責任を負う自動車の保有者に対して保険金が支払われるが、自賠法は、被害者が保険会社に対し、損害賠償額の支払を請求できること（直接請求）を定めている（自賠法16条1項）。被害者の迅速な救済を図るためである。

また、加害者たる自動車の保有者が明らかでない場合や被保険者以外の者が運行供用者責任を負う場合（泥棒運転など）、政府が被害者の損害を填補する（自

賠法72条1項)。

(3) 製造物責任 (製造物責任法)

① 製造物責任法の趣旨

　購入した電子レンジを使用中に突然発火して購入者が大ケガをしたり、その自宅が全焼した場合、購入者は電子レンジを製造したメーカーに対して損害賠償を請求することができるだろうか。この事例のように、製造物の欠陥により生命、身体、財産を侵害された被害者を救済する目的で制定されたのが**製造物責任法**である。もちろん、被害者は製品の売主に対して契約不適合責任 (民法562条以下) を追及し、あるいは債務不履行 (保護義務違反) を理由とする損害賠償 (415条) を請求することは可能である。しかし、前者は基本的に製品自体について生じた損害のみを填補するものであり、後者において売主の保護義務違反を問うことは現実的でない。むしろ、製造業者 (メーカー) の責任を追及する方が賠償資力の点からも効果的である。しかし、購入者が契約関係のない製造業者に対して民法709条の不法行為責任を追及するためには、製造業者の過失を立証しなければならないという壁が立ちはだかる。こうした被害者を救済するために制定されたのが製造物責任法である。

② 製造物責任

　製造物責任法3条は、製造業者 (加工者・輸入業者も含む) は、製造物の欠陥により他人の生命、身体または財産を侵害したときは、これによって生じた損害を賠償する責任 (**製造物責任**) を負うとする。製造物責任は、「過失」に代えて「欠陥」を責任の根拠としたもので、無過失責任である。同法は、製造物以外の法益の侵害があった場合にのみ適用されるので (同条ただし書)、製造物自体に生じた損害を填補するものではない (製造物自体についての損害は売主の契約不適合責任を追及すればよい)。

　「製造物」とは製造または加工された動産であり (同法2条1項)、不動産である建物の欠陥やコンピュータソフトのプログラムのような無体物の欠陥に起因する事故は本法の対象外である。

　「欠陥」とは製造物が「通常有すべき安全性を欠くこと」をいう (同法2条2項)。欠陥の判断要素として「製造物の特性」「使用形態」「引渡し時期」が例示

されている。欠陥には、「製造上の欠陥」や「設計上の欠陥」だけでなく、使用に当たって指示・警告をしなかったこと（指示・警告上の欠陥）も含まれる。

　たとえば、医薬品が副作用を有することをもって直ちに欠陥ということはできないが、添付文書で副作用について適切に指示・警告をしなかったことは（指示・警告上の）欠陥となる。添付文書の記載が適切かどうかは、副作用の内容・程度、通常想定される処方者等（医師など）の知識・能力等を総合考慮して、副作用の危険性が処方者等に十分明らかにされているか否かという観点から判断される（最判平成25年4月12日民集67巻4号899頁・イレッサ薬害訴訟は、添付文書の記載から医師が副作用を認識することができた等の理由から輸入医薬品「イレッサ」に欠陥はないとして輸入業者の製造物責任を否定した）。

③ 製造業者の免責

　製造物に欠陥があっても、製造業者が引き渡した時における科学または技術に関する知見によっては、製造物に欠陥があることを認識できなかったことを製造業者が証明したときは、賠償責任を免れる（同法4条）。これを「開発危険の抗弁」という。新規に製品を開発・販売する意欲を抑制しないためであるといわれる。

④ 消滅時効

　製造物責任法3条に基づく損害賠償請求権は、被害者が損害および賠償義務者を知った時から3年間（生命・身体の侵害の場合は5年間）、行使しないとき、または製造業者が製造物を引き渡した時から10年を経過したとき、時効によって消滅する（同法5条）。民法724条の特則である。

18章 事務管理・不当利得

1 事務管理

(1) 事務管理とは

義務なくして他人のために事務を管理することを**事務管理**という（697条1項）。たとえば、隣人が海外旅行で留守中にその住居の窓ガラスが台風で破損したのを見かねて、工務店に依頼して修理をさせ、修理費用を立て替えた者は、隣人に対して修理費用を請求できる。本人と管理者の間に契約上の関係がないにもかかわらず、一定の法的効果（債権債務関係）が生ずる。事務管理は債権の発生原因であり、そこから生ずる債権は、不当利得や不法行為の場合と同様に法律の規定に基づいて生ずる法定債権である。

当事者間の合意がないのに債権債務関係が生ずるのは、人の「善意」に出る行為を法が擁護し、相互扶助の行為をすることを（推奨まではしないが）不利には扱わないという趣旨に基づくものである。

管理者が本人から委託されて事務を処理すれば委任（643条）であるが、委託なしに事務を処理するのが事務管理といってよい。よって委任に関する規定が多く準用されている。

(2) 事務管理の要件

事務管理が成立する要件は、①他人の事務を管理すること、②他人のためにする意思があること、③法律上の義務がないこと、④本人（他人）の意思と利益に適合することである。他人の事務は、事実行為であってもよいし（窓ガラスを自ら修理する）、法律行為であってもよい（窓ガラスを修理するために工務店と契約をする）。

(3) 事務管理の効力

① 違法性の阻却

　事務管理は、本人の同意なしに他人の生活領域に介入するものであるから、本来であれば違法であり、不法行為とさえなりうる。しかし、民法は、管理者のした行為について一定の法的効果を与え、保護するものであるから、（明文の規定はないが）事務管理の違法性を阻却するものといえる。

② 管理者の義務

　管理者は、その事務の性質に従い、最も本人の利益に適合する方法で事務の管理をしなければならない（697条1項）。そして、管理者は事務管理を始めたことを遅滞なく本人に通知しなければならず（699条）、本人または相続人が管理をすることができるに至るまで、事務管理を継続しなければならない（700条）。その他、管理者は、委任の規定に従い、本人に対して報告する義務、受け取った金銭等を引き渡す義務、取得した権利を移転する義務等を負う（701条による645条から647条の準用）。

③ 本人の義務

　管理者は本人のために有益な費用を支出した場合、本人に対し、その償還を請求することができる（702条）。上記の例で窓ガラスを修理するために工務店に修理代金を支払った管理者は、その代金相当額を本人に請求することができる。管理者の本人に対する報酬請求権は認められない（なお、遺失物法28条1項は、遺失物が遺失者に返還された場合における遺失者の拾得者に対する報労金支払義務を定める）。

④ 第三者に対する効力

　上記の例で窓ガラスを修理するために工務店と契約した管理者は、自らが契約当事者となるので、管理者が工務店に対して修理代金を支払う義務を負うことになる（負担した費用の償還を本人に請求することになる）。事務管理は管理者に代理権を与えるものではないので、仮に管理者が本人の「代理人」として契約をしても無権代理となる（最判昭和36年11月30日民集15巻10号2629頁。代理の意義および無権代理は総則・**7章**1、4参照）。よって、相手方は本人に対しては、追認がない限り管理者がした契約の履行を求めることはできず（113条）、管理者に対して無権代理人としての責任を追及するしかない（117条）。

2 不当利得の意義

(1) 不当利得とは

　法律上の原因なく他人の財産または労務によって利益を受け、そのために他人に損失を及ぼした者(「受益者」という)は、その利益を返還する義務を負う(703条)。この利益のこと、または利益の返還義務を認める制度を**不当利得**という。損失者は受益者に対して不当利得返還請求権を取得するので、不当利得は債権の発生原因である。不当利得制度は、ある財貨を保持することが正当化できない場合に公平の観点などからそれを是正することを目的とするものである。不当利得は色々なタイプがあることが指摘されている(不当利得について統一的な説明を断念し、不当利得を類型化し、類型ごとに要件・効果を検討する考え方を「類型論」という。これに対して判例のように、703条および704条の要件・効果につき公平の観点から統一的に説明する考え方を「公平説(衡平説)」という)。

(2) 不当利得の類型

① 侵害利得

　Aの物をBが無断で消費したり、処分したりした場合、AはBに対して不法行為による損害賠償を請求することができるが(709条)、他方でAは損失につきBに対して不当利得返還請求をすることができる(703条)。この事例のようにある者の財産権が他人によって侵害されており、その回復を目的とする不当利得を**侵害利得**という。侵害利得には、所有権が侵害される場合のほか、受領権限のない者が弁済を受ける場合のように(478条も参照)、債権が侵害される場合もある。

② 給付利得

　AがBに売買契約に基づき自分の物を引き渡したが、錯誤を理由としてAが取り消した場合(95条)、BはAに受け取った物を返還しなければならない。BがAから受け取った物を保持できるのは、A・B間の契約が有効に存在することが前提となっているから、それを基礎づける法律関係が消滅すれば、Bが契約によって取得した給付を保持することが正当化できない以上、BはAにこれ

を返還しなければならないからである。このような不当利得を**給付利得**という。契約が無効または取り消されたり、解除されたりして契約当事者が互いに原状回復義務を負う場合が典型的なケースである（無効・取消しに関して121条の2、解除に関して545条を参照）。

③ 費用利得・求償利得

このほか、本来、他人が負担すべき費用を支出した場合にその償還を求める「費用利得」、他人に代わって弁済した場合に他人に対して求償する「求償利得」がある。

3　侵害利得

(1) 侵害利得の要件

侵害利得の要件は、他人の財産または労務によって利益を受けたこと、他人に損失を与えたこと、受益と損失の間に因果関係があること、法律上の原因がないことである（703条）。たとえば、BがAの物を無断で消費した場合、Bは他人の物を消費することによって利益を得ており（利得）、その反面、Aは自己の物をBに消費されることにより損失が生じており、かつ、Bの受益とAの損失の間に因果関係が存在するのは明らかである。さらにBにはAの物を消費する権限はないのであるから、Bの受益には法律上の原因がないことになる。よって、BはAに対して消費した利益を返還しなければならない。

(2) 侵害利得の効果

① 不当利得返還請求権の発生

損失者は受益者に対して不当利得返還請求権を取得する。もっとも、損失者が物権的請求権を有する場合はそれを行使して返還を請求すればよいので、不当利得返還請求権が行使されるのは、物権的請求権を行使できない場合に限られる。

② 善意の受益者の返還義務の範囲

善意の受益者は、利益の存する限度において（現存利益の範囲で）返還すれば足りるとされている（703条）。したがって、受益者が消費したりして利得が現存して

いなければ返還しなくてよいことになる。しかし、受けた利益を債務の返済に充てたり、生活費に支出したりした場合は、形を変えて利得が現存しているといえるから、結局は返還しなければならないことになる（「出費の節約」という）。また、利得が現存していないことの証明責任は受益者が負うので（「利得消滅の抗弁」という）、受益者がこれを証明できなければ利益の全部を返還しなければならない。

③ 悪意の受益者の返還義務の範囲

悪意の受益者は、受けた利益に利息を付して返還しなければならず、かつ、損失者に損害が発生している場合は、賠償責任も負う（704条）。この責任は、一般の不法行為責任（709条）と異なるものではない（最判平成21年11月9日民集63巻9号1987頁）。

なお、占有者の責めに帰すべき事由によって占有物が滅失・損傷したときは、回復者に対して損害の全部を賠償する義務を負い、善意の占有者は現に利益を受けている限度において賠償義務を負うとされており（191条）、物権法のレベルでも703条および704条に対応する規律がなされている。

④ 返還の対象となる利得

原物返還が原則であるが、原物が返還できない場合、その価格相当額（客観的価値）を返還しなければならない。原物が形を変えて存在している代位物があれば、代位物が返還の対象となる。原物である建物が滅失した場合に受益者が取得した火災保険金などがその例である。では、受益者が原物を第三者に譲渡して得た売買代金はどうであろうか。判例は、法律上の原因なく利得した代替性のある物（株式など）を第三者に売却処分した場合には、受益者は損失者に対し、売却代金相当額の金員の不当利得返還義務を負うとしている（最判平成19年3月8日民集61巻2号479頁）。返還すべき利益を事実審口頭弁論終結時の客観的な価格相当額であるとすると、その物の価格が変動した場合、公平の見地から相当でなく、受けた利益を返還するという不当利得制度の本質に適合しないからであるとする。

無権限者が他人の物を占有し、その物を返還する場合、占有中に生じた果実や使用による利益（使用利益）は不当利得として返還しなければならない。これに関して189条は、善意占有者の果実収取権を認めており、この場合は果実の

返還義務はないことになる（使用利益も同様に解してよい）。189条は703条の特則
であるので、703条の適用は排除されることになる。これに対して悪意占有者
は、190条に基づき果実および使用利益の全部を返還しなければならない。

4　給付利得

(1) 給付利得の要件

　契約などの法律関係に基づき給付がなされたが、その原因となった法律関係
が存在しなかったため給付を保持する法律上の原因が失われた場合、その給付
を不当利得（給付利得）として返還しなければならない。給付利得の返還請求権
が成立するための要件は、ある法律関係（契約など）に基づいて給付がなされた
こと、その法律関係が存在しないこと（法律上の原因なくして給付を受けたこと）
である。

(2) 給付利得の効果

　給付利得においては給付がなされる以前の状態に戻すこと（原状回復）が必要
であり、703条は適用されるべきではない（利得消滅の抗弁を認めるべきではな
い）。受益者の善意・悪意にかかわらず、受けた利益の全部を返還することが
原則となる。これに関して改正法は、無効な行為に基づいて債務の履行として
給付を受けた者について原状回復義務（全部返還義務）を負うことを明記した
（121条の2第1項）。解除においても原状回復義務が認められていることは言う
までもない（545条1項）。

　もっとも、無効行為における原状回復義務の範囲については例外があり、贈
与などの無償行為に基づいて給付を受けた者、意思無能力者および制限行為能
力者については、現存利益の範囲に縮減される（121条の2第2項、第3項）。

(3) 非債弁済ほか

　民法705条以下は、給付利得の特則を定めるものである。

　債務が存在しないのに弁済することを非債弁済（ひさいべんさい）といい、その場合の弁済受領
者は法律上の原因なく給付を保持するものであるから、弁済をした者は不当利

得返還請求権を有する。しかし、債務が存在しないことを知りながら弁済として給付した者は、給付したものの返還を請求することができない（705条）。

債務者が期限前に弁済した場合も給付したものの返還を請求することができない（706条）。ただし、債務者が錯誤によって期限前に給付した場合は、債権者はこれによって得た利益（利息相当分など）を返還しなければならない（同条ただし書）。

錯誤によって他人の債務を弁済した場合において、債権者が善意で証書を滅失・損傷し、担保を放棄し、または時効によって債権を失ったときは、弁済をした者は返還を請求することができない（707条1項）。この場合、弁済をした者から債務者に対して求償をすることができる（同条2項）。

⑷ 不法原因給付

① 不法原因給付とは

不法な原因のために給付をした者は、給付したものの返還を請求することができない（708条）。これを**不法原因給付**といい、給付利得に関する特則である。たとえば、賭博に負けて金銭を支払った者が公序良俗違反（90条）を理由に無効を主張して金銭の返還を求めることは許されない。無効な行為に基づいて給付したものは不当利得として返還請求できるはずであるが、自ら反社会的な行為をした者に対してはその行為の結果の復旧を訴求すること（裁判上請求すること）を許さない、つまり、不法であることを理由に返還を求めることに対して法が助力をすることを拒絶するという趣旨による（最大判昭和45年10月21日民集24巻11号1560頁参照）。このような考え方をクリーン・ハンズの原則と呼んでいる。

② 不法原因給付の要件

「不法な原因」に基づく行為とは、換言すれば、公序良俗に反する行為すなわち社会的な妥当性を欠く行為であるといえる。その意味で90条と708条は互いに密接な関係に立つ規定である。給付の基礎となった法律関係（契約）そのものが不法でなくても、その動機・目的・条件が不法である場合も不法原因給付となりうる。たとえば、妾関係を維持するために建物を贈与すること（前掲最大判昭和45年10月21日）や、娘を酌婦として稼働させることを条件に金銭を貸

し付けること（最判昭和30年10月7日民集9巻11号1616頁・前借金無効判決）は不法原因給付になる。したがって、前者では贈与者は建物の返還を請求できないし、後者では貸主は貸し付けた金銭の返還を請求できない。また、何が「給付」といえるかが問題となるが、妾関係を維持する目的で建物を贈与した事例において、未登記建物であれば引渡し、登記済み建物であれば移転登記をもって「給付」があったとされる（前者につき前掲最大判昭和45年10月21日、後者につき最判昭和46年10月28日民集25巻7号1069頁）。

③ 不法原因給付の効果

給付者は受益者に対して不法原因に基づいてした給付の返還を請求できないのが原則である。ただし、不法な原因が受益者についてのみ存在した場合は、返還を請求することができる（708条ただし書）。条文からは給付者に少しでも不法な原因があれば返還請求できないように思われるが、そうではなく、給付者と給付受領者の不法性を比較して給付受領者の不法性が大きければ返還請求を認めるべきである。

④ 所有権に基づく返還請求権との関係

708条の適用の結果、給付者は給付受領者に対して返還請求することができないが、他方で所有権に基づいて返還請求することはできないであろうか。なぜなら、不法原因給付の基礎となった公序良俗違反の法律行為は無効であるので、所有権は依然として給付者に帰属しているといえるからである。これに対して判例は、不法原因給付の結果として返還請求が認められない場合は、所有権は反射的に給付受領者に移転するとした（前掲最大判昭和45年10月21日）。したがって、不法原因給付をした者は、不当利得返還請求権だけでなく、所有権に基づく返還請求権も行使することができない。

5　その他の不当利得

(1) 費用利得

費用利得とは、他人が負担すべき費用を支出し、その結果、他人の財産が増加している場合にその増加分または支出した費用相当分を不当利得として他人に返還請求できることをいう。民法典にはそれに関する多くの規定が存在して

いるので、要件・効果はそれらに従う。占有者が占有物の保存や改良のために
支出した必要費・有益費の償還請求権（196条）、賃借人が支出した必要費・有
益費の償還請求権（608条）、事務管理者の有益費用償還請求権（702条）などであ
る。たとえば、賃借人が賃借物を改良することによって物の価値が増加した場
合、賃貸人に対して増価額または改良費用の償還を請求することができる。

(2) 求償利得

　求償利得とは、他人の債務を弁済したことにより、その他人が免責された場
合に免責額相当分を不当利得として返還請求（求償）できることである。民法
典では連帯債務者間の求償権（442条）、保証人の求償権（459条）、事務管理者の
有益費用償還請求権（702条）など求償権に関する規定が設けられているので、
求償利得に不当利得規定が適用されるケースは少ない。たとえば、保証人が弁
済により主たる債務を消滅させれば、459条に基づき主たる債務者に対して求
償することができる。

(3) 多数当事者間の不当利得

① 騙取金銭による債務の弁済

　二当事者間でなく、三当事者（多数当事者）間で不当利得が問題となるケース
がある。

　BがAからだまし取った金銭（騙取金銭）でCに対する債務を弁済して債務を
消滅させた場合、A（被騙取者）は、弁済を受けたC（受益者）に対して不当利得
返還請求をすることができるであろうか。判例は、社会通念上、Aの金銭でC
の利益をはかったと認められるだけの連結がある場合には、不当利得の成立に
必要な因果関係があると解すべきであり、CがB（騙取者）から右の金銭を受領
するにつき「悪意」または「重大な過失」がある場合には、Cの金銭の取得は、
Aに対して法律上の原因がなく不当利得になるとする（最判昭和49年9月26日民
集28巻6号1243頁）。

② 転用物訴権

　契約上の給付に基づいて生じた利得が、契約の相手方ではなく第三者に生じ
ている場合に、その第三者に対して利得の返還を請求できることを「転用物訴

権_{けん}」という。たとえば、BがCから賃借した物をAが修理した場合において、Bが無資力になって修理代（請負代金）を支払えなくなったとき、Aは所有者であるCに対し、修理代相当額を不当利得として返還請求することができるのか。

　両者の間に因果関係が認められるとしてこれを広く肯定した判決もあったが（最判昭和45年7月16日民集24巻7号909頁・ブルドーザー事件）、近時の判例は、Cの受益が法律上の原因がないとしてAのCに対する不当利得返還請求が認められるのは、BとCの賃貸借契約を全体としてみてCが対価関係なしに利益を受けた場合に限られるとして転用物訴権の成立を制限している（最判平成7年9月19日民集49巻8号2805頁）。たとえば、BがCから権利金の支払を免除されているような事例（前掲最判平成7年9月19日）においては、CがAの行為によって受けた利益は、通常であればBから得ることができた権利金の支払の免除という負担に相応するものであり、法律上の原因なくして利益を受けたとはいえないので、不当利得返還請求（転用物訴権）は否定される。

③ 受領権限のない第三者への弁済

　A銀行に対して預金債権を有している預金者Bになりすまして受領権限のないCがAから払い戻しを受けた場合、この弁済は無効であるので、AはCに対して不当利得返還請求をすることができる。この場合、AのBに対する預金の返還債務は消滅しておらず、Cに支払った金銭相当額だけAに損失が生じているからである（最判平成17年7月11日判時1911号97頁）。このケースにおいては、Bもまた債権の帰属が侵害されているからCに対する不当利得返還請求が認められるが、Cが、Bは自己の債権が消滅していないから損失がないと主張して返還を拒むことは信義則に反して許されない（最判平成16年10月26日判時1881号64頁）。

　これに対し、Cが社会通念上受領者としての外観を有しており、Aが善意・無過失で弁済したときは、その弁済は有効となるので（478条）、AはBからの返還請求を拒むことができる。この場合、BがCに対して不当利得返還請求権を有するのは言うまでもない。

読 書 案 内

　債権法の学習を深めたい人のための読書案内である。入手が容易で民法（債権法）改正に対応しているものを掲げた。

1．判例解説・判例ガイドブック　＊判例集については、凡例を参照。

①窪田充見・森田宏樹編『民法判例百選Ⅱ　債権［第8版］』（有斐閣、2018年）

　「百選」として親しまれる定番の判例解説書。各判例に付された解説は詳細で充実しているが、初級者にはレベルが高い。

②潮見佳男ほか編著『新・判例ハンドブック債権法Ⅰ』『同・債権法Ⅱ』（日本評論社、2018年）

　債権法の主要判例を網羅したコンパクトな判例ハンドブック。事実関係・判決内容を簡潔に紹介。判例ごとに要領よくまとめられたコメントが付されている。

③瀬川信久・内田貴『民法判例集　債権各論［第4版］』（有斐閣、2020年）

　上の①②に比べて事実関係・判決内容が忠実かつ詳細に収録されている。個々の判例に解説・コメントは付されていないが、項目ごとにまとめの解説がある。

2．教科書・体系書

(1)　債権法全般または債権総論・各論の双方にまたがるもの

①池田真朗『スタートライン債権法［第7版］』（日本評論社、2020年）

　債権法全般を網羅する代表的入門書。債権各論から叙述するのもユニーク。

②上田誠一郎編『ユーリカ民法3　債権総論・契約総論』（法律文化社、2018年）

　「契約債権法」と「金銭債権法」という独自の構成に基づき債権総論と契約総論を扱う。

③後藤巻則『契約法講義［第4版］』（弘文堂、2017年）

　民法総則・債権総論の内容も含む広い意味の「契約法」のテキストとして他に類を見ない。消費者契約に関する記述も充実している。

④中舎寛樹『債権法　債権総論・契約』（日本評論社、2018年）

　不法行為法以外の債権法（取引法）を対象とする。「条文」「解釈」「発展問題」というスタイルで読者の学習進度・レベルに沿って叙述をする。

(2)　債権総論

①松岡久和ほか『新プリメール民法3　債権総論［第2版］』（法律文化社、2020年）

　学部学生対象の標準的テキスト。第2版の刊行により最新の判例もフォロー。

②松尾弘ほか『新ハイブリッド民法3　債権総論』（法律文化社、2018年）

　プリメール民法より学習を深めたい学生向けのテキスト。

③池田真朗『新標準講義　民法債権総論［全訂３版］』（慶應義塾大学出版会、2019年）
「学習ガイダンス」の章を設け、民法の学習方法について丁寧に指導する。

④石田剛ほか『債権総論』（日本評論社ベーシック・シリーズ、2018年）
図表やコラムを用いてわかりやすく説明する学部学生向けのテキスト。

⑤内田貴『民法Ⅲ　債権総論・担保物権［第４版］』（東京大学出版会、2020年）
債権法改正をリードしてきた著者による、司法試験受験者の支持を受けてきた定番テキストの待望の改正法対応版。大部で詳細であるが、叙述は平易でわかりやすい。

⑥近江幸治『民法講義Ⅳ　債権総論［第４版］』（成文堂、2020年）
著者による民法講義シリーズの１冊。判例・学説について詳しく検討がなされている。

⑦大村敦志『新基本民法４　債権編［第２版］』（有斐閣、2019年）
初級者にもわかるように図表・イラストを多用して丁寧に説明するテキスト。

⑧栗田昌裕ほか『民法４　債権総論』（有斐閣ストゥディア、2018年）
初級者向けテキスト。図表を多用してわかりやすく説明されている。

⑨潮見佳男『プラクティス民法　債権総論［第５版補訂］』（信山社、2020年）
一通り民法を学んだ中・上級者向けのテキスト。豊富な設例を基に債権総論の構造を解明する。

⑩中田裕康『債権総論［第四版］』（岩波書店、2020年）
「最も信頼できる本格的体系書」として評判の高いテキストの改正法対応版。

⑪野澤正充『債権総論［第３版］』（日本評論社、2020年）
法学セミナーの連載をまとめたもの。制度趣旨、判例、学説史の解説が詳しい。

⑫野村豊弘ほか『民法Ⅲ　債権総論［第４版］』（有斐閣Ｓシリーズ、2018年）
Ｓシリーズ民法として親しまれる主に学部学生向けの定番のテキスト。

⑬平野裕之『債権総論』（日本評論社、2017年）
判例の事実関係・判旨を詳しく紹介したり、多くの学説を引用したりして細かい論点まで言及する詳細なテキスト。

⑭松井宏興『債権総論［第２版］』（成文堂、2020年）
伝統的なスタイルに基づいた堅実な内容のテキスト。法科大学院学生を対象としているが、学部のテキストとしても使用できる。

⑮森泉章・鎌野邦樹『民法入門　債権総論［第４版］』（日本評論社、2020年）
「要件」「効果」を丁寧に述べるオーソドックスかつ堅実な内容のテキスト。

(3)　債権各論

①青野博之ほか『新プリメール民法４　債権各論［第２版］』（法律文化社、2020年）
学部学生対象の標準的テキスト。第２版の刊行により最新の判例もフォローする。

②滝沢昌彦ほか『新ハイブリッド民法４　債権各論』（法律文化社、2018年）
プリメール民法より学習を深めたい学生向けのテキスト。

③手嶋豊編『ユーリカ民法4　債権各論』（法律文化社、2018年）

　上記『ユーリカ民法3　債権総論・契約総論』の姉妹編。債権各論のうち契約各論と不法行為等の法定債権を扱う。

④池田真朗『新標準講義　民法債権各論［第2版］』（慶應義塾大学出版会、2019年）

　上記『新標準講義　民法債権総論』の姉妹編。配偶者居住権や現代型契約にも言及。

⑤藤岡康宏ほか『民法Ⅳ　債権各論［第4版］』（有斐閣Sシリーズ、2019年）

　Sシリーズ民法として親しまれる主に学部学生向けの定番のテキスト。特に不法行為法が詳細で、Sシリーズとしては相当なボリュームがある。

⑥山野目章夫『民法概論4　債権各論』（有斐閣、2020年）

　設例やコラムを多用するなどサービス精神にあふれたユニークなテキスト。

(4)　契約法ほか

①大村敦志『新基本民法5　契約編［第2版］』（有斐閣、2020年）

　初級者にもわかるように図表・イラストを多用して丁寧に説明するテキスト。

②潮見佳男『基本講義・債権各論Ⅰ　契約法・事務管理・不当利得［第3版］』（新世社、2017年）

　司法試験受験者を中心に人気のテキスト。平易な文章であるが、内容は高度。

③中田裕康『契約法』（有斐閣、2017年）

　契約法テキストの到達点ともいうべき著作で、契約法の論点をほぼ網羅する。中・上級者向けであるが、平易な文章なので初級者も事典的に利用することができる。

④野澤正充『契約法［第3版］』（日本評論社、2020年）

　法学セミナーの連載をまとめたもの。制度趣旨、判例、学説史の解説が詳しい。

⑤平野裕之『債権各論Ⅰ　契約法』（日本評論社、2018年）

　判例の事実関係・判旨を詳しく紹介したり、多くの学説を引用したりして細かい論点まで言及する詳細なテキスト。

⑥松井和彦ほか『契約法』（日本評論社ベーシック・シリーズ、2018年）

　図表やコラムを用いてわかりやすく説明する学部学生向けのテキスト。

⑦山本豊ほか『民法5　契約』（有斐閣アルマ、2018年）

　アルマシリーズのコンパクトなテキストであるが、意外にボリュームがあり、レベルの高い内容である。入門書・概説書では物足りないと思う読者向け。

(5)　不法行為法ほか

①近江幸治『民法講義Ⅵ　事務管理・不当利得・不法行為［第3版］』（成文堂、2018年）

　著者による民法講義シリーズの1冊。判例・学説について詳しく検討がなされている。

②大村敦志『新基本民法6　不法行為編［第2版］』（有斐閣、2020年）

　初級者にもわかるように図表・イラストを多用して丁寧に説明するテキスト。

③窪田充見『不法行為法［第2版］』（有斐閣、2018年）

　非常に詳細なテキストであるが、設例やコラムを多用してわかりやすく説明している。

④潮見佳男『基本講義・債権各論Ⅱ　不法行為［第3版］』（新世社、2017年）

　司法試験受験者を中心に人気のテキスト。平易な文章であるが、内容は高度。独自の構成をとっているので伝統的なスタイルに慣れている人は戸惑うかもしれない。

⑤野澤正充『事務管理・不当利得・不法行為［第3版］』（日本評論社、2020年）

　法学セミナーの連載をまとめたもの。制度趣旨、判例、学説史の解説が詳しい。

⑥橋本佳幸ほか『民法Ⅴ　事務管理・不当利得・不法行為［第2版］』（有斐閣リーガルクエスト、2020年）

　不法行為法につき、伝統的な要件論・効果論に代えて「責任の成立」「責任の範囲」「責任の内容」という3分論で再構成している。

⑦平野裕之『債権各論Ⅱ　事務管理・不当利得・不法行為』（日本評論社、2019年）

　判例の事実関係・判旨を詳しく紹介したり、多くの学説を引用したりして細かい論点まで言及する詳細なテキスト。

⑧前田陽一『債権各論Ⅱ　不法行為法［第3版］』（弘文堂、2017年）

　伝統的なスタイルに基づく叙述かつバランスの取れた内容で安心して利用できるテキスト。巻末の判例集は便利。

3．民法（債権法）改正の解説書・演習書

①松岡久和ほか編『改正債権法コンメンタール』（法律文化社、2020年）

　法制審議会などにおける改正プロセスにも言及する本格的かつ詳細な逐条解説書。

②内田貴『改正民法のはなし』（民事法務協会、2020年）

　長年にわたって民法改正作業に携わってきた著者が改正法をやさしく解説する。

③大村敦志・道垣内弘人編『解説　民法（債権法）改正のポイント』（有斐閣、2017年）

　旧法の問題点と改正法の内容をコンパクトかつ的確に解説する。

④潮見佳男『民法（債権関係）改正法の概要』（金融財政事情研究会、2017年）

　法制審議会のメンバー（学者委員）として改正作業に関与した著者による逐条解説。

⑤筒井健夫・村松秀樹編著『一問一答　民法（債権関係）改正』（商事法務、2018年）

　法務省の立法担当者による解説書。簡潔な内容ではあるが、改正法に関する国の「公式見解」（立法者意思）を知ることができる。

⑥潮見佳男ほか編著『Before/After民法改正』（弘文堂、2017年）

　債権法が改正の前と後でどのように変わるのか（あるいは変わらないのか）について、具体的な項目ごとに事例問題を用いて簡潔に解説する。

⑦千葉恵美子ほか編『Law Practice民法Ⅱ　債権編［第4版］』（商事法務、2018年）

　債権法の主要論点を事例問題形式で詳しく解説。第4版では改正法にも言及する。

事 項 索 引

247

判 例 索 引

下級裁判所

■著者紹介

生田　敏康（いくた　としやす）
早稲田大学法学部卒業、同大学大学院法学研究科博士後期課程単位取得退学。
現在、福岡大学法学部教授。

主要著作
『民法入門』（共著、法律文化社、2017年）、『民法総則』（共著、同、2018年）、「ドイツ法における
オブリーゲンハイトについて」早稲田法学会誌41巻、「債権者の協力義務」同44巻、「いわゆる矛盾
行為禁止原則について（1）」福岡大学法学論叢41巻2号、「請負契約における注文者の非協力と請
負人の報酬請求権」同43巻3号、「請負人の債務（1）（2・完）」同58巻4号、59巻1号、「システム
開発の頓挫と開発業者の責任」同59巻3号、「法学教育と民法改正」同59巻4号、「契約利益の不法
行為法的保護」同60巻3号ほか。

Horitsu Bunka Sha

債権法入門

2021年1月25日　初版第1刷発行
2024年6月30日　初版第2刷発行

著　者　　生田敏康
発行者　　畑　　光
発行所　　株式会社 法律文化社

〒603-8053
京都市北区上賀茂岩ヶ垣内町71
電話 075（791）7131　FAX 075（721）8400
https://www.hou-bun.com/

印刷：共同印刷工業㈱／製本：㈱吉田三誠堂製本所
装幀：白沢　正
ISBN978-4-589-04121-0

生田敏康・畑中久彌・道山治延・蓑輪靖博
柳　景子著

民　法　入　門〔第 2 版〕

A 5 判・198頁・2200円

はじめて民法を学ぶ人のためのコンパクトなテキスト。民法典にそった章構成により全体像の体系的な習得を促し、複雑な条項の理解を助けるために図説を多用。相続法改正や成年年齢の引下げなど、最新の動向に対応。

生田敏康・下田大介・畑中久彌・道山治延
蓑輪靖博・柳　景子著

民　法　総　則〔第 2 版〕

A 5 判・200頁・2200円

民法総則をはじめて学ぶ人のためのコンパクトな入門書。抽象度が高く難解な民法総則を、体系にそってわかりやすく解説。複雑な制度は図表やイラストを用い理解を助ける工夫をした。成年年齢引下げに伴う関連規定の改正など最新の動向に対応。

渡邊　力編

民法入門ノート〔第 2 版〕

B 5 判・180頁・3520円

騙されて結んだ契約はどうなる？　交通事故に巻き込まれてしまったら？　75個の身近な問題から民法の役割を学ぶ。穴埋め問題と練習問題で理解度確認もできる。第 2 版では事項索引を追加し、令和 3 年民法・不動産登記法改正、令和 4 年親子法制改正等に対応。

潮見佳男・中田邦博・松岡久和編
〈18歳から〉シリーズ

18歳からはじめる民法〔第 5 版〕

B 5 判・114頁・2420円

18歳の大学生（とその家族、友人たち）が日常生活において経験しうるトラブルを題材に、該当する法律関係・制度をわかりやすく解説。第 4 版刊行（2021年 2 月）以降の法改正をフォローして改訂。

松岡久和・松本恒雄・鹿野菜穂子・中井康之編

改正債権法コンメンタール

A 5 判・1040頁・7700円

改正債権法を中心とする注釈書。改正条文ごとに新旧条文を掲載し、改正理由・概要を解説。新法と従来の判例準則・通説との異同、他の法領域との関係、改正が実務に与える影響を明らかにする。改正に至らなかった条文にも論及。

————法律文化社————

表示価格は消費税10%を含んだ価格です